心霊スポット考

——現代における怪異譚の実態

及川祥平

Oikawa Shohei

アーツアンドクラフツ

はじめに

「化け物の話を一つ、出来るだけきまじめに又存分にしてみたい」、柳田國男は『妖怪談義』の冒頭でそう述べた〔柳田　一九九九c　二五七〕。本書でもまた、いたって真面目な関心のもとで、心霊スポットの話を存分にしてみたい。柳田は、化け物の話は私たちが「新らたに自己反省を企つる場合に、特に意外なる多くの暗示を供与する資源」だと述べた〔柳田　一九九九c　二五七〕。筆者もまた「私たち」が自文化を知る手段として、心霊スポットを考えてみたいと思うのである。

本書は『心霊スポット考』を銘打つが、おそらくは書名から期待される内容を、裏切ることになるかもしれない。本書はこれらを文化の問題として民俗学の立場から考えてみようとするものである。不気味で不思議な世界のことを論じようとするものであるよりは、ある場所を心霊スポットと呼びながら、そこに恐ろしげな物語を想像する人間の営みを考えようとするものとなるし、また、そうした場所への興味関心を包摂する「私たち」の生きるこの世界のあり方、世相のあり方を考えることになる。

したがって、本書は幽霊の存在を論証しようとするものでもない。民俗学の「信じられていること」への態度は近年も議論が行なわれている〔廣田　二〇一四、飯倉　二〇一五b〕。妖怪や怪異を論じようとするとき、研究者はそれらの実在を信じる人びとと必ずしもリアリティを共有せず、学術的客観性を獲得したいがために、それがいるかいないかを棚上げにしたまま、そのように語る人がいる／そのように信じる人がいるということを文化の問題として論じる傾向にある。そうした不可知論的な態度については、人びとの生きる世界に迫れないという批判もある〔廣田　二〇一四〕。本書もまた、幽霊の存在を「文化」の問題として括弧にいれたまま進めていく。もちろん、筆者は幽霊の存在を否定するものではないし、その資格もない。しかし、幽霊を信じる人びとのことを他者化するものでもない。それには民俗学という学問の一つの特質が関わっているといえる。

先にもすこし触れたように、民俗学の最大の特徴は自文化研究の学問である点にある。これは日本研究を行なうという意味だとは、筆者は理解していない。そうではなく、「我が事」としての文化を扱う学問、ということである。私たちが日々どのようなものを食べ、何を着て、どういう住まいにどう住んでいるのか、日々のありふれた生活を民俗学は歴史的に考える。では、それは心霊スポットとどう関わるのだろうか。また、怪異を信じる、信じないという先ほどの話題とどう関連するのだろうか。

「あなたは幽霊を信じますか」と街頭でマイクを向けられたら、筆者は一個人として、「いないのではないかと思います」と答える。しかし、このような見解に、根拠や確信があるわけではない。「いたらいいなぁ」とも思う。また、「いないのではないか」と言いながら、筆者は幽霊というものが怖い。怖い怖いと思いながら夜中にひとりで原稿を書いていると、ちょっとした物音をひどく恐ろしく感じることもある。幽霊などいるわけがないと思いつつ、怖いものは怖い。研究者であり、また凡庸な一人の人間でもある筆者の世界への確信は、だから、そのようにきわめて不安定なものである。幽霊や怪異の世界とは、筆者が「信じてはいない」と口では言うが、状況によっては「信じるかもしれない」「信じざるを得ないかもしれない」、「可能性の中にある世界」である〔及川 二〇一九〕。つまり、本書でいう「文化を論じる」とは、どこかの誰かの保持する文化をプレパラートにのせて分析しようとする態度ではなく、どこかで生活者としての筆者を規定しているかもしれず、また、どこかで筆者を拘束するかもしれない観念や見方・考え方を論じようとするものである。筆者の構想する民俗学とは、平凡でありふれた「私」を起点として、「私」の生きているこの世界を理解しようとする試みでもあるといえよう。

本書の内容は、民俗学の伝説研究の延長線上にある。それは民俗学の「場所」論および「記憶」論の関心に動機付けられている。これらは民俗学の古典的な主題であるが、現代にまで届く射程を備えている。本書は、そのような課題意識に基づくささやかな取り組みでもある。また、筆者の頭には「現代社会に問題を引き起こすもの」としての「フォークロア」に向き合いたいという意識もある。多くの場合は事実に基づかない、伝達過程で変容した情報、あるいはそのような情報をめぐる／情報に基づく、しばしば問題ぶくみの営為の総体を、ここではフォークロアの範疇に含める。不確かな情報は、私たちの現実認識に作用する。私たちが日々の暮らしの中で、イメージに過ぎない情報に踊らされ、適切な判断を行ない損なう体験は珍しいものではない。とりわけ、心霊スポットをめぐる情報は、今日の情報社会にいたって、多様な立場の人びとによって発信され、また受容されている。そこには先行して存在する情報が混じり込んでしまったものも散見されるし、情報を比較検討してみると、時間の経過とともに内容が変質していったものも見受けられる。そして、心霊スポットは、怖いものが好きな人びとには興味関心の対象であっても、他方で人に迷惑を及ぼすものでもある。そこに現れるのが幽霊である以上は、それは死との関連で意味付けられる空間である。そこに何を求めるにせよ、それは私たちが切実な「死」という出来事や死者という存在に、慰霊や学びとは異なるモチベーションで触れようとするあり方を問うことにもつながる。本書は、なんらかの情報を前にした時、また、なんらかの現実の判断をせまられるような瞬間、「立ち止まる」ための手がかりとしても読んでいただけるものと思う。

「心霊スポット」に関する本書は、タイトルだけをみれば不真面目なもののようである。実際、民俗学は怪異・妖怪などの一部のテーマの印象が、一般につよく受け止められてしまう傾向にある。そういう民俗学イメージを再生産させるものとして、本書を快く思わない方もいるかもしれない。しかし、本書を書こうとする動機は、冒頭から再三にわたって述べたように、いたって真面目なものであることを強調しておきたい。柳田國男はやはり『妖怪談義』の冒頭で、化け物について考えることで「眼前の世相に歴史性を認めて、徐々にその因由を究めんとする風習をも馴致し、迷ひも悟りもせぬ若干のフィリステルを、改宗せしむるの端緒を得るかも知れぬ」と述べた〔柳田　一九九九c　二五七〕。心霊スポットを恐ろしがったり不真面目がっているだけでは解けない問題があることに気付いていただくことが本書の課題である。

目次

装丁◉林二朗

心霊スポット考

――現代における怪異譚の実態

序章——場所と怪異の民俗学

民俗学は一般に認知されているイメージと、その実態との間に大きな懸隔がある。民俗学といえば、「昔の生活」や「地方の文化」を扱う分野であるとイメージされている読者も多いのではないだろうか。たしかに、言い伝えや伝統行事のようなものばかりが研究対象として思い描かれがちである。そうした見方からは、民俗学の立場から心霊スポットのような今日の文化を考えることは奇異なことだと思われるだろう。

民俗学が人の生活を研究してきた／していることは間違いない。しかし、それは「昔」という時制に規定されるものではない。むしろ、民俗学がフィールドワークを通して観察できる文化は「現在の事実」であるし、調査を通して引き出し得る過去の情報は、多くの場合、その人が体験したり上位世代から伝え聞いたりしてきた「直近の」過去の情報である。柳田國男は民俗学に「古い昔の世の穿鑿から足を洗はわせ」、現代の科学としてあることを望んだ〔柳田　二〇〇四　三八六〕。「毎日我々の眼前に出ては消える事実のみに拠つて、立派に歴史は書ける」とも述べている〔柳田　一九九八c　三三七〕。現代の科学であることは、過去のことを考えないことではない。私たちの生活は、なんらかのかたちで過去に拘束されている。まったく新たに出現したような現象であっても、それが人びとの暮らしの中に取り込まれるまでの脈絡があるし、それ自体に過程がある。また、それは巨視的にみれば、ある一つの文化の歴史的に変容していく過程だと捉えることもできる。したがって、心霊スポットというまったく新しい文化も、私たちの歴史の一コマとして位置付け得る。本書はそのような「現在を知るための史学」としての民俗学の立場から心霊スポットを取り上げるものである。

したがって、心霊スポットは目的ではない。人の営みを知るうえでの素材なのだということができる。本書は心霊スポットを取り上げるが、心霊スポットについて考えるよりは、心霊スポットを通して私たちの生活の変遷を考えることがその目的である。

では、心霊スポットを通して、私たちは人の営みの何をどのように考えることができるだろうか。本章では本書全体の前提として、民俗学の立場から心霊スポットを考えるということが、どのような脈絡の中にあるのかを確認していきたい。

一　心霊スポットという「語り」

心霊スポットは幽霊が出現したり、怪異な出来事が発生したりすると「語られる」空間である。また、そのような「語り」に触発されて人が訪れる空間である。したがって、それぞれの心霊スポットは「空間」として存在するのみならず、「言葉」として存在しているということができるだろう。このような「言葉」は、表象の一部を成すものという意味で、さしあたり「イメージ」や「認識」と置き換えてもよいが、その言語による構成のあり方をここで問題とする。そして、そのような「言葉」

などと相関することで、意味を獲得する「空間」を、本書では「場所」として位置付けていく。物理的に地表の部分を指す場合が「空間」、意味を上乗せされた空間を「場所」として理解してみたい。そうすると、心霊スポットはある「空間」に与えられる意味付けの一つであるといえる。したがって、心霊スポットはつねに誰にとっても心霊スポットであるわけではない。誰かにとって心霊スポットであるその空間は、別の者にとっては別の意味を担う「場所」である。

このように、心霊スポットは人びとが空間を意味付けるあり方と関わっている。したがって、それを意味付ける「言葉」と関わっている。ある空間を恐るべきものとして表象する物語が、由来や体験談のかたちで流布することで成立する場所が心霊スポットなわけである。そのように考えたとき、民俗学が「空間に関する語り」の研究を膨大に蓄積してきたことが想起される。すなわち、口承文芸における「伝説」というジャンルである。「伝説」はしばしば「昔話」との対比を通して説明されようとしてきた。昔話は、①時・所・人物が明確化されない、②語り手も聞き手もフィクションであることを理解している、③定まった形がある物語であるといえる。例えば、桃太郎を想起してほしい。「昔々」「あるところに」「おじいさんとおばあさんがいた」という、一般に知られた桃太郎の導入部は、①の要件を満たしている。いつ、どこの、誰のことかがまったく明示されていない。桃から生まれた子供の物語は、事実として語るには語り手にも聞き手にもあまりに空想的であり、また、桃太郎は定まった順序で語られてこそ、物語として成立する。

これと対比すると、伝説は、①時・所・人物と明確に結びつく、②事実として信じられることを求める、③定まった形のない物語であるということになる。これも一例をあげてみよう。北海道沙流郡平取町には義経神社という神社が建っている。源義経が兄・源頼朝に追われて北へと逃れ、この地でアイヌと交流をもったので、神に祀られたというものである〔及川　二〇一八a〕。日本史をよく知らない人は「そういうものがあるのか」と感心されるかもしれないが、少しでも日本史を知る人ならば、この話は「歴史」ではあり得ないと気づく。源義経は岩手県平泉町で死んだはずであり、北海道まで行けるはずがないのである。それにもかかわらず、平泉以北の地域には義経がここまで逃れてきたと語り伝えられている場合がある。これがその証だという義経来訪の痕跡が指示されることもあるが、それらは歴史学的には史実の根拠として用いることのできないものばかりである。これらは義経の北向伝説と称されるが、先述の伝説の解説と対照してみると、これらはある時代の、特定の場所の、特定の人物をめぐる話であり、その痕跡が示されるということはその物語が事実であろうとすることを意味する。桃太郎が語りの順序を変えてしまうと台無しになるのに対し、義経がこの場所に来たことがあるという語りには、決まった語り口の順序がない。

先述の痕跡をめぐって、柳田國男は伝説にはしばしば記念物が伴うことに注目している〔柳田　一九九八a　四七二〕。柳田が伝説の分類に際して、それが付帯する事物を指標としたことはよく知られている。『日本伝説名彙』では木の部／石・岩の部／水の部／塚の部／坂・峠・山の部／祠堂の部といった整理が試みられ〔柳田　一九五〇〕、これが後の伝説研究の基本ともなっていく。また、①から③の要件からは、伝説は説明的な語りであり、また「歴史」と緊張関係にある語りであるということも指摘できるだろう〔柳田　一九九八a　六〇〜四七四〕。伝説は歴史になろうとする、そして歴史学的基準のもとでは歴史になりきれずにある語りなのだということができる。

そのように考えてみると、「歴史」と「伝説」の相違は、事物や空間、特定の人物をめぐる人びとの過去に関わる言語実践を分析する視点になるということがみえてくる。例年、大河ドラマの放送で注目を集める歴史上の人物や出来事について、私たちは様々な知識やイメージを有している。しかし、それらの情報には、史実として信頼できるものと、史実とは見なせない、ある時期に生み出され、一般に広まってしまったもの、製作者や演じ手の解釈・演出が混在している。過去の人物や出来事に関する「言葉」には、その確かさを一定の基準にして、「史実」と見なし得るものと「伝説」と見なし得るものとがある、ということができる。

見方をかえると、様々な空間や事物は、「言葉」を通して意味あるものとして立ち現れることになる、ともいえる。一見すると何の変哲もないそれを、他の一切とは相違する、特別なものに変えるのは「言葉」である。例えば、史跡という「場所」について考えてみよう。史跡には各種の建築物や看板などが設置されることで、当該地がなんらかの歴史的な出来事の舞台であったことが明示され、保全の対象とされる場合もある。しかし、そのような看板がないかぎり、その場所は史跡として分節されることはない。この場合、史跡は「空間」と「言葉」の組み合わせによって出現した「場所」であるということができる。つまり、過去の痕跡に触れ、そこでその出来事を想起しようとする人びとによって意味付けられ、価値付けられている空間であるということができる。

いわゆる史跡と地続きのものとして、伝説の舞台とされる空間がある。一例を示してみよう。島根県隠岐郡海士《あま》町《ちょう》に七尋《ななひろ》女房岩という妖怪の痕跡とされる巨石が存在する（写真1）。七尋女房とは身の丈が七尋もあるという女性の妖怪であり、侍に斬られて石になったといわれている。海士町のそれは

写真1　島根県隠岐郡海士町の七尋女房岩（2014年撮影）

刀で斬られたらしき痕跡のある巨石であり、かつては民俗信仰の対象ともされたという。同地には解説板が立ち、観光客は地図を頼りにこの石を訪れることができる。この石のある空間は「史跡」であろうか。七尋女房が出現し、斬られたという出来事は歴史的事実ではなく、語り伝えである。歴史学的に実証不可能な過去の情報によって、地表上の特定の一点ないし面が、特別な出来事のかつて発生した「場所」として語られているわけである。また真偽は留保されつつも、そのような出来事のあったらしい「場所」としてその石は人びとに体験されている。重要なのは、七尋女房の説話には巨石という根拠が示されるという点である。「これがそれだ」と人は七尋女房岩を指し示すことができる。もちろん、七尋女房が本当に出現したとは言えない。しかし、「七尋女房を斬ったのはあの侍だ」、「それがこの岩だ」、「これがその傷跡だ」と語られるという点で、七尋女房の物語は、まったくの空想としては語られないし、そのように聞かれることを求めていない。民俗学の伝説研究の対象とは、このような事実と虚構のはざまにある物語であり、また、その痕跡たちであったということができるのである。

伝説にはなんらかの事物の形状や成り立ちを説明するために語られるものがある。自然説明伝説や文化叙事伝説などと称されるそれらは、したがって、実在のあるものの不思議な形状や説明を要するような事象のあり方の成り立ちを語ろうとするのである。柳田は伝説を神話の断片と認識していた。

すなわち、伝説の語られる事物を信仰の遺物としても考えようとしていた。そのような論理で捉えれば、伝説が語ろうとしているのは、その事物が尋常普通のものではない、聖なる何かであることを説明付ける物語であるということにもなるだろう。

さて、「伝説」の検討はここまでにする。ここまでの作業からは、いわゆる「心霊スポット」というものを伝説研究の延長線上で分析できるということが十分に見えてきたといえるだろう。例えば、各種の心霊スポットをめぐって語られる過去の凄惨な事件の物語や訪問者が体験したという恐ろしいエピソードを想起してみたい。かつて一家惨殺事件があり、一家の幽霊の目撃情報が絶えない廃墟を例にしてみよう。それらは事実であろうか。霊がいるのかいないのか、という話ではなく、本当にそのような出来事はあったのだろうか。そこで悲惨な死に方をした人物は実在したのだろうか。多くの場合、その根拠は示されない。示されたとしても、史実として認めるには不十分なものである。また、後の章で詳述するように、各地に似たような事例を見出せてしまう。つまり、パターン化された話である可能性がぬぐえない。もっとも、それはまったく事実ではないと断定することもできない。伝説は変化するので、もともとあった事件に、尾ひれがついたり、よくある話の影響で内容が変化したりした可能性もある。いずれにしても、心霊スポットをめぐって語られるのは、時として架空の、そして、しばしば類型的な「恐るべき出来事」の語りである。それらは桃太郎や『ドラえもん』のような物語としては語られないし、聞かれない。つまり、フィクションであるという予見のもとでは語られないし、聞かれない。したがって、事実として信じられることを求める語りであり、また、ある空間が特筆すべき恐ろしい場所であることを説明する語りである。そこにある廃墟がどこにでもある普通の廃屋ではなく、特別な廃墟であることが語られている、といえるわけである。

ただし、以上の議論から、心霊スポットの語りは「現代の伝説」である、とは即座には言い難い。伝説は「過去」を語ろうとする言葉である。他方、心霊スポットを支えているのは「過去」の出来事の語りだけではなく、現代における体験の語りでもある。言い換えるなら、そこに幽霊が「なぜ出るか」を説明する語りのみではなく、「どう出るか」を語り、またその語りの聞き手・読み手が「何に会い得るか」「何を体験し得るか」を語る物語が、心霊スポットを支えている。つまり、「追体験」への期待を誘う言説が、心霊スポットには伴うのである。この点は心霊スポットを心霊スポットたらしめる要件とも関わるので次章で再度取り上げるが、先取りして述べれば、心霊スポットで追体験されようとするものとは、同地で人物Aが殺害されたという物語であるよりは、同地を訪れた若者たちがAの幽霊に遭遇したという物語なのである。

そこで、次に検討してみたいのは、民俗学の口承文芸研究における「世間話」という概念である。口承文芸研究では、伝説や昔話のほかに、世間話という「話」または「談話の技術」を研究対象にしてきた。談話の技術という言い方は奇妙なものに思われるかもしれないが、あるトピックについて話すことは帰属意識や間柄を創出するし、帰属意識や間柄に応じて、私たちは語られるべき話題を選択している〔山田　一九九九〕。世の中の出来事や、身近な人の体験した事件について語り合うことは、語り手と聞き手の間にある関係に応じて行なわれるし、また、そのような人間関係を深いものにしたり、浅くとどめようとする戦略のもとで行なわれているわけである。

他方、世間話を話のジャンルとして考える場合、昔話や伝説と対比させることができる。長野晃子は昔話を無時間的な語り、伝説を歴史時間の語りに位置付けつつ、世間話を語り手や聞き手の生活する時間や空間となだらかに繋がっている話と説明する〔長野 一九九〇、一九九二〕。アメリカの民俗学者ジャン・ハロルド・ブルンヴァンは都市伝説という学術的タームを生み出した人物であるが、都市伝説の特徴として、それが「友達の友達」の体験としてしばしば語られることを挙げている〔ブルンヴァン 一九八八 二五〕。語り手と聞き手にとって、近すぎず遠すぎない、絶妙な距離が、このような伝聞の表明には見出すことができる。心霊スポットの体験談は、遠い昔の出来事ではなく、またまったくの作り話であることを予感させない。自分が同時代を共有しているどこかの誰かに実際に体験されたかもしれないものであり、場合によっては自身も体験するかもしれないものなのである。そのような同時代のリアリティに支えられた物語が、ある空間が恐るべき場所として分節される際には動員されていくことになる。そして、インターネットの浸透した今日の社会において、そのような真偽不確かなどこかの誰かの体験談を文字や動画の情報としていつでも閲覧できる環境を私たちは生きているということも付け加えておきたい。

このように、心霊スポットには、口承文芸研究の観点から捉えれば、二様の「言葉」が作用していると考えることができる。ある空間が心霊スポットとして分節されるという出来事は「特定の空間に幽霊が出現することを説明するための過去の語り」と、「特定の空間に行けば幽霊と遭遇する可能性があることを示唆する体験の語り」がともにあることによって成立しているわけである。心霊スポットを成り立たせしめる機制は説話論的な関心の対象ということになる。

ここでいう説話には文字の知識、さらに言えば、メディアを介した情報が密接に介在している。過去の口承文芸研究は、対象の口承性にこだわってきた。近年の研究では、純粋に口承のみによって伝わってきたと思われる説話にも文学の影響が及んでいることや〔大島　二〇〇七〕、ネット時代の説話のかたちを明らかにしようとする成果も現れている〔伊藤　二〇一六〕。ここで述べた説話論的な関心とは、そのようなメディア横断的な物語の様態に関わるものとしておきたい。

二　怪異の出現する場所の民俗学

ここまで、心霊スポットは「言葉」が作り上げるものだと述べてきた。次に、心霊スポットを「空間」や「場所」の問題として考えてみよう。「空間」と「場所」は一般的な用法としては似たような言葉であるが、エドワード・レルフやイーフー・トゥアンをはじめ、人文地理学などではこれを区別しており、この点に留意した民俗学の成果も数多い（例えば、〔真保　二〇二二〕）。先述のように、「空間」は意味付けられることで「場所」に変わる。ある「空間」は多様な機能によって社会生活に寄与するが、そこはある人にとっては恋人と初めてデートに訪れた思い出の「場所」である。これを念頭に、前節の議論をふりかえってみると、「言葉」は「空間」を「場所」に編成するものということになる。これをふまえて、「空間」および「場所」の問題として、民俗学の空間論の成果から心霊スポットの位置付けを試みてみよう。

柳田國男は『妖怪談義』の中で化物と幽霊を対比させて、それぞれの特徴を明確にすることを試みた。まず、化物は場所に出現し、幽霊は人をめざして出現するという〔柳田　一九九九c　二五八〜二五九〕。河童は川にでるが、幽霊は怨みを抱く人のもとに出る、というわけである。また、化物はカワタレドキ・タソガレドキに出現し、幽霊はウシミツドキに出現するという〔柳田　一九九九c　二五九〕。カワタレドキとは「彼は誰」時であり、タソガレドキとは「誰そ彼」時、つまり、行きあう人の顔を目視できないような薄明りの早朝・夕暮れの時間帯であるというのである。このような『妖怪談義』における柳田の見方はあくまでも妖怪や幽霊というものの性格を平易に説こうとしたに過ぎないかもしれない。死者霊が土地に憑くということは民俗事例にも見出せるし、少なくとも、今日の観点からみれば、土地に憑く幽霊というものを私たちはいくらでも想定することができる。例えば、のちほど再度言及することになる、地縛霊という考え方である。歴史のある言葉のようでもあるが、これはつい最近になって一般に広がった言葉とみられる。海外にも同種の言葉は存在するが、日本の場合、戦後のオカルトブームの中で普及したものである。

霊が出る場所についての民俗学的議論としては宮田登らの展開した境界論を挙げることができる。橋や辻、村境など、空間と空間の境界は、あの世とこの世の境界になぞらえられ、死者霊などの怪異が出現する場所とイメージされていた〔宮田　一九九〇　一二四〕。怪異が出現する場所はこのような境界に該当する場合が多いという議論を民俗学は展開していった。また、境界という視点は時間にも適用される。新旧の状況の中間的時期は境界的であると考えることができる〔小松　二〇〇六　八八〕。例えば、墓場を宅地にしたケースがあるとする。かつてそこが墓地であったことを知らない新住民にとってはなんの変哲もない住宅街であろうが、墓地だったということを記憶している者にとって、同地は薄気味悪い場所である。変化していく景観の記憶が、時間的な境界を創り出している。

筆者が調査で聴取した都内某所の駅ビルの例を取り上げてみよう。差し障りがあるので駅名は伏せる。地域の再開発に伴って建設された高層デパートで自殺者が相次いでいるという「噂」が一部の近隣の住民によって語られていた。それは再開発に際してもともとその土地にあった小さな池をつぶしてしまったからであり、その池の神の祟りで自殺者が続出しているというのである。実は、池の所在は確認できない。あるいは存在しなかったのかもしれない。これはその地域の新旧の状況をいささか曖昧に知る者がいることで発生した噂であると考えることができる。その土地の過去を知らない新住民にはこのような噂は想定しようもない。かつて池があり、今はそれがないという記憶、または、かつてはなかったのに今は駅ビルがあるという記憶は、やがて住民の世代交代や来往者の増加によって間接的なものに変わっていく。こうした状況も地域の境界的状況として把握することができるだろう。境界を生み出しているのは、記憶の偏在である。

新旧の交代は、私たちの現在や過去に関する認識を容易に変えていく。昭和六十年（一九八五）八月十二日に発生した群馬県上野村への日航機の墜落事故では乗客乗員五二四名のうち五二〇名が死亡し、今日も遺族の墜落現場への慰霊登山、地元での慰霊行事が続き、慰霊施設としては慰霊塔・納骨堂・資料館を備えた「慰霊の園」（財団法人）と遺体発見現場に墓碑を建立した「御巣鷹の尾根」が存在する。また、地元の上野小学校では事故翌年から「マリーゴールド」を慰霊の園に献納し、また、慰霊登山と称して三年に一度全校生徒で御巣鷹の尾根への登山を実施している。上野中学校では千羽鶴の慰霊の園への献納、不定期での慰霊登山を実施し、登山道の清掃も行なっている。加えて、小学校・中学校ともに道徳の授業等でこの出来事を取り扱っている。このように慰霊行為が継続されているほか、地域の子供たちへの記憶の継承実践が続いているわけであるが、同事故の地域における受け止め方を分析した名和清隆によれば〔名和　二〇一四〕、地域の人びとによる事故の記憶は変質してきたという。名和の成果に依拠しながらそのような記憶の変質をおさえてみよう。名和が子供たちの作文を分析したかぎりでは、事故当初の中学生の印象は「早く上野村を忘れて欲しい」「犠牲者の声が聞こえるようで怖い」というものであった。上野村は事故によって一躍全国に名前が知られるようになり、また、村の人口をはるかに超える救助関係者、報道関係者が押しかけ、地域生活は大混乱に陥った。当時の中学生にとって事故は恐ろしい出来事であり、またネガティブな記憶と結び付いている。事故から数十年が経過すると、当然のことながら、子供たちはそのような「直接体験の記憶」をもたなくなる。先述の慰霊登山や道徳の授業を通して事故を知るようになっていくのである。つまり、記憶が間接化していく。児童・生徒の作文では慰霊行事を通して触れあった遺族・犠牲者への共感（私たちが慰霊することの意味）やそこから学ぶべき事項の抽出（命の大切さ）、後世への継承志向の芽生えが読み取れるという。もちろん、事故当時の記憶をもつ地域住民も数多い。このような直接体験の記憶をもつ人びとと間接記憶をしかもたない人びとが混住している状況は、出来事が歴史的過去へと後退していく過渡的状況（すなわち、境界的状況）であると見なし得る。

以上のように、境界という考え方は心霊スポットを理解するうえで有効であるかのようである。もっとも、境界論には限界も指摘されている〔内田　一九九八〕。境界として分節され得るあらゆる空間に怪異が出現するわけではないからである。すべての橋に、あらゆる辻に怪異が出現するわけではない。むしろ、怪異の出現する空間に、研究者が境界性を読み込んでいるに過ぎないということもできよう。そうであるとすれば、個別のケースにおける空間・場所と怪異の関係を分析していく必要があるということになる。

このような境界論とは異なるアプローチも、近年は心霊スポットへの民俗学的研究の中に少数ながら現れている。例えば、金子毅は「場所性の改変」を視点に、心霊スポットの発生を議論している〔金子 二〇〇七〕。金子は「時代ごとの経済事情による場所の価値の転換」に際し、「その場所性に対し、誰が、いかなる意味を与えるか」を、茨城県つくば市の「姉さんビル」を事例に考察している。すなわち、地域の開発に注目することで、「姉さんビル」の語られ方の変化を分析できるというのである。金子は「新全国総合開発計画」（一九六九）および田中角栄首相による「改造」政策（一九七二）による開発促進、オイルショック（一九七四）後の安定成長期とバブル経済の時期の土地の投機対象化の時期に心霊スポットの事例が多いとみる〔金子 二〇〇七 九六〕。リゾート観光開発の過程で建設されたホテルの類が廃墟化し、心霊スポットになっているような事例はたしかに金子の指摘に該当する。

つくば市の「姉さんビル」の場合、一九八〇年代から九〇年代にかけて評判になったもので、公務員官舎の壁に「姉さん」と読めるひび割れが発生し、他府県ナンバーの車が訪れて近隣が迷惑するほどであったという。つくば市は、筑波大学開学（一九七三）、つくば科学万国博覧会（一九八五）にあたり、多くの遊興施設が建設されていったが、万博終了後、ホテル等の倒産が相次いでいた。急速な開発とその衰退を経験した地域であったといえる。公務員官舎の付近には廃墟化したパチンコ屋があったといい、これが初期の「姉さんビル」の語りにおいて重要な意味をもった。

金子は、昭和五十八年（一九八三）に筑波大学に入学した学生の間では、「廃墟になったパチンコ屋にある女性が勤めており、弟を養っていたが、上司にもてあそばれて自殺。弟もあのビルから飛び降りた」という噂がささやかれていたという。ひび割れ自体は平成二年（一九九〇）から平成七年（一九九五）の間に補修によって消えていく。しかし、後に、姉さんビルの向かいにある勤め先のファミリーレストランから出た姉を待ちわびた弟が車道に飛び出して轢かれた話に、学生たちの噂は変容していく。ひびが補修されたこともあり、人魂や人の顔が壁に移る怪談に内容が変容していったという。「姉さんビル」の噂は建物そのものに加えて、周辺の廃墟（パチンコ屋、ファミレス）と関連付けられていたわけであり、このような急速な開発の痕跡に対して生じる人びとの意味付けの一つが心霊スポットであるということが確認できる。

つくば市は大都市であるが、都市近郊や小規模観光地の場合、急速な開発とその後の停滞、衰退は地域社会に深刻な影響を及ぼす。福西大輔は熊本県の阿蘇大橋を事例に、心霊スポットの形成を論じている〔福西 二〇一九〕。阿蘇大橋は昭和四十六年（一九七一）に開通し、平成二十八年（二〇一六）の熊本地震で倒壊してしまう。一九八〇年代以降、自殺の名所／心霊スポットとして語られていたが、その中で阿蘇大橋および周辺の「廃墟」の霊体験が語られていた。福西によれば、同地の心霊スポットは阿蘇大橋開通に伴って出現したストロー効果による戸下温泉郷の消滅が影響しているという。阿蘇大橋下に残されていた戸下温泉郷の廃墟はかつて栄え、いまは衰えた土地の記憶の痕跡である。急速な社会変化に伴う廃墟の増加が心霊スポットの形成に関連しているという前提のもと、福西は心霊スポット（廃墟）の発生は地域社会の危機の指標といえるとしている〔福西 二〇一九〕。福西の論点は重要である。高岡弘幸が述べるように、幽霊は死者の記憶であり、かつ、場所の記憶であり得る〔高

岡　二〇〇六b〕。廃墟は「栄えていたが衰えた」「暮らすことができなくなった」というネガティブなストーリーと親和的であり、悲劇的で惨たらしい出来事の痕跡であるかのように人びとに想像させる。

なお、福西は別府市で石垣原合戦の戦死者の幽霊が出るという噂、幽霊の出現する場所の移動についても、合戦の記憶と別府市の開発過程を関連付けて分析している〔福西　二〇一二〕。近年の民俗学における心霊スポット研究は、開発や道路の敷設といった地域社会の変動と、それが生み出す盛衰の痕跡を心霊スポット発生の要件として捉えているといえよう。

三　死者と記憶

ここまで見てきたように、心霊スポットを分析するうえでは、人の「記憶」に注目することが可能である。地域社会の変動や事件・事故、または死者をめぐる虚実綯い交ぜの「記憶」にもとづく「言葉」が、ある「空間」を恐ろしい「場所」として編成しているといえるのである。本節では、民俗学の死生観研究の議論から死／死者と記憶の関係をおさえ、心霊スポットを検討するうえでの前提としたい。

民俗学では人の死生観を研究するうえで異常死や非業の死に注目してきた。いわゆる「普通の死」と「普通ではない死」を研究者が想定しているわけではなく、人びとがもっている死生観の中に忌避される死に方とそうではない死に方への線引きがあるということである。では、人びとが有している幸福な死と不幸な死のビジョン、または望ましい死（同時に望ましくない死）に対する観念とはどのようなものであっただろうか。

民俗学の伝統的な議論においてはこの点を「祖霊」という観念によって説明しようとしてきた。かつては生きてあるうちは「先祖を祀ること」、死後には「先祖として祀られること」が人びとにおいて重視されてきたのである。したがって、死後に祀られないことは不幸な出来事であった。無縁仏が生者に不利益をもたらすかもしれない存在として認識されるのはそのためであり、こうした死者霊への対処は仏教寺院や各家庭で現在も行なわれている。また、先祖として祀られるには要件があった。非業の死を遂げないことがその要件となっていたのである。祖霊は以上のような人びとの観念を理論的に整理するための概念であった。なお、ここでいう先祖ないし祖霊とは、今日一般にいわれる家の歴代の死者の意味ではなく、家の守護者としての、神に近い存在としての集合的な死者霊である。そして、死者が祖霊化していくのに必要な条件の中に、先述の死に方の問題があった。

望ましい／望ましくない死に方については、時代とともに変化する面もあるが、私たちが忌避する死に方とそうではない死に方をイメージすればよいかもしれない。望ましい死としては、誰かに殺されたり、自殺に追い込まれたりせず、いわゆる寿命を全うすることを想定すればよい。したがって、非業の死として認識されるのは、夭逝や殺されること、事故死、自死といったものである。こうした死が異常なものと見なされていたという根拠の一つとして、一般的な死者儀礼とは相違する特別な対処がとられていたことをあげることができよう。

非業の死の一つとしてしばしば想定されるのは「産褥死《さんじょくし》」である。出産に際して産婦が死亡してしまうことであるが、産褥死に対しては、流れ灌頂《かんじょう》や水かけ着物などと称される特別な儀礼が行なわれることがあった。死者の着物、または経文を書き連ねた布や着物を橋のたもとや川辺にかけ、道ゆく人に水をかけてもらうというものである。何度も水をかけられていくと着物の柄や経文は薄れていく。これが落ち切った時点で、死者の未練が解消されたと解釈されていた。ここからは次の点を確認することができる。第一に、異常死者は、多数の人間の力によって、鎮めねばならないと考えられていたことである。第二には、異常死者は死者に想定されている無念や執着などの解消が行なわれる必要があったということである。出産は新たな命が生まれ出ようとする機会であり、産婦の無念が想像された。流れ灌頂は可視的に死者の無念が解消されていく過程を確認する儀礼であると見なし得る。

産褥死者はその無念によって産女になるという伝承も各地にみられる。また、妊娠中に亡くなった女性に対しては人形を一緒に埋葬することで出産の実現した状況を儀礼的に創出したり〔田中 一九九〇〕、胎児を摘出することで「身ふたつ」にして埋葬したという胎児分離習俗の事例も過去にはある〔安井 二〇一四〕。為し得なかった出産を実現させた状態で埋葬しようとしたわけである。

このように望ましくない死に、特殊な葬法がとられたのは何故だろうか。死者の想いはなぜ解消しなければならないのだろうか。産褥死者が産女になると恐れられたように、異常死者は未練や怨みや悲しみに基づいて生者に恐ろしい作用をもたらすものと考えられた。無論、すべての異常死者がそうなるわけではない。その意味で、異常死者は怨霊化する可能性を潜在させた死者であるということができる。以上の特殊葬法はそのような怨霊化可能性の実現を抑止する習俗であるといえる。怨霊化可能性が適切に抑制されているという認識が共有されていれば、死者が怨霊として想起されることも抑止される。

さて、このような異常死者が怨霊となって生者にもたらすネガティブな出来事や状況は、しばしば「祟《たた》り」と称される。死者の霊の存在を前提にしなければ、それらの出来事は各種の不幸な出来事や状況でしかないということになるが、それらの原因が探られた時、それは「祟り」と認識される場合があるということである。ある人が体調不良を経験したとする。その原因が医学的に説明されて納得されるのであれば、それは「祟り」にはならない。その原因に、神や死者霊の働きかけが想定された場合、それが「祟り」になるわけである。小松和彦は、妖怪や神を説明原理として位置付けたが〔小松一九九四 三三〕、「祟り」とは、そのような出来事に説明原理として死者霊や神霊が動員される際に、その出来事そのものに事後的に与えられる意味付けなのである。各種の体調不良が相次いだり、周辺にも体調不良に陥る者が続出したとき、どうしてこのようにわが身に不幸が集中するのかと人びとが問うとき、このような霊的な次元における原因究明が現在でも行なわれることがある。霊感商法が深刻な社会的課題となっている今日、この点に説明は要しないであろう。ここで重要なのは、よくない出来事の発生が先にあり、原因究明の過程を経て、それが遡及的に「祟り」として認識されるということである。さらに言えば、ある死者は、この「よくない出来事」が「祟り」として位置付けなおされる過程で、やはり遡及的に「怨霊」視されるということができる。「怨霊」が「祟り」を起こすのではなく、よくない出来事の主体として想起される死者が、怨霊にされるということである。出来事の「祟り」化以前には、個々の死者は大なり小なり怨霊化可能性を潜在させているに過ぎない。「よくない出来事」があったとき、あらゆる死者が祟りの主体（怨霊）として認識されるわけではない。

どれだけよくない出来事が連鎖したとしても、生前に良好な関係のもとにあり、穏やかに見送られた死者が、祟りを起こしているとは認識され難い。つまり、「これはあの人の祟りかもしれない」と思わせるような条件が、ここに介在していると考えることができる。

こうした祟りと怨霊の発生をめぐる問題は、それらが、人びとが個別の死者にどのような思いを抱き、またその死後の扱われ方をどう評価しているかに依存していることを意味している。私たちはしばしば死者の感情に思いをめぐらせる。「彼は多くの人に愛され、最愛の家族に看取られながら、安らかに逝った」というストーリーは、死者の死が幸福なものであるという事実ではなく、人びとがその死者にもつイメージ、またはその死が幸福なものであれという願いの表出である。そのようなストーリーを構成できないファクターがその死に介在した時、私たちは「満足していない死者」、したがって、その不満足の解消に向けて働きかけてくる死者をイメージすることになる。先述の産褥死者をはじめ、異常な死や不幸な死（だと認識されるような死）を遂げてしまうことは、残された人びとに「満足していない死者」像を描かせてしまう。あるいは、「死者の不満足」の想像は、ある出来事を死者による無念の解消行動として認識させるだけでなく、生者による行動をも規定する面がある。「遺志を継ぐ」「顔向けできない」「墓の中で泣いているよ」という発言は、死者の気持ちに思いを致しつつそれを引き受けて行動する生者の言葉である。事件・事故の遺族が訴訟に遺影をもちだし、事件の解決を墓や仏壇に報告するのは何故だろうか。無念・残念の解消者として、死者と気持ちを同じくしているという認識がそこにはある。「仇をとる」ことも、しばしば死者の無念にことよせて実行される報復行為である。これまで、民俗学ではそのような生者の死者への感情として「うしろめたさ」を一つのキーワードとしてきた〔五来 一九八六、小松 二〇〇八〕。うしろめたい気持ちが、死者のイメージに作用し、また死者に対する様々な行動を引き起こしていくのである。

さて、死者の怨霊化を記憶の観点から考える場合、ある死者がどのように、どの程度記憶されているかという問題が関わってくる。まったく存在の認識されていない死者は、よくない出来事の原因として想起することが困難だからである。あたりまえといえばあたりまえである。知らない死者のことを想定することは容易ではない。このことを念頭に異常死者を位置付けなおすとすれば、異常死はそれが「異常である」と見なされるがために、人の記憶に長くとどまることを考慮する必要があるだろう。凄惨な死は私たちに感情の動揺をもたらす。それを想起するとき、恐ろしい気持ちになり、また、悲しい気持ちになり、死者や遺族の無念や痛みや悲しみを想像してしまう。長く記憶にとどまる死者は、したがって、なんらかの出来事の原因として参照可能な情報のストックの中に、とどまり続けてしまうのであり、だからこそ、それに対し、十全な対処を行なっていることが人びとに安心をもたらすことになる。または、そのような対処が行き届いているか否かを気にすることになるのである。

ここで改めて祖霊化に目を向けてみる。先祖とは集合的な死者霊であることは先述した。この「集合的」ということは、個を考慮されていないことを意味する。「ご先祖様が守ってくれる」というとき、それは一〇代前の誰かと九代前の誰かと……、ということは想定されていない。そもそも、生者は何代も前の死者の人となりを知り得ない。遺影によって顔を知ることはできるかもしれない。しかし、遺影は近代以降に拡大してきた新たな葬送の文化である。柳田國男は死者と記憶の関係の変質を次のように指摘している〔柳田 一九九八c 五一〇〕。

単なる封土ならば崩れるまで、樹を栽ゑるならば成長して大木となるまでに、自然の忘却は静かに訪れて来たのであるが、石は寧ろ惨酷なほどに、人間の記憶を引留めた。愛にも憎みにも縁の絶えた家々が、空しく無縁仏の恨みを横たへて居るものが多くなつた。

現代の私たちは記憶をとどめることを重視する。したがって、記憶装置が私たちの身辺にはあふれている。「いつまでも忘れない」ことはステキなメッセージのように聞こえる。しかし、忘れまいとして何かに託された記憶は、永続的なものであるか否かも考えてみねばならない。言うまでもなく、死者の記憶には限界がある。誰もが墓石をもつようになったことで、「死者を思い出すためのもの」「死者を思い出させるもの」は人間の記憶の限界を超えたわけである。今日、各所で問題化している管理者不明の墓石は、かつてはたしかに特定の死者を想起するための装置であった。しかし、その墓石から実際に死者を想起する者がいなくなってしまったとき、その墓は私たちに対してどのように存在しているといえるだろうか。想起すべき内容も、想起する人も失われたにもかかわらず、想起させようとする仕組みだけが残存しているのが、今日の、また柳田の時代から問題化していた無縁墓である。どのような人のものかはよくわからないが、たしかにある死者を指示するものがそこにあり続けるということが、これまで議論してきた死者の怨霊化にどう作用するかは、改めて考えてみるべき問題なのかもしれない。墓石は近代以降、一般庶民にも拡がっていった。柳田國男は自身の眼前で石塔が普及していったことを想起している〔柳田　二〇〇一　九七～九八〕。それは実はきわめて不自然な忘却への抵抗のはじまりだったのかもしれないのである。

いずれにせよ、死者は特段の理由がないかぎり、ゆるやかに忘却されていくものであり、年忌法要という時限的な想起の機会を重ねながら、やがて、「たしかに存在したものの誰にも思いだすことのできない存在」へと変わっていくものであった。そのように考えたとき、異常死者とは、すみやかに忘却され得ない死者を意味していると言い換えてもよいだろう。(1) 心霊スポットに出現する幽霊たちは、仮にそれが実在の死者であると仮定するならば、いつまでも思いだされてしまう死者たちのことと考えておくこともできるかもしれない。

こうした点とも関わって、最後に「死の人称」について考えておきたい。ウラジーミル・ジャンケレヴィッチは「一人称の死」「二人称の死」「三人称の死」を区別している〔ジャンケレヴィッチ 一九七八〕。平易にいえば、「わたしの死」「親しい者の死」「他者の死」はそれぞれその「死」の性質が相違するということである。また、鈴木岩弓は「二・五人称の死」を想定し、対面経験をもたないが他者と身内の中間にあるような死者のあり方を論じている〔鈴木 二〇一八〕。惨事の風化などのプロセスを視野におくとき、社会的次元における死の人称は、「二人称の死」と「三人称の死」の間を揺れ動くということもできるかもしれない。前節でみた上野村の記憶継承実践は、突然自地域内で発生した大量の他者の死（三人称の死）を、少しでも自分事として想起することを実現しているという点で、二・五人称の死であるということができるだろう。その一方、誰かにとっては親しい誰かの死（二人称の死）の現場であったり、その人を悼むための場所が、別の者にとっては他人事の死と関わる場所であるということである。

そこで考えてみたいのは、災いの原因として持ち出されたり、心霊スポットに出現するとされる死者たちの死は、どのような立場から想起されたものなのかという問題である。死の現場へ供養のために訪れる人びとと、幽霊に出会いに訪れる人びととの間では、その死者の死の人称は相違する。(2) 死の痕跡をとどめる空間は、死者を想うための場所としても、死者との遭遇可能性を楽しむための場所としても分節される。心霊スポットに物見遊山で訪れる者たちにとって、死者は「他人事の死」を死んだ者たちであり、したがって自由な、時として遺族の感情に無配慮なかたちで死が語られる。沖縄県読谷村の鍾乳洞チビチリガマは昭和二十年(一九四五)に沖縄戦の集団自決が行なわれた場所であり、遺族にとっては慰霊の場であった。平成二十九年(二〇一七)に、同地が肝試し目的の若者たちに荒らされるという事件が発生した。逮捕された若者たちは沖縄出身であった。歴史への無知が原因と思われる事件であるが、死者の他者化がどのような事態を引き起こすかを如実に示す出来事であったともいえよう。

以上の死の人称の問題を考慮におくとき、気にかかるのはこのような死と関わる空間を場所化しつつ消費する世相である。この点は後章で留意することになる。

＊　＊　＊

本章では民俗学の立場から心霊スポットを考えるうえで、どのような視点があり得るかをおさえてきた。ここで述べた事項は、以後の各章で再論しつつ深めていくことになる。

心霊スポットは「記憶」を語る「言葉」が構成した「場所」である。その構成の様態がどのようにあるのかを、次章でもう少し踏みこんでみよう。

注

（1）ただし、人は「異常な死」のみならず、「突出した生」によっても記憶されるものでもある〔及川 二〇一七〕。

（2）また、ある死者の死を英雄的に語り、共同で讃えるべきものと位置付ける場合と、きわめて凡庸な一つの死として位置付ける場合とでは、やはり死の人称は相違する。

第一部

心霊スポット考

第一章　心霊スポットとは何か

心霊スポットとは何か。序章では当たり前のように「心霊スポット」という言葉を用いてきたが、その本書における認識を明らかにしておかねばならない。しかし、心霊スポットというものを定義することは意外と難しい。その理由の一つは、それが分析概念ではなく、一般語として流通する言葉である点にある。心霊スポットという言葉が指し示すものについて、私たちは相応に了解し合っているかのようであるが、その用法は一貫しているとはいいがたい。

そこで、本章ではまずこれがどのようなものをどのように指し示す語であるか、「言葉」の問題として考えてみたい。そのうえで、ある空間が心霊スポットと称されるという出来事をどのように理解しておくべきか、前提となる認識を明らかにする。

一　心霊スポットという言葉

心霊スポットという言葉を私たちは知っている。その言葉がどのような空間に付与され、それによって指示されるのがどのような場所であるかも、誰もがおおよそ見当をつけることができるだろう。

しかし、心霊スポットは若い言葉である。昭和五十八年（一九八三）に生まれた筆者は、幼いころにはおそらくこの言葉を聞くことができなかったはずである。「私たち」がどのような脈絡でこの言葉を用いるようになり、また、どのような前提でこの言葉を用いているかを考えてみたい。

心霊スポットという言葉は一般に通用してはいるであろうが、俗語である。心理的瑕疵を伴う物件を事故物件と俗称するのと同様に、公用に堪える言葉ではない。また、それゆえに、この言葉が定着する以前には同様の場所を指し示す言葉には各種のバリエーションがあり得たし、実は今日でも多様な呼称が用いられていると考えてよい。

まず、心霊スポットという呼称はいつごろから使用されているのだろうか。あらゆる文化事象について、明確にその起源を見定めることは難しい。とりわけ、いつの間にか私たちの暮らしの中にひろまっていく各種の言葉の初出ならばなおさらである。したがって、あくまで検討が及んだかぎりでということになるが、平成元年（一九八九）の『週刊明星』七月二十七日号の記事がもっとも古いようである。同年七月二十日放送の木曜スペシャル「全国学園対抗!!怪奇体験大賞」なる番組の紹介記事の中に「心霊スポットを紹介する『心霊スポットバスツアー』」なるコーナーが見出せる。番組内容を実見できないことを遺憾に思うが、当該番組の録画ビデオが残っていれば、この問題を考える際の貴重な資料になるだろう。また、ここからは心霊スポットという言葉はオカルトブーム下でテレビ番組が用いていった言葉である可能性を考えることができる。

ひとまず、心霊スポットという言葉は一九八〇年代からは存在したらしい。しかし、八〇年代のオカルト本や雑誌のオカルト記事を収集・検討したかぎりでは、このほかに「心霊スポット」という言葉を使用した例を見出すことができない。むしろ、類義語とみなせるものが盛んに使用されていたということができる。のちほど詳述することになるが、心霊スポットという言葉自体は、九〇年代前半から徐々に使用されはじめ、九〇年代後半にいたって他の類義語に明らかに優越するようになっていったものと考えられる。

以上をふまえ、どのような類義語がどのように用いられてきたのか、年代別に検討していこう。心霊スポットと同様、これらの類義語は、恐ろしいことや不思議なことを意味する単語と、空間なり場所を意味する言葉の組み合わせで成り立っている。前者については、おばけ、霊、幽霊、怨霊、怪奇、恐怖、ミステリー、オカルト、トワイライトといった言葉があり、後者については、スポット以外では名所、地帯、ゾーン、ポイントなどといった言葉が使用される。

まず、一九六〇年代から一九七〇年代にかけての傾向をみていく。幽霊の出現する場所を紹介する書籍や雑誌記事には先述のように心霊スポットという言葉はみあたらない。例えば、『週刊サンケイ』の昭和四十二年（一九六七）七月十七日号の記事「怪談におびえる静岡の国道一五〇号線」は昭和四十年（一九六五）に焼津市で発生した交通事故に関連付けられた幽霊さわぎを報じるものだが、「国道一五〇号線はきょうも列をなして〝お化けゾーン〟をいく見物、やじうまどもの自動車から発する排気音がものすごい」と記す。名所のような状況になった事故死者の幽霊出現地点は「お化け」＋「ゾーン」という言葉で表現されている。また、この時期にスポットという言葉の使用がないわけでもない。「幽霊スポット」は『週刊明星』の昭和五十一年（一九七六）七月十八日号、同年の『週刊明星』八月二十二日号に存在する。ただし、スポットという言葉の用例はこの時期はわずかにしか見出せない。むしろ、名所やゾーンという言葉が支配的であったといえる。

この手の話題に大きな影響力をもった中岡俊哉の『心霊の四次元』〔中岡　一九七二〕、『実写！　日本恐怖一〇〇名所』〔中岡　一九七八〕、平野威馬雄の『お化けの住所録』〔平野　一九七五〕、同じく平野の『日本怪奇名所案内』〔平野　一九七六〕、佐藤有文の『にっぽん怪奇紀行　四次元ミステリーガイド』〔佐藤　一九七八〕、『怪奇現象を発見した〜あなたも行って見ないか〜』〔佐藤　一九七九〕などは、近年も刊行されている幽霊出現のエピソードと当該地の案内によって構成される書籍の早い例である。これら三名の著者は日本のオカルト史を理解するうえで欠くことのできない人物といえる。中岡は昭和三十八年（一九六三）から怪奇物の執筆を開始し、一九七〇年代には超能力やこっくりさん、心霊写真の流行を牽引した〔幕張本郷b　二〇二一　二三〇〜二三一〕。平野威馬雄は詩人・仏文学者であるが、昭和三十五年（一九六〇）から空飛ぶ円盤の文章を書きはじめ、昭和四十八年（一九七三）にはお化けを守る会を発足し、おばけ関係の文章を書き始める〔式水　二〇二一　二〇九〜二一〇〕。なお、平野は妖怪にも言及するが、お化けはおおよそ幽霊を想定するものであった〔式水　二〇二一　二一二〕。佐藤有文は怪奇作家・オカルト研究家であり、一九七〇年代に妖怪や怪異の児童書で絶大な影響力を誇った〔幕張本郷　二〇二一a　二二〇〜二二五〕。

さて、中岡の『心霊の四次元』を除き、これらの書名に「名所」「住所」「紀行」「ガイド」「あなたも行ってみないか」などの語がならぶことに注意しておきたい。これらは怪異の出現する具体的な「地点」への関心に支えられている。序章でみた伝説や世間話を念頭にいえば、これらの書籍は具体的な地理的関心に支えられている点で、読者の「いま・ここ」からまったく断絶した「お話」ではなく、この世界にかつてあったらしいこと、またこれからもあり得るものとして読まれることを期待している。そして、これらの書籍は不思議な出来事の舞台を地表上に見出していくこと以上の、ある「促し」をはらんでいる。佐藤の書名にある「あなたも行ってみないか」という文言がその端的な例といえるだろう。つまり、これらの書籍は訪問可能性を読者に提示しているのであり、「旅」に際して手引きとなるような「名所」の「ガイド」としての性格をも帯びている。スポットという言葉は、ゾーンという言葉に比べて観光という目的と親和的であると思われるが、スポットの用例が少ないとはいえ、一九六〇〜七〇年代から、オカルト本の中では訪問の促しを伴う事例紹介が行なわれていたことに注意しておきたい。やがてゾーンの用例は減少していくのだが、それは名所を指示しようとする際にゾーンという言葉よりもスポットという言葉のほうがしっくりいったことも関わっているように思う。

さて、一九八〇年代にもここまでの傾向は大きくは変わらない。引き続き、スポットという言葉よりも「地帯」や「ゾーン」という言葉で幽霊の出現する地点を指し示そうとする傾向が優勢だったようである。『週刊平凡』昭和六十年（一九八五）八月九日／十六日号の「新TOKYO魑魅魍魎出没地点」というタイトルのルビに「おばけスポット」という言葉があてられているが、スポットという言葉はあまりみられない。中岡らの文章においてもスポットという言葉の用例は少ない。昭和五十五年（一九八〇）の中岡俊哉の『日本怪奇ゾーン』〔中岡　一九八〇〕、昭和五十八年（一九八三）の佐藤有文の『恐怖のミステリーゾーン〜死神・亡霊にとりつかれた怪奇事件集〜』〔佐藤　一九八三a〕、『日本恐怖ゾーンを見た！』〔佐藤　一九八三b〕では、表題の通り、「怪奇ゾーン」「ミステリーゾーン」「恐怖ゾーン」という言葉が用いられている。なお、中岡は心霊スポットという言葉が相応に浸透する一九九〇年代にも「ゾーン」という言葉を用い続けたが、平成八年（一九九六）の『恐怖！　噂の新名所——今夜も出る!?　戦慄のミステリー・スポット』のようにスポットという言葉も使用している〔中岡一九九六〕。ちなみに、山梨賢一なる人物の『ミステリースポットを訪ねる　不思議の旅ガイド——関東&東海その他ワクワク九二コース』は書籍名としてスポットという言葉を用いた古い事例だと思われるが〔山梨　一九八五〕、いわゆる心霊スポットではなく、伝説の伴う史跡の紹介が同書には多い。

また、一九七〇年代に幽霊スポットという言葉を用いていた『週刊明星』も一貫してこの語を使用し続けたわけではない。『週刊明星』昭和六十三年（一九八八）六月三十日号記事「TOKYO近郊怪奇マップ　大都市を包囲する恐怖のミステリーゾーン」では、タイトルにもあるようにゾーンという言葉を多用する。同年の『週刊読売』九月四日号記事「納涼ルポ　新お化け名所」には佐藤有文への取材が掲載されているがここでも「ミステリーゾーン」が用いられている。平成元年（一九八九）八月十五日の『女性自身』記事「「霊」。遇いたかったらこの場所へ！」でも「ミステリーゾーン」という言葉が複数回使用されているが、一箇所だけ「まだまだあります！　全国ミステリースポット」という見出しで「スポット」が用いられている。同記事のタイトルが「遇いたかったらこの場所へ！」であることは改めて想起すべきかもしれない。若い女性二名が「恐山」や「緑風荘」等の各地の「ミステリーゾーン」を訪問している様子がカラー写真とともに紹介されているわけだが、あわせて「ついでに観光！」「ついでに食べる」などと観光地や名物が示されているのである。『FLASH』の平成元年（一九八九）八月十五日号記事「丑三つ時に車で回ろう首都〝幽霊名所〟めぐり　〝真夏の夜の納涼ドライブコース〟」は、「近頃、若い人の間で、幽霊が出る場所でデートする〝ブライトゾーンデート〟がトレンディなのだ」と、ドライブでのデートコースとして幽霊の出現する場所を紹介している。フライトゾーンという言葉はほかの事例には見出すことができなかった。しかし、同記事で注意をひくのは、「幽霊名所めぐり」という言葉とともに、「有明といえば、今最もトレンディなデートスポット。だが、最もトレンディな幽霊スポットでもあるのだ」と、江東区の有明橋を紹介しているくだりである。スポットという言葉が訪問への促しを伴っているということが改めて確認できる。

一九八〇年代に発生し九〇年代まで継続する傾向は、一つには「ミステリー」という言葉の優勢である。八〇年代後半から九〇年代前半にかけては、「ミステリーゾーン」という言葉を使用する雑誌記事がしばしばみられる。例えば、『週刊明星』昭和六十二年（一九八七）九月二十四日号の「TOKYO怪奇マップ」、前掲の同誌昭和六十三年（一九八八）六月三十日号「大都市を包囲する恐怖のミステリーゾーン　近郊TOKYO怪奇マップ」などは、今でいう心霊スポットをミステリーゾーンとして記述する。ただし、後者の記事には怪奇ゾーンという言葉も登場し、語の使用に一貫性はない。

もう一つ、一九八〇年代から九〇年代まで継続する傾向は、先にも見たように心霊スポットをデートコースとして紹介する記事や書籍の登場である。昭和五十九年（一九八四）の『GORO』八月二十三日号記事「彼女を誘って〝ゾンビー・ハンティング〟に出かけてみないか」、平成六年（一九九四）八月九日の『女性自身』の記事「本当に怖いの？　デートに向くの？　いま、ウワサのミステリーDATEスポットに突撃したぞ」をはじめ、異性と訪問する対象として提示されていくのである。『女性自身』の同記事は「夏です！　いよいよ肝試しのシーズンがやってきました。そこで絶対オススメ怪奇エリアを大紹介!!　彼氏と行ってゾォ〜ッとしよう！」と述べている。なお、同記事では心霊スポットではなく「ミステリースポット」を用いている。書籍でも、平成元年（一九八九）には『関東近郊　幽霊デートコースマップ』〔幽霊探検隊　一九八九〕、平成三年（一九九一）には『全国版　幽霊デートコースマップ』〔幽霊探検隊　一九九一〕、平成八年（一九九六）には『ミステリーウォーカー首都圏版心霊不思議デートコース　スポットガイド』〔怪奇現象特別調査隊　一九九六〕など、類書が多い。レジャー感覚で心霊スポット探訪が紹介されるようになった点がこの時期の特徴といえるかもしれない。

以上を念頭に、一九九〇年代の検討に移ろう。九〇年代前半から、雑誌記事上ではスポットという言葉の使用頻度が目に見えて増加していく。先述のように、同時期はミステリーという言葉が優勢であり、ミステリーゾーンとともにミステリースポットという表現も盛んに使用されていく。そうした中で、少しずつ心霊スポットという表現の使用例も増えていく。管見の及んだかぎり、心霊スポットという言葉を用いた九〇年代の早い例としては、平成四年（一九九二）のビデオ作品『稲川淳二と田村ガンの関東心霊スポット』（バンダイビジュアル）があげられる。同作品は稲川淳二、田村ガン、北條希功子の怪談語りが、東京近郊の現地ロケの組み合わせで構成されている。雑誌記事としては、『ザテレビジョン』（首都圏版）の平成六年（一九九四）七号の記事「ウッチャンが心霊スポットで記念撮影えっ！　この写真のなかに霊が写ってる?・」がある。『ウンナン世界征服宣言』なる番組のロケで、心霊写真を撮影するために「二・二六事件の慰霊碑」「暗闇坂」「白金トンネル」をめぐったところ心霊写真が撮影できた、という記事であるが、本文中にはみられないものの、見出しに心霊スポットという言葉が登場している。また、同様に平成六年（一九九四）の『恐怖体験実話コミック』二一（サスペリア増刊七月十五日号）の「怪談百物語」の中にも、投稿された文章に「心霊スポット」という言葉が登場している。探せばまだ見出せるであろうが、九〇年代前半から徐々に心霊スポットの使用が拡大していったと考えてよいだろう。

一九九〇年代後半にはスポットという言葉の使用は定着したといっても過言ではない。各種のオカルト関係の雑誌記事上では「ゾーン」の用例が混在しつつも減少し、スポットがとってかわる。平成七年（一九九五）六月二日の『週刊女性』記事「最新クチコミミステリースポット大発見！」は、タイトルに「ミステリースポット」を用いつつ、本文中では「超常怪奇スポット」「ゾーン」「心霊恐怖ゾーン」「ミステリアスなスポット」「怪奇ゾーン」などの言葉がならぶ。タイトルにゾーンを用い、文中でちらほらとスポットを使用するという八〇年代の傾向とは雰囲気が変わっている。同年の『女性セブン』八月三十一日号「大泉の母・木下多恵子さんが体験　心霊遭遇スポット一七」では「心霊スポット」という言葉のみが使用されている。タイトルにある「心霊遭遇スポット」という言葉はどういうわけか本文中ではみられない。平成八年（一九九六）の『今夜も眠れない！　恐怖体験』二〇号（Lady's comic hime 増刊）の「恐怖の心霊スポット　日本霊異紀行」、平成九年（一九九七）の『週刊プレイボーイ』八月二十六日号の「残暑お見舞い肝だめしスペシャル　女子高生が案内する心霊スポット一〇」、『TOKYO一週間』平成十年（一九九八）七月七日号記事「不思議心霊スポット　TOKYOトワイライトゾーン」など、心霊スポットという言葉がこれまでになく使用されるようになっていく。

書籍では依然としてゾーンなどの使用がみられるが、先述の『ミステリーウォーカー首都圏版　心霊不思議デートコース　スポットガイド』（怪奇現象特別調査隊　一九九六）、新倉イワオの『日本列島心霊怪奇スポット』〔新倉　一九九五〕、小池壮彦の『東京近郊怪奇スポット』〔小池　一九九六〕、内藤孝宏の『東京ゴーストスポット』〔内藤　一九九六〕など、スポットを冠した書籍も続々と刊行される。稲川淳二の平成七年（一九九五）の著作『稲川淳二のすご〜く恐い話　ＰＡＲＴⅡ』には、「日本全国心霊スポット」という付録が添えられる〔稲川　一九九五〕。先述のミステリーという言葉は、二〇〇〇年代初頭までミステリースポットという言葉が使用されていくが、二〇〇〇年代には心霊スポットという言葉が優勢になっていた。

以上をふまえるかぎり、心霊スポットを指示する言葉は、当初、各種の表現が混用される傾向が顕著であったが、ゾーンやミステリーという言葉が優勢化した時期、スポットの優勢化する時期を経て、今日の心霊スポットの一般への浸透に至った、とみることができるだろう。

さて、こうした全体的傾向をふまえて、より個別の書籍や雑誌に焦点をあててみたい。「心霊」という言葉を書名に冠する中岡俊哉の『日本全国恐怖の心霊地図帖』〔中岡　一九八三〕から、幽霊の出現する場所を指示する概念を抽出すると表1のようになる。同書は緯線・経線を霊波帯と捉え、その中に「怪ポイント」があるという発想のもとで、心霊地理学なるものを標榜し、中岡なりに分析的な表現を目指している。その関係でもあろう、同書では「ポイント」「ゾーン」「帯」という表現が多用されているが、似たような表現が多く、かつ、概念同士の関係が必ずしも整理されてはいない。先述の八〇年代の傾向通り、心霊スポットという言葉はみられない。また、この点は、同書が心霊地理学という疑似地理学的な分析が志向されていることも関わっているだろう。同書は名所のガイドとしての性格をあらかじめ意識していないともいえる。怪異の地図化はガイドのみならず、分析的で探究的

ゾーン	ミステリーゾーン（表紙）、心霊ゾーン（99 p ）
地点	強霊地点（表紙）
地帯 （霊波帯含む）	最強霊波帯（17p、57p）、霊波帯（55p、56p、95～99p）、強霊波帯（71p）、「憑依性の強い怨霊霊気地帯」（103p）、「不浄性の霊気と怨霊霊気地帯」（161p）、「怨霊性の霊気帯」（108p）、不浄霊気帯（116p）、「憑依性のある怨霊帯」（129p）、「不浄霊気の強い地帯」（129p）、「憑依性のない怨霊地帯」（132p）、怨霊霊気地帯（134p、190p、235p）、「憑依性の薄い怨霊地帯」（146p）、不浄霊地帯（134p、152p）、「霊障の少ない霊気地帯」（148p）、不浄霊気地帯（176p、223p、229p、242p、244p）、不浄性霊気地帯（182p、188p）、「憑依性の強い霊気地帯」（184p）、「憑依性のある怨霊地帯」（186p、214p）、「霊障の少ない不浄霊気地帯」（190p）、「怨霊性の強い霊気地帯」（192p）、「憑依性の不浄霊気地帯」（200p）、「霊気の薄い地帯」（200p）、「霊障の少ない霊気地帯」（200p）、「憑依性の怨霊霊気地帯」（204p）、不浄霊気地帯（205p）、「霊障の少ない地帯」（205p、238p、239p）、「怨霊性の強い霊気地帯」（208p）、「憑依性のある不浄霊気地帯」（217p）、「憑依性の薄い怨霊霊気地帯」（226p、248p）、「霊障の少ない不浄霊気地帯」（229p）、「悪い霊気のきわめて薄い地帯」（232p）、「憑依性の弱い不浄霊気地帯」（233p）、「憑依性のある怨霊霊気地帯」（240p）、「霊障のない地帯」（244p）、「霊障のある怨霊霊気地帯」（244p）
ポイント	強霊ポイント（18p、71p）、恐怖ポイント（40p）、怪ポイント（42p、44～52p、54p、55p、72～93p）、怨霊ポイント（58p）、悪霊ポイント（62p）、霊障ポイント（66p）、霊気ポイント（108p、116p、124p、127p、129p、132～134p、142p、143p、146p、147p、152p、156p、161p、175p、182p、184p、186p、188p、190p、191p、192p、200p、202p、204p、205p、207p、214p、217p、220p、223p、226p、229p、230p、232p、233p、235p、238p、239p、240p、242p、244p、248p）
その他	強霊トライアングル（24p）

表1　『日本全国恐怖の心霊地図帖』における地理的概念（〔中岡　1983〕より作成）

な眼差しのもとでも行なわれ得たことに注意しておきたい。なお、心霊地理学については平成十二年（二〇〇〇）の『心霊大全』でも再論されている〔中岡　二〇〇〇　三〇七～三一〇〕。

他方、そのように分析的な視点ではなく、名所案内的なスタンスで書かれた中岡の書籍ではどうだろうか。『出た！　恐怖の新名所――戦慄のミステリー・スポット・ガイド』は〔中岡　一九九七〕、九〇年代後半の、すでにスポットおよび心霊スポットという言葉が相応に浸透した時期の書籍であり、かつ、ミステリーという言葉がしばしば使用されていた時期の書籍である。同書の中で、怪異の出現する場所は「ミステリー・スポット」「恐怖名所」「ミステリー・ゾーン」「恐怖エリア」「不思議スポット」「戦慄ゾーン」「怪空間」という言葉で表現されている。不思議と、心霊スポットという言葉はみられない。

別の書き手の書籍もみてみよう。小池壮彦の『東京近郊怪奇スポット』〔小池　一九九六〕では、「怪奇スポット」「怪奇エリア」「怪奇名所」「怪奇ポイント」「怪奇ゾーン」の語が並ぶ。小池は同書で使用する概念を「怪奇」という言葉で統一しようとしていたのであろう。同様に、池田貴族の『関東近郊ミステリースポット紀行』は〔池田　一九九八〕、一貫してミステリー・スポットの呼称を用いている。同年の三木孝裕の『「幽霊見たい」名所ツアー』をみてみると、ミステリースポット、幽霊名所、魔界、魔界ゾーン、怨霊ゾーン、地縛霊ゾーン、呪詛ゾーン、幽霊スポット、心霊ゾーン、幽霊出没ゾーン、心霊スポット、自縛霊ゾーン、動物霊ゾーン、浮遊霊ゾーン、ミステリーゾーン、地縛霊出没ポイント、幽界スポット、妖怪スポット、怪奇ゾーン、恐怖ゾーンなど、言葉の使用に統一感がない。依然としてゾーンという言葉が目立つが、それぞれの語の使用は一、二件ずつであり、どれかが優位であるわけではない。以上の書籍の検討からは、一九九〇年代後半のスポットという言葉の優勢化傾向が確認できる一方、書き手の判断で、怪奇やミステリーなどの言葉が選び取られていることがわかる。

オカルト雑誌上ではどうだろうか。女性向けオカルト雑誌『ハロウィン』の昭和六十三年（一九八八）三巻一号の愛読者ページ「ぱんぷきんぱーてぃ」において「幽霊名所」への関心が発生し、マップづくりの気運が高まっている。福岡県の「ゆうれいさん」からの投稿において田川市と飯塚市を結ぶ烏尾峠が「幽霊の名所です」と紹介されたことに対し、編集部からは次のコメントが付される〔二四〇〕。

あなたの近所の幽霊名所を教えてください。地名、場所、どんな話があるか書いて送ってください。（写真もついているとうれしいな）ハロウィン読者で幽霊マップを完成させよう！

翌月の三巻三号において、「ぱんぷきんぱーてぃ」では群馬県の「ＳＵＧＡＲ」の「こんにちは、全国幽霊情報を募集しているっていうので、私は群馬県内の話を紹介しますね」との投稿が「群馬県版幽霊遭遇地点」と称して掲載される。「薗原湖」と「御巣鷹山」が紹介されるが、これに対し、編集部からは次のようにコメントが添えられる〔一二八〕。

と、言うわけで今月は群馬県のゴーストポイントを紹介しました。次回はあなたの近所かもしれない!?　投稿をお待ちしてまっせ。

前号において「名所」だったものが「遭遇地点」「ゴーストポイント」に変化している。

こうした幽霊出現地点に関する読者投稿の流れで、三巻四号では「福岡県・片目のない幽霊」という先述の「ゆうれいさん」の投稿が掲載されるが、これへの編集部の反応も含めて、「名所」や「ゴーストポイント」などの語は用いられない。編集部は「もっと怖い話、場所を知っている人、投稿よろしく!!」とあるのみである。同号には兵庫県の「OKIちゃん」の投稿が「神戸ミステリーツアー」の名で掲載される。これには渦ヶ森の橋、御影の女子大生バラバラ殺人事件の死体遺棄現場、住吉川沿いのガード下、阪急岡本のガード下、北畑神社、阪急岡本駅近くの心中のあった家が紹介され、「それでは、みなさん、神戸にいらしたときには、ミステリーツアーを楽しんでください」と結ばれる。幽霊の出現地点を「巡る」ことは「ミステリーツアー」と称されている〔九六〕。この「OKIちゃん」の投稿を承けて、三巻六号では兵庫県と大阪府を対象とする「全国ミステリーマップ」の第一回が巻頭の特集として掲載される〔三～七〕。「ゴールデン・ウィークにゴースト・ツアーを楽しもう!!」と記される同特集は六甲山と北摂霊園を中心に取り上げており、「ミステリーポイント」なる語が現れる。三巻七号では「ぱんぷきんぱーてぃ」内で「ミステリーゾーン」という語が読者である「吸血鬼広報」の言葉として現れる〔二二八〕。同号には北海道の神居古潭に関する投稿がみられる〔二二八〕。これは三巻五号の北海道の「まきこ」の投稿「神居古潭の幽霊」を承けたものであるが〔二七七〕、編集部からは「『ぜんこくミステリーマップ』情報係では、特に北海道地区のミステリーポイントの情報を募集しています。北海道の方、お手紙くださいね」と記される。ここでも「ミステリー」の語が優勢になっていく流れが確認でき、怪異の発生地はミステリーポイントと表現されている。

各号の検討はここまでにしておこう。『ハロウィン』誌上では平成元年（一九八九）の四巻一号から「ハロウィン読者がつくる全国幽霊マップ」なるコーナーが「ぱんぷきんぱーてぃ」の外に設けられ、読者投稿によって幽霊の出現地を掲載していく。同コーナーは平成五年（一九九三）の八巻九号で終了するが、幽霊出現ポイント、ゴーストポイント、ミステリーポイントなどの言葉は用いられるものの、最後まで心霊スポットという言葉は出現しなかった。ちなみに、他の記事では、平成元年（一九八九）七月の四巻一〇号の「特集・ロンドンミステリーツアー」の中で「幽霊スポット」の語が現れている。『ハロウィン』は平成七年（一九九五）で休刊するが、先述の各年代の傾向と照らし合わせてみると、全国幽霊マップ、そして雑誌それ自体も、心霊スポットという言葉の定着期を迎えることなく終了したということができる。

さて、二〇〇〇年代以降もこの種の書籍や雑誌は刊行されていくが、一九九〇年代後半から二〇〇〇年代はインターネットの急速な普及期でもある。とりわけ、ある時期の怪談の語りの場として影響力をもった2ちゃんねる（現5ちゃんねる）の開設が平成十一年（一九九九）、怪異の体験談を語るスレッドとして著名な「死ぬほど洒落にならない恐い話を集めてみない?」がたてられたのが平成十二年（二〇〇〇）である。また地域ごとの話題を語り合う「まちBBS」が2ちゃんねるから分離するのも同年である。これらのスレッド上で、幽霊の出現する場所はどのように呼称されているだろうか。2ちゃんねるの過去のスレッドを検索可能な「過去ログβ」によって検索したかぎりでは、心霊スポットという言葉をタイトルにもつスレッドは平成十一年（一九九九）には存在しないが、平成十二年（二〇〇〇）に一四八件、平成十三年（二〇〇一）に二八三件、平成十四年（二〇〇二）に二三九件、平成十五年（二〇〇三）に一四〇件と続き、三ケタのスレッドが立てられ続ける。まちBBSにおいても、「みみずん検索」を用いて過去のスレッドを確認したかぎりでは、平成十二年（二〇〇〇）の時点で無数の心霊スポットのスレッドが設けられている。他方、ミステリースポットの場合、平成十一年（一九九九）に一件、平成十二年（二〇〇〇）に二七件、平成十三年（二〇〇一）に二〇件、平成十四年（二〇〇二）に一四件となったほか、平成十五年（二〇〇三）の八件以降は一桁代で推移する。怪奇スポットの場合、平成十二年（二〇〇〇）に五件、平成十三年（二〇〇一）に八件と続き、令和四年（二〇二二）現在まで立てられ続けてはいるが一桁台を推移していく。他方、ゾーンの用例であるが、心霊ゾーン、怪奇ゾーンは平成十二年（二〇〇〇）にそれぞれ一件だけスレッドがたてられたが、以後はみられない。なお、平成二十八年（二〇一六）以降、『怪奇ゾーングラビティホールズ』なるアニメのスレッドが現れるが、ここでは考慮においていない。ミステリーゾーンは平成十二年（二〇〇〇）から現在まで使用され続けているが、大半は一桁台のスレッド数であり、多くても一一件であった。

　また、タイトルにはみられないながらも、平成十一年（一九九九）の各スレッドのレスには心霊スポットという言葉が登場する。「日本全国ミステリースポット」は平成十一年（一九九九）九月二十一日にたてられたスレッドだが、同年十一月三日に「「各地の迷惑心霊スポット」っていうのをやったみたいなんですけど、見た人いますか？」と書き込みがある。筆者は未確認であるが、同日の『スーパーニュース』に当該特集があったものらしい。同スレッドには計二八件の「心霊スポット」という言葉が登場している。また、同年十月十一日にたてられた「幽霊って本当に居るんですか？」スレッドの第六七レスには「本当の心霊スポットへ行ったことありますか？」との発言がみられる。こうして見てみると、一九九〇年代にはまだ多様であり得た「幽霊の出る場所」の呼称は、二〇〇〇年代には心霊スポットが他を制圧しつつあったと言い得るだろう。

以上、対象を指示する「言葉」の問題にこだわってきた。ただし、これは一つの言葉が定着していく過程を再構成した、ということにとどまらない。ゾーンや地帯に比べて、観光的な言説に接続しやすいスポットという言葉が定着していく過程は、ある場所が「怪異の発生する空間」ではなく、「心霊現象の発生可能性を消費しに行く名所」という含意を伴いつつ、分節されていく過程のようにも思われる。無論、当初より、幽霊の出現する場所は名所という言葉で表現され、しばしば地図化されていた。したがって、この種の空間を語ろうとする行為において当初より存在した動向のもとで定着した新語が心霊スポットであるということもできるだろう。

では、改めて、心霊スポットとはどのような場所であるといえるだろうか。次節では、その言葉の意味内容を今少し詳しく検討してみよう。

二　心霊スポットの性格

ここまで、心霊スポットという言葉の来歴を、類語との関係を視野におきつつ検討してきた。では、心霊スポットはどのような場所として説明付けることができるだろうか。

その要件を考えようとするならば、当たり前なことのようではあるが、そこは幽霊が出現する場所であるという点をまず考慮せねばならない。しかし、その場所に赴けばいかなる時にも幽霊が出現するわけではない。幽霊が出現するか否かは、訪問者に必ずしも約束されない。また、幽霊は、常に明示的に、ありありと幽霊のかたちで出現するわけではなく、各種の物音や出来事を体験者が幽霊として解釈せねばならない。ひるがえっていえば、なんらかの出来事が幽霊のしわざとして解釈されさえすれば、幽霊それ自体は出現する必要はないことになる。そうすると、心霊スポットの解説は「幽霊が出現する場所である」必要はないことになる。むしろ、心霊スポットは、人びとが「そこに幽霊を見出そうという構え」を要件とする場所であるということになるだろう。以上から、心霊スポットという場所における幽霊の出現は、常に「会えるかもしれない」「あれは幽霊だったのかもしれない」という「可能性」として存在していると考えられるし、そうした「期待」とともに分節される場所が「心霊スポット」であるといえる。そのため、より厳密に心霊スポットを説明付けようとすれば、それは「幽霊との遭遇可能性への期待に支えられた場所である」ということになる。これを第一の要件としておきたい。

心霊スポットが「幽霊との遭遇可能性への期待に支えられた場所である」として、本来的に心霊スポットであるという空間は想定することはできない。つまり、その空間や場所が、第一義的に心霊スポットとして構築されているケースというものは想定することができない。その空間や場所はかつては、または現在も、別の性格を同時に備えており、かつ心霊スポットでもあるわけである。例えば、心霊スポットと称されるのは、廃墟や城跡などの史跡、トンネルなどであるが、それらは特定の機能によって社会生活に奉仕する設備ないしその遺構である。心霊スポットとは、それらの設備に、特定の文脈で、特定の関心のもとで付与される性格であると考えられる。したがって、誰にとっても、いついかなる時にも意味をもつ空間や場所の属性を表現するものではないわけである。

筆者の経験で言えば、新潟県S市の某神社を巡見で訪れたあと、インターネットでその神社を検索してみたところ、そこが心霊スポットとして語られているのを発見したことがある。その神社では鳥居の回廊をくぐる途中で、絶対に振り向いてはいけないとのことであったが、当該神社の信仰圏について考えながら鳥居の奉納者の居住地域を眺めていた筆者は、何度も何度も回廊の中で振り返ってしまった。このような聖地を心霊スポット化する語りは、当該神社を信仰する者の言葉ではないだろう。そのような空間の意味、場所性を共有できない立場からの意味付けであると考えることができる。史跡や観光地、パワースポット、民俗信仰の聖地、日常の移動空間が心霊スポットと称されるケースは枚挙にいとまがない。ある人にとっては史跡や民俗信仰の聖地であり、パワースポットであり、また毎日の通勤・通学で通りすぎるだけのある空間が、ある人びとにおいては心霊スポットと称される場合があるわけである。なんらかの機能や役割によって社会生活に奉仕するある空間や場所に「幽霊との遭遇可能性」が期待されたとき、そのような空間は一部の人びとによって心霊スポットとして分節されはじめるといえるだろう。ここでの要件は、心霊スポットとは、客観的実在であるよりは、「部分的で文脈依存的な空間への名付けである」ということになる。これが第二の要点となるだろう。また、新潟市S市の某神社の事例は、ある空間が「心霊スポット」と名指されるという出来事を理解しようとする場合、「外部の眼差し」が論点になることをも示唆している。

さて、心霊スポットが「幽霊との遭遇可能性への期待」のもとで、「部分的で文脈依存的な空間への名付け」によって発生する場所である、ということまでの説明は、少々不十分なものである。どのように不十分なものであるのか、一例を示してみよう。北海道S市の某所にはかつて火災で死者が出て、近隣では幽霊が出ると噂になった場所がある。現在も民家があったころの外壁は残っているが民家それ自体はすでになく、現在は営業を停止しているらしい某企業の建物がある。幽霊をみたという話は現在では語られていない。また、管見の及んだかぎりではあるが、同地の情報は書籍やインターネット上には存在しない。近年は事故や事件などの発生によって心理的瑕疵の発生した不動産物件を紹介する『大島てる』という物件公示サイトがあるが、北海道S市某所の事例はヒットしない。同地でかつて火災があったこと、幽霊が出るという噂があったことも、古くから住む高齢者の記憶の中にしかない。近隣に土地を買う際にそのことを思い出したという話者の記憶に残るばかりである。同地は背景を知る者にとっては薄気味悪い場所であることにはかわりないが、果して心霊スポットといえるかは疑問である。いわゆる心霊スポットとして著名な場所と北海道S市の事例は、ともに幽霊との遭遇可能性を人びとに認識させるものであるが、後者の事例が心霊スポットと称しづらいのは何故だろうか。

この点は、一つ目の要件に加えた「期待」がまず関わっている。北海道S市の事例の地元の人びとは、同地に「幽霊が出現する可能性」は頭の片隅におきはするが、それを「期待」しはしない。毎日のようにその地の前を通り過ぎ、ときに薄気味悪く思いながら、さほど気にするわけではない。もちろん、わざわざ幽霊との遭遇を求めてそこを訪れるわけでもない。他方、わざわざ幽霊との遭遇を求めるような人びとはこの地のことを知らない。書籍にもネットにも記されていない情報であり、かつ、この地域の古くからの住民しか知り得ない情報であるため、広域の人びとの知るところとはならないようである。この「広域の人に認知されているのか否か」という点が、いわゆる心霊スポットというものの性格を考えるうえで重要である。ただし、どれだけの人に認知されればその空間が心霊スポット足り得て、また、どの程度の数値に満たなければ心霊スポットには至らないのか、線引きをすることも困難である。また、多くの人に認知されつつも心霊スポットではない場所というものもあり得そうである。例えば、幽霊が出るというある学校のトイレやある病院内の施設は心霊スポットと呼び得るだろうか。以上を整理すると、いわゆる心霊スポットと、「心霊スポットとは称されない、しかし幽霊の出現するとされる場」との相違は、「訪問への促しの有無」にある。これが心霊スポットの性格を考える際の三つ目の要点になる。

改めて、前節の議論を想起してみたい。「ゾーン」などの類語と並んで、「名所」という言葉がオカルト関係書籍では頻繁に使用されていた。そして、レジャースポット、観光スポット、ナイトスポット、デートスポットといった用例を視野におくかぎり、「スポット」という言葉は、場所という字義から一歩進んで、そこへの訪問を誘発するような含意があることもすでに検討した。心霊スポットは、忌避すべき場所であるよりは、わざわざ足を運ぶべきほどに恐ろしい場所を求める人々のために紹介される「名所」であるといえよう。ここで、先述の心霊スポットは「外部の眼差し」に支えられているという点が意味をもってくる。

それが「名所」であるとすれば、そこにはいくつかの要件が発生する。まず、相応に「評判」が必要になる。つまり、そこが訪れるに足るほどの場であると語る「言葉」、望ましくは複数の人間による評価の集積が要請される。とすると、心霊スポットの形成には、そのような評判が伝達されたり、集積されたりする仕組みが密接に関わることになる。第二に、評判を支え続ける何かがその場所には必要となる。多くの人に幽霊らしきものが体験されたり、幽霊に遭遇できないまでも訪問に満足を与えたりするような景観や体験が備わっていると、評価はより集積される。「幽霊には遭遇しなかったが、怖かった」という評価の集積もまた、その空間を心霊スポットという場所として編成することに寄与する。また、このことはスポットが地図上の一地点であるにとどまらず、訪問の目標となるような構造物や景観を要請することも示唆する。なんの変哲もない草原や街路の一区画ではなく、建造物やトンネル、踏切、橋、墓、電話ボックス、または坂や森などといった何かが必要であり、かつ、その場の景観や雰囲気、体験は、なんらかのかたちで訪問者を満足させるものでなくてはならない。名所とは、度重なる、または不特定多数の外部の訪問に応え得る場所である。また、だからこそ、そこは平凡な場所ではなく、名所なのである。もちろん、心霊スポットは永続的なものではなく、消滅する。心霊スポットの跡地というものも今日無数に発生しており、またそこを巡るという行為も発生してはいるが、構造物の消滅により、同地の心霊スポットとしての価値は失われる。ただし、心霊スポットが幽霊との遭遇可能性にのみ支えられているとすれば、心霊スポットが跡地化する、というのは奇妙な現象である。このことは、心霊スポットが、幽霊との遭遇可能性よりは訪問可能な構造物やそこでの体験に依存していることを意味していよう。

以上のように、心霊スポットが「幽霊との遭遇可能性」を備えた「名所」であるならば、心霊スポットには流行り廃りがあることを前提とせねばならない。つまり、変化の動態の中にあるものとして捉えねばならない。それは、私たちが暮らす町のどこかが、ある日、誰かから何かのきっかけで「心霊スポット」として語られるようになることを意味している。もしくは、私たちが暮らす町のどこかに、その場所を「心霊スポット」として認識する人々が訪れるようになることをも意味している。そして、またなんらかの契機によって、その場所が心霊スポットとしての評判を集め得なくなり、脱心霊スポット化していくことも想定し得よう。なお、繰り返すが、心霊スポットは誰にとっても心霊スポットであるわけではなく、特定の関心のもとで分節される場所である。その空間を心霊スポットとして眼差し、語り、訪問する者がいなくなったとき、同地は心霊スポットではなくなっていくことになる。そこで浮上する問題は、特定の空間を心霊スポット化したり、または脱心霊スポット化していく「仕組み」の問題である。

心霊スポットは「言葉」によって編成される「場所」であり、民俗学の伝説研究の立場から捉え得ることは前章で述べた。そのような「言葉」には二つの種類があることもそこで確認した通りである。ある空間が心霊スポット化したり脱心霊スポット化する仕組みとは、そのような言葉が形成されたり流通したり累積されていく仕組みであり、また、それらと空間が出会う仕組みであるということになる。もちろん、「言葉」が編成する「場所」は心霊スポットのみではない。この点とも関わって、広坂朋信は心霊スポットを訪問する行為を、歴史散歩および怪談文学散歩と近縁関係にあるとしつつ、それらと対比することで特徴を浮き彫りにしている。すなわち、心霊スポット探訪と歴史散歩との共通点は、「既に語られている怪異を、その怪異が起こったと語られる現場に赴き、より深く味わおうという趣旨」〔広坂　二〇一六　二〇五〕、つまりある出来事について、その現場に赴き、その痕跡ないし雰囲気に触れようとする点であり、相違点は「怪異の現場に行けば語られた怪異が実体験できるかもしれない」という「追体験可能性」への期待の有無であるとする〔広坂　二〇一六　二〇六〕。心霊スポット探訪の場合、語られる物語は「実際に誰かが体験した事実であるという枠組みで語られている」ものである点が歴史散歩などと相違するわけである〔広坂　二〇一六　二〇五〕。広坂が述べているのは、人びとは幽霊に出会うために心霊スポットを訪問しているよりは、幽霊をめぐる「物語」の「跡地」を訪れているということである。先述のように、心霊スポットを訪れても幽霊が現れるわけではない。にもかかわらず、人はそれに満足する。それは痕跡に触れ、雰囲気を味わうことが目的足り得るからである。その意味で、ある怪異譚の跡地と認識される心霊スポットは、歴史上の物語の跡地である史跡と重なるところがある。相違があるとすれば、史跡を訪れたとしても、歴史的出来事は眼前には出現しない点であるというわけである。心霊スポットにおいては、物語の登場人物であるところの幽霊が、眼前に出現する可能性が想定されている。他方、怪談文学散歩とは『東海道四谷怪談』をふまえて於岩稲荷等を訪問する行為を想定すればよい。怪談文学散歩においてもまた、お岩の霊がそこに出現することは想定されてはいないし、お岩の身に起きた出来事を追体験することはできない。

広坂は歴史および怪談文学という「物語」の痕跡を巡る行為と、幽霊出現のいわれとそこでの恐ろしい体験の「物語」の痕跡を巡る行為を対比したわけであるが、それぞれの物語が同質のものでないことは本書序章での「伝説」と「世間話」をめぐる議論をふまえるかぎり、説明を要しないであろう。三者の相違は、書き手・話し手と読み手・聞き手がその物語との間にもつ関係の相違でもある。そのような関係の相違こそ、物語の痕跡に対する態度や身振りの相違を導いているともいえる。そして、心霊スポットが「名所」であるとするならば、そのような物語が誰によってどのように発信され、どここにどのように集積されていくのかという点こそ、注視の対象になる。では、そのような体験の累積に、人びとはどのように触れることができるのだろうか。または、そのような「物語」は、どのように人びとのもとに届くといえるのか。すなわち、ある場所が「名所」であるという知識、その場所が心霊を求めて訪問するに足る場であるというフレーム、いわば、ガイド的情報はどこにあるのか。そのような情報の所在と流通のメカニズムこそ、ここでいう仕組みの一つとなる。

口コミが以前の主要な、そして今も重要な伝達形式であることは言うまでもない。しかし、先に見たように心霊スポットが名所であるとすれば、それはマス的な情報発信と情報流通が顕著に形成に寄与するものと考えられる。そこに行けば何が起き得るかという情報が多くの人に認知され、多くの人がそこを訪れたいと感じ、そこへの行き方が示されるとき、そして、そこを訪れる人が拡大し、その人たちの声がさらに発信され続けたとき、その場所は「名所」になるといえる。または、以上の過程はある空間を名所化し続けるプロセスであるといえる。口承の、ローカルな情報伝達に活字媒体やテレビ番組が加わり、一九九〇年代後半から二〇〇〇年代にかけてはこれにブログサイトやウェブ上の掲示板が加わった。現在は書籍の類も刊行が続いているが、ウェブコンテンツとしては掲示板よりも動画共有サイトやSNSが一般化している。マスメディアは専門の事業者が情報を多数の人に同時的に発信するものではあるが、視聴者の体験をも取り上げていった。雑誌やテレビ番組への投稿文化は、無数の、しばしば限定的な流通にとどまっていた情報を、より広域の人に可視的にしつつ共有する役割を果たしたといえる。また、書籍やウェブサイトは情報を地図化していったし、テレビやラジオの放送がもつ一回性を克服し、いつでも、繰り返し情報を確認することを容易にした。もちろん、ウェブ上の情報は永続しない。通時的なアーカイブとしては信頼することができないが、共時的な情報へのアクセスは容易となった。とりわけ、モバイルツールの発達は、どこにいても心霊スポット情報を取得することを可能にした。投稿の文化は九〇年代末期から二〇〇〇年代以降、インターネットの掲示板、そしてSNSへと展開していった。雑誌編集部やテレビ番組の製作陣などの事業者の手を通過せず、かつ即時的な発信が可能になった。とりわけ、心霊スポット探訪動画は若者の人気を集めている。心霊スポットは、目印となる建物が解体されるなどして消失することがあるが、新たな名所が形成される仕組みはむしろ社会の情報化の進展によって高速度で稼働しているということができる。

また、ある場所が心霊スポット化していく仕組みは、そこを訪れる人びとの身振りの再生産としても考えねばならない。ある空間を訪れようとする人びとの振る舞いが、空間を心霊スポットという場所に変換するということもできるからである。そのような身振り、振る舞いは、肝試しを念頭においたとき、相応に歴史性をもつ人の行動の様式であると考えることができる。しかし、その空間から霊的体験などの各種の「心霊スポット的なるもの」をどのように引き出し得るかという情報、具体的な身振りや振る舞いのモデルをも、人びとは書籍や動画などを通して取得していたのではなかっただろうか。その場で何をすればいいのかという範型、何がどのように現れ得るかというイメージを、人びとはビジュアルメディアから獲得しているように思われるのである。

次節では、このような仕組みが成立し機能するあり方の一端を、世相史的に検討してみよう。つまり、ある空間が「言葉」の流通と累積を通して心霊スポットとして立ち現れてくる時代的背景を考えてみたい。とりわけ、心霊スポットがきわめて現代的な文化連関の中で出現したということを、心霊写真と関係付けつつ論じてみる。

三　心霊写真と心霊スポット

心霊スポットを訪れた者が、「場所に固有の体験」への期待を込めて行なうことの一つに心霊写真の撮影がある。心霊写真が撮れるかもしれないという期待や撮ろうとする振る舞いは、空間を心霊スポット化し続ける仕組みと密接に結びついている。言い換えれば、心霊写真を撮影し得ることは当該地が心霊スポットであることの条件でもあるかのようである。飯倉義之もまた、心霊写真のよく撮れる場所の発見が、一九八〇年代以降の心霊スポット探訪の萌芽であるとみている〔飯倉　二〇〇六　一八〇〕。本節では心霊スポットという場所の性格とその歴史性を心霊写真との関係から論じてみよう。

まず、心霊スポットという言葉に先行して心霊現象や心霊写真という言葉があらかじめ世の中で受け入れられていたことを確認しておきたい。死者霊の介在する何事かのものに「心霊」の語を冠する慣習の延長線上に、今日の「心霊スポット」という言葉が成立しているわけである。心霊という語それ自体は精神、魂を意味する言葉として古くから存在していた。小学館の『日本国語大辞典』によれば、室町期の清原宣賢の『清原国賢書写本荘子抄』に「心霊」の語が見えるほか、明治三十三年（一九〇〇）から明治三十四年（一九〇一）にかけて『國民新聞』に連載された徳富蘆花の小説『思出の記』にも「心霊」の語が使用されている。近代以降、霊的なものを科学的な立場から検討しようとする立場において、幽霊に代わる言葉として選び取られていった言葉が心霊であった〔一柳　二〇二〇〕。そうすると、幽霊と容易に言い換え可能な今日の「心霊○○」という言い方は、言葉の通俗化の所産であったともいえる。心霊写真は近代に登場する。もっともこれは念写写真を称するものであった。幽霊が写り込んだ写真であるところの心霊写真は、当初は幽霊写真、亡霊写真など多様に呼称されていたが、大正九年（一九二〇）の大和田徳義の『心霊写真の研究』が書名として積極的に使用した初めであり、これ以降、定着していったという〔小池　二〇〇〇　六五、七八～七九〕。

以下、心霊写真の通史を明らかにした小池壮彦の成果に拠りながら、初期の心霊写真のあり方を検討しておこう。小池によれば、日本最古の心霊写真は明治十年代のものであるという〔小池　二〇〇〇　一八～一九〕。すなわち、明治十一年（一八七八）、熊本鎮台の兵士が撮った写真であり、そこにいないはずの兵士の姿が写り、西南戦争の戦死者であると評判になった。これを井上圓了が実見し、原板（ガラス板）をよく拭かなかったためと喝破したとされている〔小池　二〇〇〇　一八～一九〕。また、明治十五年（一八八二）にも、熊本の写真師が三人の兵士を撮影したところ、中央の兵士の左上に見知らぬ男の上半身が写り込んだという。髭をぼうぼうにはやし、襟に白い布をつけていたというが、このいで立ちは西南戦争の賊軍の印であった〔小池　二〇〇〇　一八～一九〕。

海外の心霊写真史に目をむけてみると、アメリカの写真家ウィリアム・H・マムラーが二重焼きの写真を幽霊の写真と称して評判になったのが一八六一年、イギリスのF・A・ハドソンがマムラーと同様の心霊写真を撮影し、話題になるのが一八七二年である。これ以後、心霊写真専門の写真師が欧米で活躍していく。こうした海外の情勢をあわせ考えると、熊本の心霊写真も世界的にかなり早い例であったことが知られる。海外の心霊写真ブームは霊魂の実在をめぐる関心や身近な死者の慰霊のために、降霊術などと組み合わせながら撮影されていった。トム・ガニングは次のように述べている〔ガニング　二〇〇三　二〇九〕。

心霊写真は一九世紀には哀悼のイメージとしても作られていたのだった。死んだ身内の写真が、残された愛する人の写真の上に、たいてい見守り、保護するような姿勢で、それと分かるように重ね焼きされた。そのようなイメージは、死後の世界の証拠ではなく、むしろ写真の複製可能性を利用して、哀悼と信仰を確信させ（もしくは慰安させ）るイメージを作り出している。

近代の日本の心霊写真は、哀悼のイメージではなく、因縁談を伴う不思議な写真として流通していったようである。先述の熊本の事例もまた、不思議な写真の解釈枠組として、直近の戦争を採用していた。ちなみに、日本に「現存」する最古の心霊写真は〔小池　二〇〇〇　三二〕、明治十二年（一八七九）に横浜の写真師・三田弥一（菊次郎）が保土ヶ谷の真言宗寺院「天徳院」の僧侶・小山天領を撮影したところ、背後に女性の姿が写り込んだというものである。三田の心霊写真についてもやはり因縁談が人口に膾炙した模様であるが、僧侶が葬儀をあげた女性が写り込んだという内容が、いつしか僧侶がかつて殺害した妻の霊が写り込んだという血生臭い話題に変化している〔小池　二〇〇〇　二二〜二九〕。

さて、このような初期の心霊写真は私たちのよく知る心霊写真とは異質である。当時の写真は写真館などにおいてプロの写真師が撮影するものであり、誰もがカメラを所有して自由に写真撮影をしていたわけではなかった。すなわち、人びとが自己作成する記録ではなく、専門家の手を介して産出される視覚的記録が、当時の写真であった。また、心霊写真は稀少であるため、恐怖心よりは好奇の目で見られていた。三田の心霊写真も、写真館の店頭に飾ったところ評判になり、売って欲しいという者が続出したというのである。そこで高値で販売したところ十日で三〇〇枚が売れたが、怪しげなものを扱っているということで発売禁止処分となる〔小池　二〇〇〇　二九〕。

このことを念頭に、私たちにとって自明な心霊写真の出現を検討してみよう。私たちにとって自明な心霊写真は、写真館で撮影されたものではない。人びとが旅先や催しの折に撮影した写真に、たまたま霊が写り込むというものである。撮影主体は一般人であり、撮影の場は多様である。撮影される霊が写り込むというものである。霊の身体そのものが写り込むもの、木陰などがそのように見えるもの、被写体の人間の身体の一部が消えているもの、不思議な光や煙のようなものが写り込むもの、などである。被写体と霊との間には、写り込まれるだけの理由が存在する可能性も語られるが、たまたま行きあっただけという物語も少なくない。こうした物語は、撮影者や被写体の人物ではなく、また写真をみた一般の人びとでもなく、写真から何かを読み取ることのできる「専門家」がしばしば構築する。

このような変容の中で、心霊写真はしばしば「発見される」ものとしての側面も獲得した。奇妙なものが明瞭に写り込むものがある一方で、「よくみるとおかしい」という種類の心霊写真が出現する。初期の心霊写真の撮影にしばしばみられた意図的に幽霊を写し込む工夫であるよりは、顔のようにみえるものなど、心霊として「解釈」可能なものを積極的にそのように見立てていくものが増加していった。だからこそ、写りこんだ不思議なものがレンズの汚れやモノの影であるのか、または霊的なものであるのかは、撮影者には判断することができない。先述のように、戦後の心霊写真については、文筆家や霊能者を称す人びとが、専門家という立場から当該写真が心霊写真か否かを判定し、写り込んだものに関する物語を構築し、対処法を提示するようになっていく。発見された不思議な写真は鑑定を通して心霊写真へと位置付けなおされていったわけである。宜保愛子などのタレント的人気を博す霊能者がそうした鑑定を担っていったし、テレビ番組や雑誌・書籍がそうした鑑定の機会を提供していった。こうした時勢に神社・寺院なども対応していったらしい。筆者の調査でも、東京都府中市の大國魂神社が心霊写真の鑑定とお祓いをある時期に引き受けていたことを、鑑定にあたっていた写真師から聴取している〔及川　二〇一八b　一八五〕。もっとも、そのような解釈と物語の構築が必ずしも霊能者の専売特許ではないことは、民俗学的に心霊写真を論じた戸塚ひろみの議論に詳しい〔戸塚　二〇〇四〕。神や霊の作動を関わらせながら出来事に解釈を加え、それが人びとに共有されていくプロセスは、民俗学的口承研究の中心主題であったといっても差し支えないであろう。

こうした心霊写真は一九七〇年代に女性誌を主要なメディアとして広まり、テレビでもコーナーを設けて取り上げられるようになっていく。飯倉義之は心霊写真の新たな「常識」、つまり、誰もが撮影できる心霊写真の普及を中岡俊哉の功績とみている。本章一節でも取り上げたように、中岡俊哉はオカルトブームを牽引した人物の一人である。中岡俊哉の心霊写真本の出版は昭和四十九年（一九七四）の『恐怖の心霊写真集』（二見書房）にはじまる〔中岡　一九七四〕。中岡は心霊写真の紹介のみならず、鑑定をも行なっていくが、心霊写真が誰にでも撮られ得るものに変化したことと関わっていよう。

なお、心霊写真それ自体は中岡の発見や創意ではない。むしろ彼が大きく拡張させたものと考えられる。岡本和明と辻堂真理によれば、コックリさん関係の書籍で成功した中岡が、次なる展開として関心を示したのが、一九六〇年代後半から七〇年代初頭にかけてメディアで取り上げられはじめた「不思議な写真」であったといい〔岡本・辻堂　二〇一七　一二七〕、昭和三十三年（一九五八）に目にした知人所有の心霊写真の記憶がそのような着想に結び付いていったという〔岡本・辻堂　二〇一七　一三〇〜一三三〕。七〇年代にはつのだじろうの『うしろの百太郎』などを通して、心霊写真、地縛霊、浮遊霊といった言葉も発信されていた。地縛霊などの語はそれ以前から使用例のあるものではあるが、戦後の心霊写真史においては地縛霊や浮遊霊という言葉は特に重要な役割を果たしたと評価できる。つまり、撮影者や被写体の人物に因縁のある霊が写るのではなく、たまたま旅行で訪れた人物のカメラにまったく関係のない幽霊が写り込むためには、土地に縛られていたり、周囲をさまよっている霊を表現する言葉が必要であった。霊に起因する心身の不調等のトラブルを意味する霊障という考え方が、フォークタームといってよいほど人口に膾炙したことも特筆すべきことである。小池壮彦は、中岡俊哉が昭和四十九年（一九七四）の『恐怖の心霊写真集』では霊障の存在を否定していたにもかかわらず、昭和五十四年（一九七九）の『実証・恐怖の心霊写真集』になると、写真を複写したカメラマンや中岡本人の体調不良が語られるようになることを指摘し、このような変化を、心霊写真ブームのマンネリ化の打破を狙ったものとみている〔小池　二〇〇〇　一七一〕。心霊写真を撮影することは撮影者や被写体に影響を及ぼすので、供養をせねばならないという新たな発想は、私たちが、祟られるほどの関係を死者ともたないのに、たまたま撮影した写真に幽霊が写り込んでしまったがために、死者の障りを恐れねばならなくなったことを意味する。このような「障《さわ》り」の意識は、人びとの新たな幽霊観を形成していったものと考えることができる。私たちは、通り魔に刺傷されるように理由もなく呪われ得るという意識をもつようになったわけである。そう考えると、現代の幽霊イメージは前近代に比べて凶悪で非理性的なものといえるかもしれない。

このような心霊写真の登場は、少なくとも二つの世相変化に留意して理解する必要がある。まず、オカルトブームと称される、不思議なもの、神秘的なものへの世間の関心の高まりである。当然、これは心霊スポットという文化の定着とも密接に関わっている。一般に、オカルトブームは一九七〇年代から一九九〇年代まで日本を席巻していたとされる。ブームは一九七〇年代と一九九〇年代の二度発生したという見方もある。こうしたオカルトブームは平成七年（一九九五）のオウム真理教の宗教テロによって一時退潮し、二〇〇〇年代のスピリチュアルブームでリバイバルしたのち、二〇〇〇年代後半に至って衰退したともされている。いずれにせよ、神秘的、超常的なものへの一般の関心が高く、メディアも盛んにそれらのものを取り上げていた状況を指す。たしかに、昭和四十八年（一九七三）には『ノストラダムスの大予言』〔五島　一九七三〕がベストセラーとなるなど、超能力、UFO、未確認生物、そして幽霊などの心霊現象の話題がメディアを賑わすこととなり、一般の関心も高かった。もっとも、「ブーム」とは何だろうか。どうあればブームといえるのかは、実は極めて曖昧である。書籍の売り上げや視聴率等のマスメディアへの反響を以て、世間における流行を議論してよいのだろうか。オカルトブーム下でメディアに騒ぎ立てられた諸文化は一九六〇年代以前からも確認できるし、現在も持続している。オカルトの文脈でフォーカスされ得る民間の信仰習俗の類も、メディア上の流行に影響は受けつつも持続していたと考えねばならないだろう。たしかに、オウム事件を機にオカルト番組の自粛は発生した。したがって、ここでいうブームとは、畢竟メディアの態度の問題でしかなかったようにも思われる。この点は渡辺恒夫・中村雅彦がブームの最中にあって、自身のアンケート調査から、こうした流行がマスメディアの形成したものでしかないことを指摘している〔渡辺・中村一九九八〕。なお、このようなオカルトブームは「宗教の個人化」や社会不安、また若者論によって分析される傾向にあった。既存の宗教とは必ずしも接点をもたない「宗教的なるもの」が、若者たちにカジュアルに楽しまれているという評価である。こうした分析はマスメディアのみならず、同時代の研究者によっても発信されていたが、今日の立場からはその当否も検討を要すると言わざるを得ないであろう。若者の流行から性急に同時代の若者のメンタリティを論じようとする言説は若者を他者化する一種のエイジズム（年齢差別）とも受け取れるし、また、宗教教団とゆるやかな接点をしか持たない「宗教的なるもの」は常に民俗信仰のかたちで人びとの暮らしの中にあったのではないか〔及川二〇二二〕。だとすれば、そのような宗教文化が、時代ごとの若者にどのように受容されてきたのかが問われねばならないように思われる。

さて、オカルトブームは一九七〇年代にはじまったと述べたが、近年はオカルトブームの歴史性を再検討する動きも現れている。例えば、大道晴香はオカルトブームの前史としての秘境ブームに注目している〔大道　二〇一九〕。大道によれば、秘境ブームとは「一九五〇年代末より雑誌や書籍、映画を中心に展開された、実在する特定の場所を「未知なる」「他者の」空間と位置付け、当地を「探検」することで「我々」との差異を浮き彫りにし、楽しむような大衆的な消費動向」であるという〔大道二〇二一　一七九〕。また、オカルトブームの最中にあって隆盛する占いの文化は若年化の傾向が耳目を集めたとはいえ、人びとの間に変化しつつも継続していた文化であったように思われる。例えば、素朴にベストセラーの書籍に注意するならば、昭和三十七年（一九六二）の黄小娥『易入門』、浅野八郎『手相術』の流行による易学ブームなどは天中殺の和泉宗章、細木数子などに続くその後の占い本流行の前史として注目に値する。六〇年代からすでに若い世代は占いに高い関心を示していた。『朝日新聞』昭和三十九年（一九六四）年五月二十七日記事「占い流行」によれば、「このごろは大変な占いブームだという。町かどには黒紋付、小机にロウソクを立て、天眼鏡を握っていた易断先生も、いまはイカス背広に引っぱりだこ。週刊誌を開くと、どこかに『今週の運勢欄』といったページがあるし、『電子占い』まで登場している」という。電子占いとは「店頭にズラリ電話機みたいな『電子頭脳』がならび、二十円を入れると『電子頭脳による予言の声』が聞こえ」るという録音の音声が再生される仕組みのようで、「若い人たちの人気を集めている」という。同記事の結論は占いを「単調と平和の中に求める、いささかの変化とスリル―新しいレジャーの楽しみ方の一つといった意味で、案外健康な精神衛生運動かもしれない」と締めくくっている。

もっともメディアの発信する情報と各種の文化を切り離して考えることもできない。民俗信仰との関連でいえば、戦後の人工妊娠中絶の合法化以降の新文化と見なし得る水子供養は各地寺院の対応もあったとはいえ、婦人雑誌とワイドショーによって民間に拡大したし〔森栗　一九九四、鈴木　二〇一七〕、子供たちの間には『マイバースデイ』などの雑誌を媒介に、たしかに占い・おまじないの文化が拡大した〔大塚　一九八九、森下　一九九一、橋迫　二〇一九〕。これは現在の児童生徒の間にも定着している。一九七〇年代にはツチノコなどのＵＭＡ（未確認生物）が世間の耳目を集め〔伊藤　二〇〇八〕、スプーン曲げなどの超能力ブーム、霊能者のタレント化、他方でイタコ表象の変容など〔大道　二〇一七〕、日本の宗教史を理解するうえで無視できない現象が相次ぐ。マスメディアとの相互関係のもとで神秘的な諸事象への世間の関心が高まったことは事実である。そして、そこで形成された宗教的状況は今日までなんらかのかたちで続いている。そのように私たちにとって自明化した各種の不思議なものたちの中に、心霊写真があり、また今日私たちが心霊スポットと呼ぶ空間分節があったということができるのである。

さて、戦後の心霊写真は身近になった家庭のカメラで撮影された写真に不可解なものが写り込むというかたちをとった。したがって、心霊写真の変容を理解するうえでおさえるべきもう一つの世相は、レジャーブームとカメラの家庭化といえる。オカルトブームの時代は、昭和三十三年（一九五八）のレジャーの流行語化、一九六〇年代の旅行の大衆化を経て、人びとがレジャーとして旅行を実施する機会が増大していった時代だった。一九六〇年代に進められた新幹線の敷設、モータリゼーションの進展、一九七〇年の個人旅行客増大を狙った国鉄のキャンペーン「ディスカバージャパン」に後押しされて、人びとの旅行熱が高まっていった。また、家庭へのカメラの普及もこの時期に実現していく。『国民生活白書』（平成元年度版）によれば、昭和四十五年（一九七〇）時点で六〇％台後半だったカメラの普及率は、昭和五十五年（一九八〇）時点では八〇％を超え、昭和六十三年（一九八八）には三十代の人びとのカメラ所有率は九二％に到達する〔内閣府　一九八九　六四〕。なお、七〇年代後半から八〇年代にかけてはインスタントカメラが登場し、写真撮影をいっそう身近なものに変えていく。旅行が身近になり、カメラが身近になる過程は、同時にオカルトブームの最中であったことが知られる。ひるがえっていえば、戦後の心霊写真は、多くの人が旅に出て、そこで写真を撮るという行為が自明化し、撮影した写真が印画紙やデータのかたちで大量に存在するという新たな状況の中で出現してきたものであるともいえる。長谷正人は「大衆的な猥雑さに満ちたメディア文化」としての心霊写真を「ヴァナキュラー・モダニズム」と称した〔長谷　二〇〇四　七九〕。ヴァナキュラーとは「俗な」とでも訳すべき言葉であり、近年の民俗学でも、なんらかの事象が生活と接点をもつあり方を捉えようとする際に注目されている概念である〔島村　二〇二〇〕。心霊写真こそは、科学技術の産物が生活に浸透していく過程でそれを俗的に受容することで成立したものといえるだろう。つまり、心霊写真の流行という現象もまた、世相の移り変わりの中で、新たな技術と時代のムード、そして前代からの拘束を受けつつ立ち現れたものであった。そうすると、心霊スポットを考えるということもまた、相応に歴史性のある文化現象の今日のかたちを考えることを意味しているともいえるだろう。幽霊にも実は「歴史」があるのである。彼ら／彼女らは、過去からの幽霊文化の脈絡を引き継ぎながらも、常にいまだかつてないかたちで、私たちのまえに現れているともいえるだろう。

カメラの普及、レジャーの拡大と関連していた戦後の心霊写真の流行は、旅先で大量に撮影された写真の中に幽霊を発見することだけでなく、心霊写真を撮影できる場所への関心を導いていく。また、心霊写真の撮られやすい名所というものがあらかじめ国内には多数存在したということにも留意が必要である。例えば、調査に際し、心霊スポットを語る話者の口から「あそこは心霊写真スポットだった」という言葉が現れることがある。心霊写真が撮れることを心霊現象として理解してよいのなら、心霊写真スポットもまた心霊スポットということになろうか。心霊スポットで撮影される心霊写真は、たまたま死者霊が写り込んだものではなく、そこにたしかに霊的なものが存在し、訪問者は知覚できないながらもそれを体験していたことの証拠として撮影されようとする。今日の心霊スポット探訪は、写真や動画の撮影のためのデジタル機器が動員され、配信されることも多い。ツーリズムと情報化との関係は、アニメ聖地巡礼をめぐる岡本健の議論でも指摘されるところであるが〔岡本　二〇一八〕、心霊スポット探訪もそうした観光行為の潮流と地続きである。すでに述べたように、このような行動の範型はオカルトブーム下におけるテレビ番組の現地取材ロケであろうと思われる。視聴者は動画をみることで現地に赴いたような臨場感を楽しみ、そこに映し出されたものを楽しんだり、恐れたりする。他方、心霊スポットとデジタル機器記録との関係という点でいえば、近年の「オーブ」への解釈も興味深い問題である。オーブは水蒸気や塵埃がフラッシュをうけて生じる光の散乱であるとされるが、デジタルカメラでより明瞭に撮影できることから〔森　二〇一二　五六〕、心霊現象とみなされる被撮影物として急激に普及した。オーブが手軽にいくらでも撮影できることが、同地が心霊スポットであることの根拠として参照され続けているわけである。その意味で、心霊写真が創り出す名所のかたちもまた、光学器械の技術革新とともに変容したということもできる。

さて、心霊写真と観光地の結びつきについても検討しておきたい。日本の観光地の中には、人の死と関連づくものがある。つまり、観光地はだれかの死を想起させる場所である場合がある。どういうわけか、日本人は風光明媚な観光地で自殺に及びやすい。自殺の名所が観光名所でもあるというケースが少なくないのである。この点を分析した岩本通弥は、日本人が景勝地で自殺する理由の第一として、私たちが『死に場所』に霊魂が留まるといった幻想を強く抱くこと」を上げている〔岩本　一九九九　二一二〕。また、第二の理由として、岩本は景勝地での自殺者が地元の人間ではなく遠方からの旅行者であることに注目する。日本人の死の美学とは「潔い死」にあり、未練がましい姿をさらさずに静かに死ぬことであるという。自殺予定地への旅路はそのような気持ちを整理する道行きであるというのである〔岩本　一九九九　二一三～二一四〕。

「『死に場所』に霊魂が留まる」という幻想のあり方は、「心霊スポット」を題材にとるとよく理解することができる。私たちは、各種の幽霊がどのような場所に出ると考えているだろうか。死者の遺体・遺骨のある場所、すなわち「墓」であろうか。または、その死者が命を落とした現場であろうか。あるいは、死者と縁のある人や物の所在するところだろうか。答えは、いずれも妥当であるということにはなる。死者をめぐる記憶が幽霊を想い描かせるのだとするならば、その死者を想起せしめる空間やシチュエーションの一切が、幽霊の出現する場所であるということになる。

　人が死に場所にこだわろうとするとき、死後の自分が長くその場所と関係をもつことを想定していることは間違いない。この点は、遺体・遺骨の処理方法に思案するとき、その設置場所が死後の自分と長く関係をもつかのように考えることと同様である。家族の眠る墓に自分もいれてほしいというとき、遺骨がともにあることは死後もともにあることと同義のように認識されている。散骨を希望する人の中には、家の墓に入りたくないという考えを示す人や、海が好きだから海に、という動機を示す人もいる。これらも同様に解釈できるだろう。事故や事件や自殺の現場は、強烈にその者の死を想起させることになるのである。ある人の死に場所はその死者を生者に想起させる。また、その死者について想起される内容は、その死に方と密接に結びついているということもできる。美しい景色の土地が選択されるのは、そのような場所と関連づいた死者の想起の累積が、自身の死ぬ場所とその後の自身のあり方とを不可分なものとして想像させているからでもあろう。

その結果、各地の観光地は「死」との関係を色濃く刻印されていく。青木ヶ原樹海、東尋坊、華厳の滝などは、自然豊かな、または美しい景観の観光地・行楽地でありかつ自殺の名所であり、したがって心霊写真と結びついたスポットであるわけである。

観光の文脈で私たちはカメラを手にする。したがって、心霊写真が撮影される。そして、カメラを手に取りやすい場所のいくつかは、そこで撮影された不思議な何かを死者と関連付けて解釈しやすいように構成されてもいるのである。

＊　＊　＊

本章では心霊スポットを一つの社会的現象として理解するために、心霊スポットという言葉の浸透の時期を検討したうえで、心霊スポットという場の性質について検討した。怪異と地図上の一地点を関連付ける一九七〇年代以降の言説が、訪問への促しをはらんでいたこと、その土地の不気味ないわれだけでなく、同地を訪問した先行者の体験談からも構成されていることから、心霊スポットは名所化の力学にさらされた空間であると考えることができる。いわば、心霊スポットは、レジャーの時代に形成された、非公式の名所の一つなのである。

本章の作業で、心霊スポットを議論するうえでの留意点がおおよそ明らかになったといえるだろう。次章以降、心霊スポットに覆いかぶさる言説に目を向けてみることにしたい。

第二章　真相としての仮構

心霊スポットは「言葉」によって構成されていることはすでに述べた。恐ろしい起源を語る言葉と、そこで行ない得る体験を語る言葉である。本章では、そのような心霊スポットをとりまく語りを、フォークロアとして分析してみることにしたい。採用する手法はいたってシンプルである。似たような事例を集めて並べてみる。そうすることで、ある土地に固有のように思われたエピソードが、実は全国に無数に存在するバリエーションの一つでしかなかったことが見えてくる。したがって、本章ではできるだけたくさんの事例を取り上げることを目指すが、個々の事例に掘り下げるべき「歴史」があることも言うまでもない。

本章では一節で心霊スポットにしばしば語られる「惨殺」というモチーフに検討を加え、二節では東京都八王子市の道了堂跡をめぐる言説に検討を加えることにする。

一　「惨殺」のモチーフ

筆者は、勤務する大学で民俗信仰論・現代民俗論ゼミナールを担当している。民俗学を専門的に学び、卒業論文を執筆するためのゼミの一つであり、及川ゼミの学生は民俗信仰や伝説、または、現代的文化や現代社会の課題を民俗学の立場から分析する作業に取り組んでいる。「宗教的なるもの」と「現代社会」の接点として、オカルトブームやスピリチュアルブームに関心を寄せる学生も少なくない。令和四年（二〇二二）度卒業の山田真優は、「神奈川ジェイソン村」と称される心霊スポットについて、地域でのインタビュー調査を行ないつつ、これを取り上げた動画の分析を行なった〔山田　二〇二二〕。まずは山田の調査成果を参照しつつ神奈川ジェイソン村を紹介するところから、惨殺というモチーフと心霊スポットの関係をみていこう。

山田が取り上げた神奈川ジェイソン村（または相模湖ジェイソン村）は、神奈川県相模原市緑区日連に所在する。または所在した、と述べておいたほうがよいかもしれない。山田の調査時点ですでに解体工事が進められており、本書が刊行される頃には跡形もないかもしれないからである。この神奈川ジェイソン村は日本各地に存在するジェイソン村と称される心霊スポットの一つであり、「元祖」などと称されている。村とあるように、建造物が複数棟存在していた。映画『十三日の金曜日』の登場人物の名前が冠されるのは、これらのジェイソン村に語られる逸話が凄惨な大量殺人事件だからである。言い換えれば、複数の建造物が群立する廃墟を、架空の惨殺事件の舞台と見立てたものが各地のジェイソン村であるといえるだろう。なお、複数の建造物の遺構を村と称するケースは多く、青森県の「杉沢村」もまた、集落の痕跡を意味付けた心霊スポットと考えられる。また、山口県の「七つの家」も「村」とは称されていないが、同様に理解することができる。神奈川ジェイソン村の場合は相模湖畔にある「シルク」というモーテル跡の複数の建造物が「村」と称されているわけである。

ジェイソン村の噂はすでにおおよその定型が出来上がっている。心霊スポット紹介サイト『心霊スポット【畏怖】』から概要を引用しておこう。神奈川ジェイソン村の概要は次の通りである。

かつて恋人の密通を目撃した青年が重度の人間不信に陥り、斧で村人達を次々と惨殺し、最後には彼自身も自殺したと言われている。その事件から数十年後、ホテルが出来たが宿泊客から「シャワーをひねったら、血のような赤い水が出てくる」などの苦情が殺到し、さらに廃水管《ママ》から若い男のうめき声のようなものが聞こえてきたなどの噂も相次ぎ廃業となったのだという。

注目すべき点は「心を病んだ若者」が「斧」という凶器で「村人を惨殺して自殺した」点である。以上は心霊スポットをめぐる物語の一つの型であると考えられるため、改めて取り上げる。

山田の調査によれば、シルクは一九七〇年代に開業し、十五、六年ほど営業して、経営が立ち行かなくなり、廃業したという〔山田　二〇二一　二一〕。したがって、一九八〇年代後半から一九九〇年代初頭の時期に廃墟化した模様である。管見の及んだかぎりでは、神奈川ジェイソン村を取り上げた文献の早い例は平成十三年（二〇〇一）に見出せる。『別冊週刊実話』六月四日号、『実話GON！ナックルズ』十二月号に相次いでルポルタージュが掲載される。ただし、『実話GON！ナックルズ』記事の著者・赤福すずかは「五年くらい前に雑誌に載ったんですよね。その頃は肝試しに来る人が多くて、よく道を聞かれました」との話を地域の女性から聞き取っており〔赤福　二〇〇一　一四〇〕、九〇年代後半の資料が存在する可能性がある。

『別冊週刊実話』記事「ここは恐怖の霊場なのか　潜入決行　十三日の金曜日〝ジェイソン村〟に死霊の影を見た！」では、ジェイソン村はキャンプ場であるとされている。

　経営者が借金のすえ首を吊って死んだ、バラバラ死体の入ったカバンが釣り人によって発見されたなど、噂が噂を呼んでいるが、斧を持った若者がキャンプ場で大量虐殺をしたという陳腐な噂は、『ジェイソン村』の名前の由来だろう。しかし、地元の若者は真顔でこう語る。
「そのキャンプ場で幽霊を見た人は多く、地元の人間も、決して近寄ろうとしないイワクつきの場所です」

当初、キャンプ場と認識されていたのは、映画『十三日の金曜日』の影響であろうか。『実話GON！ナックルズ』記事「相模湖畔に存在した恐怖の村　ジェイソン村」では、「現地取材を通して、判明したことはジェイソン村はキャンプ場ではなかったこと」であるといい、住宅地図からモーテルシルクの名前にたどり着いている〔赤福　二〇〇一　一四〇〕。赤福すずかが聞いたという噂は次のものであった〔赤福　二〇〇一　一四〇〕。

　戦後すぐ、ヒロポン（覚醒剤）中毒の青年が次から次へと村人を斧で惨殺。村中を血に染めたあと、青年も自らの命を絶った。わずかに生き残った幼女二人は恐怖のあまり発狂し、精神病院に送られた。今ではそこに七つの建物が残っている青年が村人を惨殺した理由が失恋ではなく覚醒剤になっている。精神の不安定な若者が斧で住民を惨殺したという点がジェイソン村の語りの核であり、なぜ惨殺に至ったのかという点は噂が語られていく中で変化してきたものらしい。

さて、神奈川ジェイソン村は恐ろしい惨殺事件に関わる心霊スポットであるわけだが、この事例は、物語としてどの程度特殊なものなのだろうか。近年は各種の心霊スポット紹介サイトが充実し、検索が容易になっている。全体像を把握するため、引き続き『心霊スポット【畏怖】』ほかいくつかのウェブサイトから同様の話を収集してみると三五例を見出すことができた（表2―1、2）。表2―1、2は一家惨殺や村人を惨殺したとする事例に絞っており、一家心中などの事例は除外している。しかし、家族を殺して自らも命を絶つことは無理心中とも重なるようにも思われ、判断が難しい。また、後述するように、ある心霊スポットのいわれは多様に語られるものでもあり、ウェブサイトでは一家惨殺があったとされていても、人びとの間では「人殺しがあった」「殺人事件があった」という程度に語られるケースもあるだろう。伝説に定まった形がないように、心霊スポットをめぐる語りも可塑的で、不定型である。したがって、三五例という数字はあくまで目安でしかないが、それでも心霊スポットに人びとが一家惨殺事件を幻視したがっているという傾向は見出せるだろう。

全体的に、単に「一家惨殺があった」という程度の情報が流布しているケースが目立つ。多くの場合、一家惨殺というモチーフには具体性がない。また、一家心中や自殺など、その地にかつて発生したという不幸な死のバリエーションの一つでしかないものが多い。例えば、北海道の「東米里マコの家」である。「東米里マコの家」は、東米里の幽霊屋敷といったほうが通じやすいかもしれない。マコは女性の名だというが、これも噂に過ぎない。中岡俊哉の『恐怖！　噂の新名所』では「一家ことごとく殺されて浮かばれない仏たちがさまよっている」と紹介されている〔中岡　一九九六　一五二〕。まちＢＢＳ「札幌市手稲区スレ　No.76」（二〇一六年四月二十三日〜二〇一六年六月九日）には次のやり取りがある。

199: なまら名無し〈2016/05/04（水）13:42:44 ID: XlGk/mjw〉
＞＞198
米里のお化け屋敷も家族惨殺事件のあった家だよ
宜保愛子さん来て、どうすることも出来ないと言わしめた（後略）

200: なまら名無し〈2016/05/04（水）15:05:04 ID: HGdQ4YOg〉
＞＞199
パック２の宜保愛子な。何の用事あったんだか知らんけど、霊の力が強すぎて除霊出来ないとか言い出して泊まり込みで除霊する予定が一時間くらいで出てきたやつｗ
で、東米里マコの家は単なる空き家だよ
当時家族惨殺とか生き残りがマコって名前だからマコの家って言われてたんだけど、当の元所有者が普通に存命で厚別に住んでた

	内　　容	掲載サイト
1	住民が猟銃で一家を惨殺した。またはヤクザと間違えられて一家四人が惨殺された。	『心霊スポット【畏怖】』
2	家族惨殺事件のあった家。宜保愛子に除霊を放棄させた。	まちBBS「札幌市手稲区スレNo.76」
3	精神を病んでいた老人が発狂して一家を惨殺して本人も自殺した。	『心霊スポット【畏怖】』
4	卒塔婆で囲まれ、一家心中や一家惨殺の噂があった。	『心霊スポット【畏怖】』
5	ノイローゼの長男が手斧(ないし金属バット)で両親を殺害。事件後、死んだ両親の姿が目撃され、供養のため僧侶が住んだとの噂。	2ちゃんねる「心霊スポット北海道」、まちBBS「札幌市手稲区スレ No.76」ほか
6	昭和初期、一人の村人が突然発狂し、村民全員を殺して命を絶った。	『心霊スポット【畏怖】』
7	昭和の初期頃に家の一人が発狂し家族を毒殺し、自殺をした。	『心霊スポット【畏怖】』
8	自殺の名所／一家惨殺した犯人が自殺したという。	『心霊スポット【畏怖】』
9	一家惨殺事件があった。また、家主が自殺したという噂もある。	『心霊スポット【畏怖】』
10	ケンちゃんという精神的に不安定な子供が家族を殺害し、自身は行方不明になった／餓死／殺害された。	『心霊スポット【畏怖】』／『全国心霊マップ』
11	気の狂った医院長が患者・看護婦・医師たちを皆殺しにしたという噂。	『心霊スポット【畏怖】』
12	一家惨殺事件があった。	『心霊スポット【畏怖】』
13	一家心中、一家惨殺	『心霊スポット【畏怖】』／『廃墟写真ブログ -Ruin's Cat-』
14	一家五人の惨殺事件があり、のちに越してきた夫妻が心中する。	『心霊スポット【畏怖】』
15	所有者の家族が失踪。遺産相続のために家族内の殺人があった。	『心霊スポット【畏怖】』／『全国心霊マップ』
16	父親が気が狂い斧で母と子を惨殺し、自殺した。	『心霊スポット【畏怖】』
17	強盗に飲食店の女将、従業員が殺害され、女将の娘が旧旧吹上トンネルで息絶えた。	『心霊スポット【畏怖】』
18	過去に一家惨殺があったとされる。	『心霊スポット【畏怖】』
19	恋人の密通を目撃した青年が人間不信となり、斧で村人を惨殺し、自殺した。	『心霊スポット【畏怖】』
20	一家惨殺事件や殺人事件があったとされる。	『廃墟検索地図』

	地域	事例名称
1	北海道	一家銃殺の家
2	北海道	東米里マコの家／米里幽霊屋敷
3	北海道	富美の家
4	北海道	山本家
5	北海道	Sの家
6	青森県	杉沢村
7	秋田県	黒塗りの家
8	群馬県	榛名湖
9	群馬県	ホワイトハウス(赤城山の白い家)
10	栃木県	ケンちゃんハウス
11	茨城県	石川医院
12	茨城県	ホワイトハウス(茨城)
13	千葉県	ホワイトハウス(小和清水の惨殺屋敷)
14	千葉県	ユーカリ惨殺屋敷・佐倉の幽霊屋敷
15	埼玉県	上尾ふるさと緑の景観地
16	埼玉県	新井さん家
17	東京都	吹上峠の廃屋
18	神奈川県	岩井邸
19	神奈川県	ジェイソン村
20	神奈川県	箱根峠の廃屋

表2-1　惨殺のモチーフをもつ心霊スポット
(「心霊スポット【畏怖】」ほかウェブサイトから筆者作成)

普通に考えてそんな惨殺事件があったら確実にニュースになって記録にあるってのw

なお、まちBBS「札幌市白石区その35」(二〇一〇年六月十九日～二〇一〇年十一月十八日)の三二レス(二〇一〇年六月二十三日)では「マコ」は死んだ娘の名前になっており、噂には一貫性がない。宜保愛子の出演したという『パック2』は北海道放送(HBC)のローカルワイド番組であり、昭和四

21	新潟ホワイトハウスで家族を惨殺した少女が自殺した場所	『心霊スポット【畏怖】』
22	多重人格症の娘が猟銃で家族を殺し、自殺した。	『心霊スポット【畏怖】』
23	ノイローゼになった父親が家族を皆殺しにして一家心中した。その隣家も無理心中した。	『心霊スポット【畏怖】』
24	精神障害の人が一家全員を殺害した。	「【2019年版】福井の心霊スポット10選。肝試しはここ！」『kinakina』
25	主人が気が狂って一家を惨殺したという。	『心霊スポット【畏怖】』
26	気が狂った／麻薬中毒だった父親が妻と子供を日本刀で惨殺し自殺した。	『心霊スポット【畏怖】』
27	一家惨殺や集団自殺があったとされる。	『心霊スポット【畏怖】』
28	津山事件の地	『心霊スポット【畏怖】』
29	かつては中村家という一家惨殺事件があったという噂の廃屋があった。中村家では精神を病んだ男が老女、少女、中年男性を殺害した。	『心霊スポット【畏怖】』
30	一家惨殺があった／七世帯が忽然と消えてしまったという噂。	『心霊スポット【畏怖】』
31	一家惨殺があった等のうわさ	『廃墟検索地図』
32	精神疾患患者の隔離施設から脱走した井上という人物が山荘に押し入り、無差別殺人を行なった。	『心霊スポット【畏怖】』
33	「惨殺の家」ともいう。一家惨殺事件があり女の子一人だけが生き残ったという。	『廃墟検索地図』
34	妻に逃げられた夫が妻の実家で母と長男を惨殺し、父に重症を負わせた。	『心霊スポット【畏怖】』
35	一家心中、または脱獄囚が一家惨殺したという噂。	『心霊スポット【畏怖】』／『朱い塚』

十七年（一九七二）から平成五年（一九九二）まで平日十四時から放送されていた。宜保愛子やその他の霊能者が匙を投げたというモチーフも各地の心霊スポットの語りに取り込まれているものだが、ここでは踏み込まない。また、2ちゃんねる「北海道の心霊スポット教えて!!」（二〇〇一年一月二十七日〜八月十七日）の三四四レス（二〇〇一年六月十八日）にも、テレビ取材の話題がある。放送局が相違し、別番組であると思われるが、何度かテレビで取り上げられていたということであろう。

21	新潟県	自殺電波塔（ブラックハウス）
22	新潟県	ホワイトハウス（新潟県）
23	福井県	ホワイトハウス（若杉の白い家）
24	福井県	白い家
25	大阪府	田中家（田中邸）
26	大阪府	皆殺しの館
27	兵庫県	高田牧場（武家屋敷）
28	岡山県	貝尾集落・坂元両集落
29	広島県	己斐峠
30	山口県	七つの家
31	福岡県	日向峠の青い屋根の家
32	佐賀県	イノチャン山荘
33	熊本県	宇土殺
34	沖縄県	嵐山の廃屋
35	沖縄県	七福神の家

表2-2　惨殺のモチーフをもつ心霊スポット

344: あなたのうしろに名無しさんが・・・〈2001/06/18(月)01:44〉
＞＞339
米里の幽霊屋敷について、昭和五十二年頃のＳＴＶの二時のワイドショーの心霊特集で一家心中ではないかと言ってたように思います。霊能者が建物に入リ《ママ》一晩除霊してましたが、その頃はまだ建物が荒れてなく二階の畳に大きなしみがあり「此処で首を吊ったんでしょう」と言ってました。
それから数年後自分が行った時、まだ焼ける前ですが既に畳は取り払われてましたね。

右の引用でも一家惨殺ではなく一家心中とされ、過去のいわれにはブレがあることが確認できる。そもそも当該事例は、自殺のあった家として当初は有名だった。合田一道の『北海道こわいこわい物語』では、「ここに以前住んでいた若い夫人が首をつって死んだ」といい、「悲観した家族はこの家を出てよその街へ移住した」とされている〔合田　一九八八　二九〕。平成二年（一九九〇）の『ハロウィン』五巻一号に投稿された「札幌のゴーストポイント」では、「うわさによると、数年前、その家で心中した人がいたそうで、それ以来、その家に出るようになったんだそうです」と紹介する〔二七八〕。森影依の『北海道怪異地図』でも、「話にもいろいろなバリエーションがあるのだが、『嫁さんが首をくって死んだ』という話だけは奇妙に一致している」といい、一家惨殺とはされていない〔森影　一九九二　一三五〕。なお、合田によれば、女性が自殺したのは「十年余り前」だといい〔合田　一九八八　二九〕、一九七〇年代頃の出来事として噂が語られている。当初、米里の事例はタクシー運転手の間で噂になった模様である。誰もいない廃墟で明かりが灯ったり、人の話し声がするなどの噂から、ここを通るときは早く走り抜けたいという場所であったという。そうした中で、勇気のある運転手が次のような行動を起こす〔合田　一九八八　三〇〕。

この世に幽霊などいるものかとばかり、車を降りて玄関に近づいて見ると、家の中からさめざめと女の泣く声が聞こえた。と、一瞬金縛りに遭ったように動けなくなり、その場に坐り込んでしまった。米里の幽霊屋敷の噂はこれをきっかけに物凄い勢いでひろまっていき、市内を走るタクシー運転手たちで知らない者はいないほど有名になった。

このころから噂にさらに尾ひれがつき、「夫人は犯されて首をつったそうだ。何でも親からもらった資金で家を建てたのだが、主人が女性遊びをするのを苦に死んだらしい」「次に買った家の娘さんが行方不明になり、死体となって見つかったそうだ」「次の家主も亡霊に悩まされて、その娘さんが狂って死んだ」〔合田　一九八八　三〇～三二〕などと細部が盛り込まれていく。どのタイミングで一家惨殺の噂が発生したのかは不明だが、いずれにせよ、この心霊スポットは放火で焼失したのちに解体されて存在しない。なお、先述の2ちゃんねる「北海道の心霊スポット教えて!!」の四八三レス（二〇〇一年七月二十八日）に興味深い書き込みがあるので、長くなるが示しておく。

483: あなたのうしろに名無しさんが・・・〈2001/07/28（土）08:01〉

Y里のおばけ屋敷は、おばけ屋敷でもなんでもありません。オレが大工をやってたとき、米里で昔から農家をやっていたおじいちゃん（七五歳！）と働いてたんだけど、その人いわく、あの場所は、昔農家をやっていた人が廃業して、引っ越した後そのままになってるだけなんだって。あまりにも古い土地で市も土地の境界線がはっきり解からず、更に場所が調整地域で勝手にどうこう出来ないのです。（住宅家屋を建てるのにも許可がいる）行った事ある人は判ると思うけど周りは作業場とか工場とかばっかりでしょ。結果、不動産屋も手をつけないし、市もほっといてるだけなんだって。教えてくれたおじいちゃんは、最初に入墾して米里を開拓した（respect!）一員なんで間違いナイッス。笑われました。

以上の書き込みが事実か否かを見定めるには調査が必要であるが、おそらくは事の真相に近いように思われる。

次に「山本家」について取り上げる。山本家も、同様に一家惨殺の噂とともに、異なる噂が語られている。2ちゃんねる「北海道の危険地帯#2」(二〇〇二年十月九日〜二〇〇三年二月七日)の二六〇レス(二〇〇三年一月十八日)では「旭川の山本家別荘は既出かな? 一家焼身自殺した場所らしいが……」とされ、一家心中の家ともされている。山本家の一家惨殺の語りも、それらしく過去のいわれを語るバリエーションの全体の中にある。また、そもそも、そこで何が起こったのかを明示しない場合も多い。その場所の雰囲気が人びとの注目を集めたものと思われる。山本家については、心霊スポットをめぐる語りを分析するうえで興味深い事例が存在する。民俗学者の小池淳一が青森県弘前市の学生から平成七年(一九九五)に聴取した次の語りである〔小池　一九九五　八二〜八三〕。

旭川市郊外に、昔、一家惨殺があった山本邸というところがあるそうです。そこに、若い数人のグループがきもだめしに出かけた時の話です。彼らはテープレコーダーを持っていきました。何かが録音されるかもしれないと思ったからです。

——トントン　「おじゃましまーす。」

彼等は扉を開けて山本邸に足を踏み入れました。

「何もないね。」「帰ろうか。」

そうして彼らは何事もなく戻って来ました。録音したテープを聞いてみると…

——トントン「おじゃましまーす。」

——はい、どうぞ…（きれいな女の人の声で）

「何もないね。」

——そんなことありませんよ

「帰ろうか。」

——待て　コラ！！！（話すときは、ここを大きい声で叫んでおどろかす…）

これを聞いた彼らは、あわてて家に帰りました。彼らの中の一人が家に着くと、母親が言いました。

「山本さんていう人から電話きてたよ｜。〝戻って来い！〟だって。」

「………。」

弘前市の学生に知られていることから、この時点で山本家は相応に有名な場所であったようである。また一家惨殺のエピソードもすでに表れている。ちなみに、ほぼ同内容の語りが平成六年（一九九四）の『恐怖体験実話コミック』二（サスペリア増刊七月十五日号）の「怪談百物語」に北海道のＭ・Ｏという二十四歳の人物によって投稿されている（一一六）。右の語りの情報源が同誌であるか明らかにはできないが、すでにメディアで発信されていたことには注意しておきたい。

旭川にある怖い名所の一つで〝山本家〟という所があります。中学生の男子二人が、そこへきもだめしに行き、一人が証拠にしようと、ラジカセを持って行き録音しました。冗談で「ごめんください、誰かいますか」と何度も言い、何もなかったのでそのまま家へ帰ったそうです。そしてテープを聴いてみると「ごめんください」と言うたびに「は〜い」とか「どなたですか」と返事が入っていたのです！一方、もう一方の子が帰宅すると、母親がこう言ったそうです。「山本君て人からTELあったわよ」もちろんそんな知り合いはいないそうです。

以上の投稿には一家惨殺の家といういわれは示されず、また、「待てこら！」や「戻って来い！」の要素が欠落している。以上の山本家の事例は非常によくできた話であるということができる。体験談であるよりは怪談として楽しむべきものだろう。実は、筆者も札幌市の小学校六年生だった平成七年（一九九五）、担任の教師から同様の怪談を聞かされたことがある。ただし、山本家という名前はあがらなかったと記憶している。また、訪れた廃墟から電話がかかってくるという趣向の怪談はこのほかにも存在する。次に示すのは常光徹が平成六年（一九九四）に記録した青森県の男子の語る怪談である〔近藤・高津・常光・三原・渡辺　一九九五　四四〕。

函館にサリーさんのやかたがありました。サリーさんのやかたでは、幽霊の声が聞こえてくるそうです。AさんとBさんとCさんの三人の女の子がジャンケンをして負けた人がラジカセをもってやかたに行き、幽霊の声を録音してくることになりました。Cさんがジャンケンに負け、やかたに入ることになりました。

誰もいない古い家でした。「おじゃましまーす」。声は何もきこえません。「きれいですね」。何もきこえません。「トイレをかります」「おじゃましました」。やかたを出て、三人でテープを聞きました。「おじゃまします」といったら「どうぞ」、「きれいですね」といったら「そうですか」と声が返ってきました。「トイレをかります」「どうぞ」。そして「おじゃましました」といったら、「ちょっとまて」と声がしたそうです。

同様の怪談が別の心霊スポットに語られている。こちらも北海道の事例であり、道内の心霊スポットについて語られていたと考えたくなるが、時期は下るものの、2ちゃんねるの「死ぬほど洒落にならない恐い話を集めてみない?」（二〇〇〇年九月十六日～二〇〇一年一月三十日）には次の事例がある。

432: オカ太〈2000/10/27(金)04:27〉

中学生3人が廃院になっていた病院に行った。それは大和川沿いにあるリバーサイド病院。そこでその内の一人の少年が、地下に会《ママ》ったある部屋からいったことを証明する為にカルテを持ち出した。

そして、何事も無く3人は帰途についた。

しかし、その日の深夜。カルテを持ちかえった少年の家で鳴る電話。とってみると、

「こちらリバーサイド病院ですが、カルテを返してください。今から、取りに行きます。」

有名な話なので、既出かな。

「リバーサイド病院」は大阪府の心霊スポットである。また、カルテの返却をもとめる電話があるという怪談は、神奈川県の「野比病院」、大阪府の「マルイ病院」、徳島県の「天野病院」にもある。再び筆者の体験を述べると、カルテの怪談を、筆者は東京都の大学生だった二〇〇〇年代前半に、美容師から自身の体験談として聞いている。ひろく流布していた怪談といってよいだろう。なお、以下は2ちゃんねる「心霊スポット北海道」(二〇〇三年六月十六日～二〇〇三年十月二十二日)の山本家に関する会話である。右に示した怪談はユーザーの間でもどこでにもある話として片付けられている。

89: sage〈03/07/02 17:07〉
旭川の山本家って、テープレコーダー持っていったら声が入るってあれはうそなの?あとビデオカメラとか…

90: あなたのうしろに名無しさんが・・・〈03/07/02 19:29〉
＞＞89
備品を持ち帰ると電話が掛かってくるのと同じくらい良くある話です。全国的な都市伝説。

93: あなたのうしろに名無しさんが・・・〈03/07/03 00:19〉
＞＞90
小樽のA病院もそうらしいですね。

94: あなたのうしろに名無しさんが・・・〈03/07/03 01:12〉

＞＞93
地方の病院系心霊スポットを調べたら分かるが、どこの病院にもそんな話しがある。
朝里病院は新しい朝里病院が出来たから廃れた。メスとかそういう危険物は新館（？）に持って行ってる筈だから旧朝里病院には存在しないはずだよ。

これがよくある話であることは、少なくとも心霊スポットを愛好する人びとの間では、二〇〇〇年代前半には自明化していたといえるだろう。

さて、話題を惨殺事件と関わる心霊スポットに戻そう。「Sの家」は、実在の事件に依拠しているので、地名を伏せている。引用は避けるが、事件の顚末は新聞などでも確認することができる。もっとも、まちBBSなどでは、相似した事件と混同した書き込みがなされていた。例えば「札幌市手稲区スレ part51」（二〇一二年十月十三日～二〇一二年十一月二十五日）の次のものである。事例中の地名はイニシャル化し、施設名は伏字とした。

714: なまら名無し〈2012/11/14（水）19:09:49 ID: aRkWmh6A〉
手稲で心霊スポットと言えば、Sの□□の裏の、息子が金属バットで両親撲殺した家と、五号線沿いのホテル太陽（名前変わったっけ）。

同事件の凶器は手斧であり、金属バットではない。これは同時代の別の事件との混同が生じているようである。こうした語りには近い時期・地域の印象的な事件の影響が及びやすいのかもしれない。また、実際の事件とまったく関係のない場所が関連付けられて心霊スポット化されるものも珍しくない。心霊スポットについて語られる出来事はほとんどが架空の出来事であるが、そのような架空の出来事は現実と地続きのものであるということは考慮しておく必要があるだろう。

本州以南の事例にも目を向けていこう。先述の青森県の「杉沢村」も惨殺のモチーフをもつ心霊スポットであり、「発狂した若者」が村人を惨殺したという内容である。杉沢村は『奇跡体験！アンビリーバボー』（フジテレビ）の平成十二年（二〇〇〇）八月二十四日放送回で一躍有名になった。しかし、この段階では杉沢村は幻の廃村であり、『奇跡体験！アンビリーバボー』でも発見には至らなかった。のち、『北野誠のおまえらいくな。～僕らは心霊探偵団～』（名古屋テレビネクスト、竹書房）第二回放送（二〇一二年三月三日）で、杉沢村として同定されつつ語られていた廃村の現況が放送される。管見の及んだかぎりではこれがマスメディアに杉沢村の景観的情報が放送された初めであろう。なお、杉沢村についてもまた小池淳一が先述の「世間話と伝承」の中で報告しており〔小池　一九九五　七六～七七〕、廣田龍平はこれを現状での最古の資料とみなしている〔廣田　二〇二二　二〇七〕。現在の資料収集状況からは「事件が似ている」としか言えないと廣田が注意を促してはいるが〔廣田　二〇二三　二一一～二一二〕、杉沢村の伝説は昭和十三年（一九三八）の岡山県の津山事件や昭和二十八年（一九五三）の青森県新和村一家七人殺害事件との相似が各所で指摘されている。津山事件の表象史、メディアにおける展開の経過とも重ね合わせて考えるべき問題であろう。先述のように、心霊スポットに伴う過去の語りには、異なる場所の近似する情報や印象的な情報が作用する。この点は心霊スポットに限ったことではなく、各種の記憶の集団化と間接化に伴う虚像（フォークロア）の形成そのものであると考えられる。

気にかかるのは、杉沢村で起きた惨殺事件は「昭和初期」のことと語られる点である。秋田県の「黒塗りの家」も昭和の初期頃に家の一人が発狂し家族を毒殺し、自殺をした家であるとされる。このような時代の指定からは、ここで語られようとしている一家惨殺のイメージに、津山事件が重ね合わされようとしているか、杉沢村を一つの範型にして、他地域の心霊スポットの語りも変容していった可能性を示唆する。もっとも杉沢村を性急に始原とみなすことにも禁欲的であらねばならないだろう。

さて、精神状態の不安定な人物が特定の凶器によって殺人に及んだという型に目を向けてみよう。北海道湧別町の「富美の家」は発狂した老人が凶行に及んだことになっている。栃木県の「ケンちゃんハウス」、埼玉県の「新井さん家」、新潟県の「ホワイトハウス」、福井県の「ホワイトハウス」および「白い家」、大阪府の「田中家」および「皆殺しの家」、広島県の己斐峠にある「中村家」、佐賀県の「イノチャン山荘」などもこれに該当する。青森県の「杉沢村」、神奈川県の「ジェイソン村」等がここに含まれることは言うまでもない。

発狂した人物、精神的に追い詰められた人物が、斧（「Sの家」、「新井さん家」、神奈川の「ジェイソン村」）や銃（「一家銃殺の家」、新潟の「ホワイトハウス」）、日本刀（「皆殺しの家」）を用いて人びとを襲う情景は、津山事件（猟銃と日本刀）の影響もさることながら、『シャイニング』（スタンリー・キューブリク、一九八〇）や『十三日の金曜日』（ショーン・S・カニンガム、一九八〇）で狂気に駆られた人物が斧を手に襲ってくるイメージとも重なる。ジェイソン村はもちろん、貞子の井戸（茨城県・笠間城跡）や伽椰子の家（神奈川県）など、心霊スポットには映画をはじめとする映像メディア視聴の体験が関わっているであろう事例は複数見出すことができる。

さて、これらの個々のスポットが定型的な語りによって意味付けられていることをみてきた。一部、実際の事件に依拠したものもあるが、多くは根拠をもたない。これは民俗学的な調査を行なえば、つまり地域住民への聞書きを行なえば、容易に知ることができる。先述の米里の事例にみられたような、地域の記憶を掘り起こすことができるのである。

例えば、千葉県佐倉市にある「佐倉の幽霊屋敷」（ユーカリが丘惨殺屋敷）を取り上げてみたい。「佐倉の幽霊屋敷」は佐倉市上座に存在したが、現在は取り壊され、ソーラーパネルが設置されている。周囲は農村的雰囲気はあるものの、いたって一般的な住宅街である。心霊スポット紹介サイトである『全国心霊マップ』から同所のいわれを紹介する（なお、引用にあたり、姓は伏せる）。

昔、この家で五人家族の一家惨殺があったらしい。それから、数年後、引っ越してきたK夫妻がノイローゼになって心中したらしい。白い老婆に「〇〇だよ」と言われたら危険らしい。〇〇がなんという言葉かは不明。

一家惨殺があり、心中が起きているという。住民の名前まであげられてはいるが、「起源となる物語」には具体性が乏しい。むしろ、心霊スポットの訪問者が老婆に遭遇し、声をかけられる点に特徴があるようであるが、いずれにしても、同スポットはもう存在しない。

右に引用した惨殺事件および心中事件は実際には発生していない。平成二十七年（二〇一五）に筆者は近隣にお住まいのA氏に調査を行なうことができた。それによれば、同地が心霊スポットとして騒がれ出したのは二十年ほど前であり、インターネットなどが普及しはじめたころであろうという。それによって、毎晩のように若い人たちが訪れるようになり、「ぎゃーぎゃーやっていた」といい、A氏をはじめ、近隣住民は困惑していた。調査を実施した日の朝も若者たちが来ていたが、A氏と「なくなっちゃったんですね」などと話をして帰っていったという。以前にも来たことがあるような口ぶりだったとA氏は言う。

同家がK氏の家であることは間違いない。しかし、K氏宅では惨殺や心中などという不幸は発生していない。K家は、以前は庄屋を務める家であった。上座の地付きの家はM、K、S、N、N、I、Iの七姓で、Kはそのような旧家の一つであり、かつ、地域でも一番の家であった。便利な場所に引っ越したために空き家となっていたが、今でもK家の墓は地域内にある。同地は市が買い上げるという話もあったようだが、現在でもK家の所有地である可能性があるという。

A氏によれば、解体される以前のK氏の屋敷は、庄屋の家柄だったこともあり、非常に立派な構えであったという。A氏の記憶によれば、一枚板の扉があり、また立派な蔵がある茅葺屋根の屋敷であったという。また、庄屋宅であったため、立派な古井戸も存在したが、これもすでに埋めてしまった。若者たちの間では誰かが井戸に落ちて死んだなどという噂もあったとA氏はきいているが、そのようなことはないという。瓢箪池があり、島庭があり、往時には大きな鯉がいた。このような古い民家が朽ちて崩れかけているさまが幽霊屋敷らしい情感を生んでしまい、噂が噂を呼んだものであろう。

A氏はK氏宅をいつ取り壊したのかは記憶していないというが、調査時には「この数年か」と述べていた。または、ソーラーパネル設置のために整地したのがここ数年のことであったかもしれないという。以前のK氏宅周辺は相応に鬱蒼とした雰囲気をもっており、そのような景観から人びとが同地を心霊スポットとして幻視した可能性もある。というのも、A氏からはK氏宅の屋敷林がなくなったことによる景観の変化が、新鮮な体験として語られた。K家の周辺には以前は風を防ぐための巨木が林を為していた。そのため、至近のA氏宅は日あたりが悪く、かつては昼間でも暗かった。「Aの家にいくには昼間でも車のライトをつけなくてはいけないわ」などと言われたものだったが、今ではK家の屋敷林が伐採されたことで驚くほど日照がよくなった。自宅から見える景色も各段に変わったという。また、A氏の亡くなられた母親は庄屋屋敷跡の屋敷林の落ち葉が道に落ちるのを掃いていたものだという。

以上からは、情感のある古民家に類型的な語りが覆いかぶさることで形成されたのが「佐倉の幽霊屋敷」（ユーカリが丘惨殺屋敷）であるといえそうである。なお、同地周辺は通学路でもあるという。登下校する子供たちが語り出したことがインターネット等で拡大された可能性も捨てきれない。

類型的な語りは個々の事例に「覆いかぶさる」が、強固に結びつけられるわけではない。むしろ、もっと無造作に語られる。語りの場において、たまたま選び取られた「よくある話」でしかない可能性もある。この点について、心霊スポットをめぐる逸話が単一ではないこと、むしろ訪問者それぞれが異なる情報を持ち寄る傾向のあったことを新潟県新潟市の「新潟ホワイトハウス」から検討してみたい。新潟ホワイトハウスについてよく知られた事例は以下の「心霊スポット【畏怖】」の整理に集約されているだろう。

ある外交官の娘が多重人格症の療養目的で一家四人で東京から引っ越してきたが、良くなるどころか悪化する一方だった。やがて娘が手に負えなくなり、二階の一室の《ママ》隔離した。逃げ出さないように家政婦を付け、部屋の窓枠に鉄格子を張り巡らせて閉じ込めていたた《ママ》が、すきを見て逃げ出し、父親の猟銃を持ち出して家族を次々に殺害した。撃たれながらも逃げ出した家政婦が助けを求めたが近くのトンネルで息絶えた。その後、娘は行方不明となったがどこかで自殺したらしく、今でも深夜になるとその霊が屋内に現れると言われている。

具体性の高い物語であるが、多くの事例と重なるところがある。瀕死の生存者が付近のトンネルで絶命したという点は東京都青梅市の旧旧吹上トンネルの物語と酷似している。同トンネルでは、トンネル付近の廃墟との関係で、「茶屋の現金目的の強盗の襲撃を受けて女将が惨殺された」「茶屋にやってきた酔払い客との間にトラブルが起きて客に殺された」「一家惨殺事件があり、運良く逃げた娘がトンネル内部で捕まり殺された」などといった物語が語られていた。トンネル付近の土地を借りる男性に取材した吉田悠軌の記事によれば、強盗による殺人事件があったのは事実であるが、トンネルは関係ないのだという〔吉田　二〇二二〕。ここからは、一つの心霊スポットをめぐる物語が周辺の施設を巻き込みながらストーリーを構築していくあり方が垣間見える。なお、新潟ホワイトハウスについても、このような周辺施設をまきこむストーリー化が見出せる。新潟市の「角田ジェイソン村」および弥彦村の「自殺電波塔（ブラックハウス）」である。ホワイトハウスの少女が村人を惨殺した村が角田ジェイソン村、自死した場所が自殺電波塔（ブラックハウス）であるというのである。角田ジェイソン村はバンガロー群の廃墟、自殺電波塔（ブラックハウス）は弥彦無線中継所跡である。このように、周辺の遺跡をある人物の行動と関連付けて意味付けていくあり方は、各地の伝説の語られ方と酷似する。事例は何を取り上げてもかまわないが、例えば、千葉県銚子市では安倍晴明と延命姫の伝説に関わって、物語の展開に応じて川口神社、清明稲荷、和田山不動堂、常燈寺常世田薬師、屛風ヶ浦、真福寺（晴明堂）が関連付けられている。

さて、新潟ホワイトハウスから、ある心霊スポットをめぐる語りが単一的ではないあり方をみてみよう。どのように単一ではないのか。すでにいくつかの事例でみてきたように、心霊スポットをめぐる語りは、不安定であり、語り手によって一様ではない。語られる時期による相違もありそうだが、情報伝達の過程で変容したり、他の心霊スポットの逸話や同時代のニュースが混入したらしいものも少なくない。したがって、心霊スポットを訪れる者たちが念頭に思い描いている物語は、実はそれぞれに多様である可能性があるのである。

赤福すずかは新潟ホワイトハウスへの訪問者から表3のような語りを入手している〔赤福 一九九八b 八一～八三〕。おおよその話のフレームは共有されているらしいケースもあるものの、訪問者の認識にはバラつきがある。事例⑧は、トンネルではなく電話ボックスまで逃げたことになっている。事例⑪・⑫の年若い訪問者においては惨殺事件への言及はなく、自殺の絶えない家ということになっている。事例⑭は、先述の山本家と相似した怪談が語られており、この種の物語が各所の廃墟についている。

8月の土曜の夜	①	30年前にここで死んだ人がいて、その人の霊が出るんだって。男か女かはわからないけど	19歳・男
	②	初めて来たんだけど、みんなが騒ぐほど怖い場所じゃないね	18歳・男
	③	実はここ、偽物なんだよ。本物のホワイトハウスはもっと山の中にあるんだって	18歳・女
	④	気が狂った女の子を２階に閉じ込めてらしいよ。だから鉄格子がはまってるんだって	22歳・女
	⑤	気が狂ってたのは小さい女の子でしょ？　２～３年前に来た時、２階にままごと道具とかが、まだ残ってたんだけど	23歳・女
	⑥	ここに来ると、帰りに事故に遭うって聞いた。あと、ここでは誰もいないのに足をつかまれたり、肩を叩かれたりとか、不思議な現象があるんだって	22歳・男
	⑦	医者夫婦と精神異常の娘、それとお手伝いさんの4人で住んでたらしいよ。女の子は閉じ込められていたんだけど、ある日抜け出して、家族を惨殺したらしい。ここに出るのは一家4人の霊	29歳・男
	⑧	お手伝いさんは浜茶屋の電話ボックスまで逃げたんだけど、結局追いつかれて殺されちゃった。だから、その公衆電話を使うと、受話器の向こうから『助けて』って声が聞こえてくる。その事件があったのは30年前らしいよ	26歳・女
	⑨	違うよ、逃げたけど殺されたのは母親だって	28歳・男
8月の日曜の昼	⑩	先輩がここで写真を撮ったら、足が写っていなかったって言ってた	17歳・女
	⑪	30年前に建った建物で、最初に住んだ人が自殺して、その人の霊が出るらしい	13歳・男
	⑫	最初の人が自殺、次に住んだ人が風呂場で首を吊って死んだ。とにかくここに住んだ人は必ず、自殺してしまうから、誰も住まなくなった	14歳・男
	⑬	本当は親に、ホワイトハウスは行ってはいけない、って言われてる。帰りに事故に遭うから、って	12歳・男
	⑭	ビデオカメラでホワイトハウスを撮ったんだけど、家に帰ってビデオを見たら、変な声が入っていたんだって。玄関から入るときに、『おじゃましまーす』って言いながら入ったら、その時誰も何も言ってなかったのに、ビデオでは『どうぞ』って	21歳・女
	⑮	２階の窓に隔離されていた女の子の姿が見える	26歳・女
	⑯	精神異常の男の人が閉じこめられていたんだけど、部屋から抜け出して、家族を全員、斧で殺しちゃったんだって	29歳・男
	⑰	父親の猟銃だったって話もあるよ。あ、地下には拷問室があるんだって	30歳・男

表3　新潟ホワイトハウスをめぐる語り（〔赤福　1998b：81―83〕から作成）

て語られ得たことを示唆する。⑯においては惨殺の凶器は「斧」とされるが、同行者と思われる男性に「猟銃」と訂正されている。なお、赤福も注目する新倉イワオの解説では、「昭和初期」に建てられた洋館であるといい、やや実態と乖離する〔新倉 一九九五 八八〕。ここには「外交官と称する紳士とその妻、そして九歳の女の子と六歳の男の子の四人家族」が住んでおり、「もんぺ姿にわら草履をはいていた地元の人たちには（略）異国の人にみえた」という〔新倉 一九九五 八九〕。この女の子は複数の霊に憑依されており、「果物ナイフ」で家族全員を惨殺し、行方不明になったという〔新倉 一九九五 九一〕。「昭和初期」という言い方が他の事例にも見出せることは先述の通りであるが、他のバリエーションとの細部の相違（果物ナイフや霊の憑依）が気になるところである。なお、平成四年（一九九二）のおばけ友の会の『全国おばけマップ』にも新潟ホワイトハウスが登場するが、訪問者の体験は紹介されるものの、土地のいわれの紹介はない。次の内容である〔おばけ友の会 一九九二 八二〕。

五人の若い仲良しの男女が、新潟の海岸沿いの眺めのいい道路を車で楽しく走っていた。やがて、地元では有名な「ホワイトハウス」というおばけ屋敷に近づくと、仲間のひとりの青年が、興味本位に中へ入っていった。

ところが、三〇分たっても彼は出てこない。心配した仲間が、屋敷の中に入ったが、二階に行くと、その彼が部屋の真ん中で正座し、手を胸の前に合わせてブツブツと何かしゃべっている。そして、何を言っても聞えないようなのだ。そこで仲間のひとりがバシッと彼をたたく、今度はボーッとした表情になり、その後交通事故で急死してしまった。

また、平成六年（一九九四）の『恐怖体験実話コミック』二一（サスペリア増刊七月十五日号）には読者投稿のかたちでホワイトハウスの投稿がある。こちらもいわれの細部は紹介されない〔一一七〕。

新潟の角田浜に〝ホワイトハウス〟と呼ばれる、古い洋館があるらしい。深夜にそこを通りかかると、髪の長い女の子が窓のところに現れ、こちらをにらむそうだ。

以上は静岡県の十七歳「N・I」の投稿であり、おそらくはホワイトハウスを訪れたことのない者による、伝聞である。実際のホワイトハウスは洋館とは言い難く、ホワイトハウスという名前から建物の外観が想像されているようである。この点は、先述の新倉の記述も同様である。イメージとして、異国風の要素を織り交ぜようとしているかのようである。

以上のように、心霊スポットをめぐって語られる過去の出来事の物語は各種のパターンの組み合わせによって成立しているといえそうである。こうした組み合わせは、個々の語りの場や伝達の過程で行なわれていくのであろう。他の心霊スポットをめぐって語られるような話の要素と、実際の事件や地域の出来事、マスメディアで発信される各種の物語のビジョンとが綯い交ぜになって構成され、かつ、それが実際にある建造物と照合され、物語の痕跡として位置付けられる。新潟ホワイトハウスの場合、それは窓にはめられた鉄の格子であった。

赤福はホワイトハウスが昭和五十年（一九七五）のシーサイドラインの全線開通によって景観を遮

断され、放棄された別荘でしかなく、各種の出来事が組み合わされることでホワイトハウスの物語が創出されたことを明らかにしている。神奈川ジェイソン村については、山田の調査で、ホテルシルク建設以前は同地はただの山林で、中央自動車道の相模湖インターチェンジの供用開始にともなって建設されたラブホテルの一つが廃業したに過ぎないことが地域の方への調査で明らかにされている。

心霊スポットは、なんらかの「空間」が無数の物語のモチーフを動員することで、恐るべき「場所」として再編成されたものであることが明らかであろう。各事例の間に見出された多様性と共通性は、それらを語る人びとの想像力が同時代の情報環境に規定されていることを意味している。ただし、それらの物語は複数的で、時として競合する。物語の正典が構築され、その他の、影響力のとぼしい物語を駆逐していくとも考えられる。

次節では、そのような影響力の大きい物語の流布の様態を考えてみよう。

二　道了堂のフォークロア

東京都八王子市鑓水《やりみず》の大塚山公園内に所在する道了堂《どうりょうどう》跡もまた心霊スポットとして名の知られた場所であろう。現在は写真2のように土台のみ残る。同地は八王子市指定史跡「絹の道」に関連する遺構でもある。絹の道とは生糸の輸送ルートであったことから神奈川往還に名付けられた愛称である。鑓水は生糸の売買で繁栄した地域であった。同愛称は昭和三十二年（一九五七）に郷土史家・橋本義夫が与えたもので、鑓水には「絹の道資料館」も設置され、「絹の道」は平成八年（一九九六）には文化庁から「歴史の道百選」に選ばれている。ここで話題とする道了堂もまた、富裕な鑓水商人らが明治七年（一八七四）に浅草より勧請したものである。

同地を心霊スポットとする語りに筆者が出会ったのは大学生時代、怪談好きの先輩I氏を介してであった。免許を取得したばかりの筆者の運転で八王子に出かけてみようという計画が持ち上がったことを記憶している。道了堂跡のことはその道中で語られたと思う。とすれば、I氏とこの会話をしたのは平成十四年（二〇〇二）の夏である。地方出身であるということもあると思うが、筆者はこの時まで、八王子の道了堂跡のことを知らなかった。記憶をたどるかぎりでは、筆者がI氏からきいた情報は、物語の体をなしていなかった。すなわち、「八王子に本当にやばい心霊スポットがある」、「そこには『きぬのみち』というものがある」、「そこには首なし地蔵がある。これに触ると本当にまずい。祟りがある」という断片的な情報であったように思う。このドライブでは史跡などを観光しながら八王子方面に向かい、最終目的地を八王子城跡（第二部第二章参照）に設定していた。途中の見学に時間を取り過ぎ、車のレンタル時間の都合で、八王子城跡見学は断念して帰路についた。また、道了堂跡はそもそも目的地には含めていなかった。筆者が実際に道了堂跡を訪れるのはこの時ではなく、後年、筆者の研究視点から心霊スポットが対象化可能であることを意識しはじめた二〇一〇年代である。

写真2　道了堂跡（2014年撮影）

多くの場合、I氏の怪談には情報源があった。稲川淳二の怪談話である。後年、このことをI氏自身の口から確認できた。I氏の怪談には稲川淳二の怪談話の翻案が多く、筆者に語られた情報もこれに基づくものであった可能性が高い。この点はのちほど検討してみたい。

さて、結局のところ、道了堂跡はどのような心霊スポットであるといえるのだろうか。各地の心霊スポットを紹介する「全国心霊マップ」の記述を見ておこう。

ここで起きる怪奇現象は老婆のすすり泣く声が聞こえてくる、女子大生の霊が出没するというのがある。やはり事件の被害者の無念の想いが今も残っているのだろう。

また他にも、地蔵を破壊した者達が乗っていた車が白かった事から、白い車に乗って道了堂跡に行くと呪われるといった噂もある。

同地に出没する霊は①「老婆」、②「女子大生」であり、また、③「地蔵」が焦点となるようであり、④「白い車」をタブーとするらしい。本節では、これらの点に注目しながら、同地をめぐる物語の流布の様態を考えてみよう。

道了堂跡という場所に老婆の霊が出るということには多少の理由がある。道了堂にはかつて堂守の女性が暮らしていたが、昭和三十八年（一九六三）に強盗によって殺害されているのである。『朝日新聞』昭和三十八年（一九六三）九月十一日記事「堂守の婦人殺さる　南多摩　タンスを荒した跡」を引用しておこう。人名は伏せておく。

十日午後五時二十分ごろ、東京都南多摩郡由木村鑓水（略）大塚山道了堂堂守□□□□さん（八一）が、自宅居間で血まみれになって死んでいるのを、勤めから帰った長女の□□さん（三九）がみつけ、八王子署上由木駐在所に届けた。同署で調べたところ、□□さんはふだん着のままノドと右胸の二ヵ所を鋭い刃物で刺され、あおむけになって死んでいた。部屋の中のタンスが物色されているので、同署では強盗殺人事件として捜査をはじめた。現場は八王子に通じる由木街道から約一キロ離れた丘の上の一軒家で、ハイキングコースにあたる。同署の調べによると、□□さんは□□さんと二人暮しで足が不自由、ダ菓子売りをしており、売上金三百円がなくなっているという。

道了堂跡に老婆の霊が出るという噂はこの事件の記憶に基づくものであるということは理解できる。道了堂はしばらく廃墟となっていたようだが、放火によって一部焼失し、解体されたものらしい。多くの書籍では昭和五十八年（一九八三）に解体されたとされているが、瑣末亭の詳細な検討によれば、道了堂は昭和六十一年（一九八六）のうちに解体された可能性が高いようである〔瑣末亭　二〇一三〕。

女子大生のほうはどうであろうか。こちらは昭和四十八年（一九七三）に大学教員だった人物が引き起こした教え子の殺人事件がもとになっている。些末なことのようであるが被害者女性は実際には大学院生であった。より重要なのは、当該女性の遺体が遺棄された場所は道了堂付近とされるが、鑓水という地域内であるというのみで、必ずしも至近ではない。道了堂に若い女性の霊が出現するという話は、やや首をかしげたくなるわけである。なお、この事件は昭和五十年（一九七五）の平野威馬雄の『お化けの住所録』に掲載され、早くから幽霊の出現地として意識されていた。鑓水周辺に毎夜亡霊が出るという評判がたち、その付近で遺体が発見されたというのである〔平野　一九七五　一五九〕。平野はＮＥＴ（現テレビ朝日）の依頼で昭和四十九年（一九七四）三月一日に現場で霊視を行なったという鈴木雄輔なる人物を招き、その際の情景を語ってもらっている〔平野　一九七五　一五九～一六二〕。鈴木は付近がニュータウン開発で整地された墓地跡だと述べており、道了堂への言及はなかった。この時点では噂はまじりあってはいなかったということかもしれない。

さて、道了堂跡のもう一つの怪談は首なし地蔵である。これは先述のＩ氏の語りにも登場した。むしろ、Ｉ氏の語りには老婆と女性の霊は登場しなかった。同地には、実際に首を落とされてしまった地蔵が建ち、新しい首が据えられている。この地蔵が「触ってはいけない」地蔵と見なされているのである。この首なし地蔵の怪異は、稲川淳二の語る怪談によって有名になったとされ、実際、Ｉ氏の情報源も稲川淳二の語るものであった。もっとも、稲川の語る「八王子」の「首なし地蔵」には以下の二種がある。

Ａ　首なし地蔵のロケに訪れたスタッフが、触れてはいけないという地蔵に触れて事故をおこした。

Ｂ　かつて肝試しをした若い女性が、背に負うていた子供の首を切り落としてしまった。

『稲川怪談～昭和・平成・令和　長編集～』は収録怪談の原典を明記しているが、それによれば〔稲川　二〇二二　二二三〕、Ａの話は、平成七年（一九九五）刊行『稲川淳二のすご～く恐い話　ＰＡＲＴⅡ』

収録の話を原典としている〔稲川　一九九五〕。他方、稲川の怪談ライブ十周年を記念する『稲川淳二の恐怖がたり〜祟り〜』（ライブ全集①九三〜九五）にも結末部の相違するAの話が収録されており〔稲川二〇〇二〕、タイトルには「一九九四」と明記されることから、クラブチッタ川崎で開催された『川崎ミステリーナイト』で披露されたものと考えられる。稲川はラジオ番組でも怪談を披露していたため、稲川の怪談歴における話の初出の特定については今後の調査研究が待たれるところである。現状、すくなくとも記録から確認できる稲川の「首なし地蔵」の古い事例は平成六年（一九九四）に披露され、平成七年（一九九五）に書籍化されたものと仮定できる。

Aは稲川自身のロケにおける体験談として語られており、これに先立つ番組撮影があったはずであるが、その時期も現状明らかではない。もっとも、プレイステーション用ソフト『真夜中のタクシー』（ヴィジット、二〇〇〇）収録の「首なし地蔵」において「やね、今からもう十年くらい前ですかね、東京の八王子にね、首なし地蔵っていうところがあるから、それ取材しないかって言われたんですよ」との発言がある。先述のライブをめぐる情報が正確であり、かつ、本当にその番組ロケが行なわれ、「今からもう十年くらい前」との発言が正確なのだとすれば、一九九〇年代前半に訪問があったということになろう。また、同話の中では道了堂はすでに解体されていたため、このロケが行なわれた時期は道了堂の解体された昭和六十一年（一九八六）以降と仮定することができる。いずれにしても、解体後間もない時期の訪問であったと考えられるだろう。

Aの事例で注意すべきことは、そこがすでに「心霊スポット」化されていた、という事実である。つまり、首なし地蔵に触れてはいけないという怪異譚は、この時点ですでに存在し、そのような噂に依拠して稲川らのロケは組まれているからである。実は、資料上、稲川の怪談に先行する「首なし地蔵」の記録を見出すことができる。平成二年（一九九〇）八月九日の『GORO』掲載記事「知らないとひどい目に遭う恐怖の正体！　日本トワイライト・ゾーン」には「絹の道の首なし地蔵」として首なし地蔵の紹介がある。道了堂のことは「お堂」とあるのみで、殺人事件への言及はないが、他の資料にはみられない情報への言及がある〔一五〕。

幕末、傍らの民家で変質者による一家惨殺が起こり、その魂を慰めるためにお堂が建てられたという言い伝えの残る血塗られたシルクロードだ。
現在はお堂も朽ち果てわずかに礎石と首なし地蔵などを残すのみとなっているが、数年前、中央大の学生三人組がここの首なし地蔵に立ち小便して帰った後、次々と変死を遂げたとか。
その三人組が白いクルマで乗りつけていたということから、以来、白いクルマは縁起が悪い。事実、隊員のナグモも、以前、自分のクルマで二度ここを訪れているが、二度とも事故っている。一度目は、前輪が異様な音をたてたかと思うと、ブレーキを踏み抜いてしまい廃車。二度目は河川敷で段差に落ちてフロントガラスを頭で割ってしまった。どちらもクルマの色は白。「そんなのウソだ」と思う人は、ぜひ白いクルマでこのゾーンに挑んでください。

幕末の変質者による一家惨殺は事実を誤認したものであろう。おそらくは鑓水商人・八木下要右衛門家の事件を指すものと思われるが、これは変質者によるものでも一家惨殺でもない〔辺見　一九八〇〕。

そして、道了堂はその慰霊のためのものではない。右の記事には地蔵の写真が掲示されているが、立像であり、またこの時点では新しい首が補修されてもいない。また、この記事をふまえたものらしい情報が、『プレイボーイ』の平成五年（一九九三）七月十三日号記事「怨念!!　厚木首なし地蔵の怪」にある。これは「地を這う異界探検隊　PartⅡ」という連載シリーズの第一回であった。同記事では「八王子には無数の霊スポットが…」などという小見出しで複数の場所を紹介している。道了堂跡の首なし地蔵については「白いクルマを呪う首なし地蔵とは?」との見出しで紹介されている。道了堂という言葉は登場しないが、大塚山公園内、絹の道であることは明記されている。ここで紹介される怪談は次のものであった〔一九六〜一九七〕。

何年か前、中央大学の学生三人がこの首なし地蔵に小便をひっかけたところ三人は次々に変死を遂げたという。彼らは白いクルマに乗って訪れた。以来、首なし地蔵は白いクルマを嫌うようになった。さらに、ヨリミツ隊員の持つ雑誌の怪奇ゾーン特集みたいなののコピーによると、ここを取材した記者も二度、白いクルマで訪れ、二度とも事故ったことになっている。

ここにある「雑誌の怪奇ゾーン特集みたいなの」は先述の『GORO』であろう。『プレイボーイ』にも地蔵の写真があるが、不鮮明ながら、首の補修はまだ行なわれていないようである。『GORO』および『プレイボーイ』においては、白い車が忌避される理由となったのは「地蔵を破壊した者」ではなく「小便をひっかけた」若者になっている。また、「触れてはいけない」という話題は登場しない。

ちなみに、平成三年（一九九一）十二月に発売されたというビデオ作品『東京ミステリーMAP』の広告にも「八王子の首なし地蔵」という見出しがあるが、残念ながら未見である。なお、道了堂自体は昭和六十一年（一九八六）の『ハロウィン』一巻一〇号の読者投稿で言及されるほか、平成元年（一九八九）の同誌四巻八号の特集記事においては「八王子市内で、随一の怪談話の宝庫であり、最大のゴーストポイント」として紹介される。ただし、同記事で首なし地蔵への言及はみられない。さらなる資料の収集が求められるが、以上からは、首なし地蔵の怪談は一九九〇年代からメディアで盛んに取り上げられるようになったとみることができそうである。

首なし地蔵の語られ方にはブレがある。『TOKYO一週間』平成十五年（二〇〇三）七月二十二日記事「新スポット続々！　早出し！　今年のフレッシュネス怪談　本誌スタッフも体験!?」では道了堂跡も紹介され、老婆の霊、女子大生の霊が出るといい、「ここで女の霊が目撃された報告を受け、調べると遺体が発見された」という噂を紹介している。先述のように、同地が遺体発見現場であるというのは事実ではない。首なし地蔵については「ここにある首なし地蔵（今は首がついている）は、『いたずらすると、家までついてくる』という」とあり、ここまでみてきた事例とは内容が相違する。

さて、ここで注意したいのは稲川の『真夜中のタクシー』における「首なし地蔵」の末尾である。後年、稲川が同地を再訪したところ、首なし地蔵を見つけることができなかったというのである。稲川は「どこにいったんでしょうね」という余韻を持たせた言葉で話を締めくくっている。この点は、DVD作品『稲川淳二の絶叫夜話・怪奇談』（東宝・二〇一一）でも同様である。他方、『稲川淳二の恐怖がたり～祟り～』（ライブ全集①九三～九五）収録の、平成六年（一九九四）に川崎で語られたと思しき事例では異なる終わり方になっている。スタッフの若者は友人からの電話に応じて外出して事故にあったのだが、そのような電話を友人はかけていないという点はそれまでの作品と変わらないが、スタッフに電話をかけてきたのは友人ではなかったらしいと明かすプロデューサーの語りをオチとして、次のように締めくくっている。

〝だってあの夜、雨が降ってたじゃないですか　ましてやあんな真夜中に、いくらなんでも今から家に来いよなんて、僕は電話で言ったりしませんよ〟って。

「稲川さん、これ、なんですか？　信じられますか――」

いやあ、こういうのって、………

地蔵の消失については語られていない。また、『稲川淳二のすご〜く恐い話　ＰＡＲＴⅡ』でもやや語り口が相違し、「さて、誰の電話だったんでしょうねえ。八王子、ですね」として話が締められている〔稲川　一九九五　一〇三〕。同所の首なし地蔵の話題は一六章「八王子怨霊地帯」の中に、八王子城跡の話題とともに収録されており、「八王子、ですね」という結び方はそのような章の主題と関わるものといえる。首なし地蔵の結末部の語り方が一九九〇年代と二〇〇〇年代とで変化したことが確認できるが、これらは稲川の語り方の変化に過ぎないかもしれず、この間に稲川の再訪があったと即断することは控えておきたい。いずれにしても、稲川の首なし地蔵は二〇〇〇年代以降はすでに存在しない地蔵の話として語られている。

もう一点、注目しておきたいのは、稲川のいう首なし地蔵は座像であるという点である。稲川の事例に先だって雑誌で紹介されてきた首なし地蔵は立像であった。現在、道了堂跡で明らかに首を破壊された形跡を見ることのできる地蔵像もこの立像であり〔写真3〕、平成二十二年（二〇一〇）のDVD作品『ほんとにあった！怖い心霊スポット』〔マクザム〕で焦点とされるのもこの像である。稲川のいう「胡坐をかいているような形」に近い座像は同境内の延命地蔵であるが、首は落ちてはおらず、子供を抱いてはいるが稲川のいうように「自分の首をもっている」わけではない〔稲川　二〇二三　一六七〕。また、『真夜中のタクシー』『稲川淳二の絶叫夜話・怪奇談』では言及されていないが、地蔵の表情は「目を見開いていました」という〔稲川　一九九五　一〇一、二〇二三　一六七〕。延命地蔵の表情とも相違する。

さて、『稲川怪談――昭和・平成・令和　長編集』の「八王子の首なし地蔵」にはBの事例も収録されている〔稲川　二〇二二〕。八王子の物語としては明言されていないが、Bの話は稲川淳二の企画・原案による平成八年（一九九六）の映画『心霊』〔イメージファクトリー・アイエム〕の中で映像化されている。これは鳥取県日野郡日野町黒坂の「幽霊滝」の民話そのものである。この物語は小泉八雲が『骨董』に掲載した「幽霊滝の伝説」によって著名であるが〔小泉　一九五四　二〇四～二〇八〕、近世から類話がみられる。

延宝五年（一六七七）の『諸国百物語』巻三の二〇には「賭づくをして、我が子の首を切られし事」と題して、次の怪談が記載されている〔高田　一九八九　八〇～八三〕。

紀州にてある里に、侍五、六人寄り合ひ、夜ばなしの次でに、「その里より半里ばかり行きて、山際に宮あり。宮の前に川あり。この川へ、をりをり死人流れ来たる。まま誰にてもあれ、此の川へ今宵行きて、死人の指を切り来たらん者は、互ひの腰の物をやらん」と賭づくにしければ、誰も行かんと云ふ者なし。

その中に欲深き臆病者有りて、「それがし参らん」と、受合ひて、我が家に帰り、女房に語りけるは、「我、かやうかやうの賭をしたれども、胸震ひてなかなか行かれず」と云ふ。女房聞きて、「もはや変改なるまじき也。それがし参りて指を切りて参らん。そなたは其処に留守せられよ」とて、二つになる子を背中に負ひ、くだんの所に行きにける。

此の川の前に、壱町ばかりある森ありて、物凄まじきを行き過ぎて、彼の宮の前に着き、橋の下に降りて見れば、女の死骸ありしを、懐より脇差を抜き出し、指二つ切り、懐に入れ、森のうちを帰りければ、森の上より、からびたる声にて、「足もとをみよ、足もとを見よ」と云ふ。怖ろしく思ひて見れば、小さき苞に何やらん包みて有り。取り上げみれば重き物なり。いかさま、これは仏神の我を憐れみ給ひて、与へ給ふ福なるべしと思ひ、取りて帰る。男は女房の帰るを待ち兼ね、夜着を冠り、かたかたと震ひて居たりしが、屋根の上より、人廿人ばかり

写真3　首なし地蔵（2014年撮影）

の足音にて、どうどうと踏み鳴らし、「何とて汝は賭したる所へ行かぬぞ」と呼ばはる。男は、なほなほ恐ろしくて、息もせずして、竦み居たり。

その所へ女房帰り、表の戸をさらりと開くる音しければ、さては化け物這入ると心得、男、「あつ」と云ひて、目を回しけり。女房聞きて、「我なるぞ。如何に如何に」と、言葉をかけければ、その時、男、気付きて喜びける。さて女房、懐より指を取り出だし、男に渡し、「さて嬉しき事こそあれ」とて、件の苞を開きて見れば、わが背後に負ひたる子の首也。「こは如何に」と、泣き叫びて、急ぎ子を下し見ければ、遺骸ばかり有りけり。女房、これを見て嘆き悲しめども、甲斐なし。されども男は欲深き者なれば、かの指を持ちゆきて、腰の物を取りけると也。

稲川の語るBの首なし地蔵はこうした伝説を八王子を舞台に翻案したものと解釈できるだろう。

このように稲川の語る首なし地蔵の細部にこだわるのは、稲川が道了堂跡の心霊スポットとしての有名性を決定的なものにしたと考えられるためである。とはいえ、影響力の程度は明示しがたいが、稲川は平成十三年（二〇〇一）六月十二日放送の『直撃！ウワサの五人』（フジテレビ）でも首なし地蔵の怪談を披露している。書籍、DVDを含め、稲川は情報量のうえで、マスメディアにおいてもっとも道了堂跡を語ってきた者といってもよいだろう。そして、事実として、本節冒頭で示したI氏のように、稲川を情報源として怪異を語りなおす人物が発生する。

ところで、稲川淳二の怪談では「白い車」の一件は語られていなかった。次にこのモチーフについて考えておこう。白い車で行ってはいけないという禁忌は、各地の心霊スポットに見出せる。九州の心霊スポット「犬鳴村」の噂を分析する鳥飼かおるは平成二十七年（二〇一五）に行なった福岡県の直方市立直方第三中学校での教育実習に際し、中学二年生の男子生徒から「白いセダンで犬鳴峠に行くと、死ぬ」との発言を聴取している〔鳥飼　二〇一六　八六〕。また、富山県魚津市の廃ホテル坪野鉱泉もまた現在は「白い車」での訪問を禁忌としている。『全国心霊マップ』記事「坪野鉱泉」に寄せられた平成二十八年（二〇一六）九月八日付けのユーザーコメントには次のように訪問に際する注意事項が記されている。

名無し〈2016/09/08（木）05:58:56〉
坪野鉱泉へ行くときの注意点
・自分の車で行ってはいけない
・白い車で行ってはいけない
・ドアを開けるときは周りに誰もいないことを確認する
・一人になってはいけない
・自分の名前や個人情報を口に出してはいけない
・帰ったらお祓いをうける

ネットロアの投稿される場として注目を集めた2ちゃんねるのスレッド「死ぬ程洒落にならない話を集めてみない？　Part16」（二〇〇二年八月三日〜八月十九日）には「「音」の恐怖、潜入!・坪野鉱泉」

なる話が二二六レスから二二九レスにかけて投稿されている。二二九レスの記載を以下に示すが、白い車という指定はみられない。車体の色は噂の語り手によっては指定されるが、それは必ずしも重要な点ではなかった可能性がある。

229: 午後◆kJSZVFLw 〈02/08/06 08:59〉
坪野鉱泉にはいくつか掟があるらしいが
一—自分の車は使わない
二—ドアを開く時に注意
三—一人になってはいけない
四—名前を言ってはいけない
等がある
その中でも特に四番だけは守らなければならない

また、『心霊スポット【畏怖】』における「富美の家」の記事には、令和三年(二〇二一)五月十四日に、同地を学生時代に訪れたというユーザーから「白い車で行くと事故又は何らかの故障が起きる。実際先輩のカーステレオが帰りに故障しました」との体験談が寄せられている。なお、『心霊スポット【畏怖】』で「白い車」というワードを検索するかぎり、長崎県の式見トンネルは「白い車でトンネル内を夜中走ると危険」であるといい、愛媛県の三瓶隧道は「白い車で行くと心霊現象に遭遇するから白い車では絶対に行ってはいけない」という。山口県の佐波川トンネル・佐波川ダムについても「白い車で行くと事故に合う《ママ》」との記載がある。愛媛県伊予市の大谷池は「白い車で五人で行ってはいけない」というが、これはかつて白い車で同地を訪れた五人の若者たちがおり、白い手に足をつかまれた運転者を置き去りにして四人が逃げたという著名な怪談が禁忌の由来として関連付けられている。このほか、白い車で訪問することを禁忌とする心霊スポットは複数確認できるが、例示はここまでにとどめよう。いずれにせよ、道了堂跡をめぐる「白い車」の禁忌が心霊スポットにしばしば語られるモチーフであることが確認できる。民俗学の立場からは、さらに一歩踏み込んで、こうした事例の初出や分布の理由を明らかにすべきであるが、筆者の現在の調査状況においては困難である。もっとも、心霊スポットをめぐって人びとが語る怪談には、しばしば先行する別の怪談の要素が混入する。「白い車」の禁忌もそのように各地の心霊スポットに語られるに至ったものと考えられる。

さて、心霊スポットとしての道了堂跡をめぐる言説を個別に検討してきた。もう一点、検討してみたいのは一定の空間の中で言説が拡張したり、また、象徴的な一地点に言説が収斂していくあり方である。道了堂跡に現れるという①老婆の霊は、そこに出現する理由があると考えてよい。同地は実際の事件現場であり、実在した高齢女性の亡くなった場所である。他方、②の女性の霊は道了堂跡に出現する理由がない。道了堂跡は女性の殺害現場でも遺体発見現場でもないためである。また、鑓水板の木緑地もまた同事件の遺体遺棄現場とされるが、これも妥当ではないらしいことが、作家・川奈まり子の検証から指摘されている〔川奈　二〇二一b〕。また、被害女性の霊が出るという水甫トンネルも鑓水にある。

以上の事例からは、事件・事故現場、または心霊スポットの所在を探り当てようとする、同時にそれを創造しようとする人びとの眼差しのあり様が浮き彫りになる。事件の現場を特定しようとする心意はもちろん、事件に関連する地域周辺にある、探訪可能な一地点を、恐るべき出来事や体験の舞台として語りなおしていくのである。

こうして見てくると、心霊スポットと名指される場所の特性の一端が明らかになる。それは「物語を引き付ける」場所である、ということである。なんらかの恐ろしげな情緒や、きっかけとなるような事件があると、モチーフからの連想によって場所の「いわれ」が偽造され、あるいは、近隣の出来事を「引き付ける」ことで、空間が意味付けされ、怪異の場所に読み替えられていく。もちろん、道了堂跡という場所は事実として事件の現場である。しかし、地域における認識のあり方は、次に示す川奈の述懐が実態をよく照射しているものと思われる。川奈は昭和五十二年（一九七七）以来、近隣で育った体験から、「もちろん、道了堂で堂守の老婆が殺されたことは知っていた。幽霊が出るという噂も、今ほど知れ渡っていなかったが、あるにはあった」が、「道了堂を心霊スポット、もしくは怪談の現場としてはっきりと認識したのは、稲川淳二さんが『首なし地蔵』を発表した九〇年代以降」といい、また、大学院生の殺害事件については「私が小中学生の頃は、地元の住民にとっては事件の記憶が生々しく、幽霊が出たなどと云々するのは不謹慎に感じられたのではないか……」と述べている〔川奈　二〇二一a〕。川奈が近隣で暮らし始めた時期は大学院生殺害事件の発生からまだ間もない。また、堂守女性殺害事件、大学院生殺害事件にも言及した辺見じゅんの『呪われたシルク・ロード』の刊行された昭和五十年（一九七五）からも間もない時期である。同書は鑓水の近代のすがたを聞書きによって再構成しようとしたノンフィクション作品であるが、筆致は歴史学者のそれではない。書名からすでにイメージの付与が行なわれているように、全体的に陰鬱なトーンで地域史が描かれている。同書について、川奈は次のように述べる〔川奈　二〇二一a〕。

引っ越してきた当時は近所の書店にまだ平積みされていたものだ。さっそく父が買って読んでいたように記憶している。おそらく母も一度は目を通したのではなかろうか。刊行から数年後、中学生になってからだが、私自身、家にあったのを斜め読みした。

どの家庭でも似たような状況だったと思われ、私たち子どもらは、まずは親から「近所で起きた怖い事件の現場」として、道了堂や鑓水の名前を聞いた。

大学院生の殺害事件とともに、同書の刊行が道了堂に関する地域内外の直近の過去をめぐる記憶を刺激したことは大いに考えられるだろう。また、その後も、この土地をめぐるガイド的情報として参照され続けたであろうことは想定してよいように思われる。例えば、道了堂に言及する先述の『ハロウィン』一巻一〇号の読者投稿は、『呪われたシルク・ロード』に言及している。すなわち次のものである〔二四七〕。

私の家は八王子という田舎にあり、家は東急片倉台という団地内にあります。山を崩して家を造った、いわば自然破壊的なものですね。団地の上の方にここだけは決して崩さないところがあるのです。道了堂という古いお堂で幽霊（！）が出るとかで有名なのです。小学生の時、友人と怖いもの見たさで行きましたが本当にこあい！木がうっそうと繁り、風はびゅうびゅう吹き、そこにぼろぼろのお堂がぽつんと立っている……。昔は絹の道といって横浜まで続いていたそうです。友人の中にはおばあさんを見たとか、重いものが背中にのったとか。ヒザの下に竹がささったとか色々体験した人がいますが、私は怖くて二・三回しか行っていないのでよくわかりません。このお堂のことは辺見じゅん著の「呪われたシルクロード《ママ》」という本にも少し書かれています。（略）最後に、あのお堂は今もかわっていないと思いますので編集部の方、興味があったらいらしてみては？

当時の投稿者の年齢が不明であるため、「小学生の時」が何年頃のことかは不明であるが、心霊スポットとしての道了堂跡をめぐる文献資料としては古いものである。

さて、『呪われたシルク・ロード』は鑓水周辺の住民にも読まれていた。少なくとも話題作ではあった。また、堂守女性の殺害事件と大学院生の殺害事件にともに言及しつつ、土地の栄枯盛衰を記述し、土俗的で暗い情感とともに、あたかも因縁深い土地のように同地を描き出した書籍はこれ以外にないように思われる。仮に、道了堂跡の首なし地蔵を有名にしたのが稲川淳二であるとすれば、同地のイメージの醸成に関わったのが辺見じゅんであったといえるかもしれない。

そのような前提にたつと、気にかかる情報が『呪われたシルク・ロード』にある。辺見は堂守女性の人生や道了堂の様子を記述する中で、「道了堂の境内―首の落ちた不気味な地蔵」というキャプシヨンで首のない地蔵の写真を掲載しているのである（図版1）。『呪われたシルク・ロード』の中にすでに「首なし地蔵」が掲載されていることは、その後の同地における怪異譚の生成・成長を考えるうえで重要であるように思われる。なお、辺見はこの地蔵が祟るとは述べていない。おそらくこの時点では、首なし地蔵の怪談は存在しなかったのであろう。辺見は『横浜　ポートタウン―きらめく今』（朝日旅の事典）の「日本のシルクロード」においても「豪壮な石燈籠の陰に首なし地蔵」とのキャプシ

図版1　首なし地蔵が掲載された『呪われたシルク・ロード』の頁〔辺見　1975：40〕

図版2　首なし地蔵が掲載された「日本のシルクロード」の頁〔辺見　1986：111〕

ョンで首なし地蔵の写真を掲載している（図版2）（辺見　一九八六　一一二）。図版2は図版1とは地蔵の建っている場所が相違し、キャプションどおり燈籠の下に移動されている。また、見たところ、図版1の段階よりも破損が進んでおり、地蔵は足もとから折られてしまっている。何者かがいたずらをしたのであろう。また、辺見の手による記事ではないが、平成二年（一九九〇）の『エネルギーフォーラム』三六巻五号の「ずいひつ」コーナーに酒井正利という人物が「武蔵野の絹の道」という文章を載せており、首なし地蔵への言及がある。これも史跡として絹の道をとりあげるもので、心霊めいた内容は一切記述されないが、道了堂跡の景観を記述する中で「お堂の礎石と首のないお地蔵や半ば埋もれた板碑などが散乱している」と記している（酒井　一九九〇　一三二）。荒れた境内を描写したかったということであろうが、いずれにせよ、首なし地蔵が訪問者に注目されやすいモノであったことには注意しておいてよいかもしれない。

道了堂跡は、事件のゆるやかな忘却に委ねられる未来もあり得た。事情を知る人にとっては多少気味が悪いものの、しかし、何の変哲もない史蹟としての道を歩むこともあり得たのかもしれない。二度目の事件と、『呪われたシルク・ロード』以降のメディアの力が、人びとの真相の把握や探訪への関心によって眼差される空間として道了堂跡を変えていったのではないだろうか。

＊　＊　＊

本章では少々血生臭い場所ばかりを取り上げたが、その「血生臭さ」は多くの場合、本当に漂っているわけではなさそうである。精神に変調をきたした人物が、何かしらの凶器で、一家惨殺または全村惨殺のうえ自殺したという逸話は、いたるところで語られ、かつ、各場所においても、一貫してそのような物語が語られているわけではなかった。いずれも同時代の情報環境下にある人びとが、ある空間を恐ろしい場所として語る言葉の中に、それらの要素が取り込まれていたと見なし得よう。ただし、現在、そのような心霊スポットの逸話にはおおよその「定まった形」が与えられつつあるようにも思われる。ガイド的情報としての逸話へのアクセシビリティが、本章で参照したウェブサイトなどによって各段に向上しているのである。かつては、それぞれのグループが異なる物語を携えて心霊スポットを訪れていたかもしれないが、現在は、私たちはみなおおよそ統一された物語でその場所を捉えている。

もっとも、心霊スポットはあらかじめ、メディアからの規定性の中にあったかもしれない。道了堂跡の心霊スポット化は、『呪われたシルク・ロード』や稲川淳二の怪談語りによって認知度を高めていったと考えられるためである。

さて、本章では心霊スポットをめぐる「言葉」に注意をはらってきた。次章では、そのような「言葉」が付帯したり、相乗的に「言葉」の産出に関与する「モノ」に注目して、心霊スポットを考えてみよう。

第三章　モノと感覚

空間は、「私たちの前に」ただのっぺりと無意味に展開しているわけではない。それぞれは社会的機能や行為者の目的に即して体験される。あるいは、主観的／間主観的な、すなわち、集団において共有されていない（本来的にされない）意味とともに体験される場合もある。恋人たちの思い出の場所、当事者にとってのトラウマ的な記憶の場所などである。つまり、「記憶」が空間を特異化するのである。しかし、空間は空間であることによってのみ、特異化されるわけではない。人の体験や知覚と関わる各種のモノに占められていることによって、空間は空間としての用途を果たし、また、「場所」としての意味を帯びる。

第一部第一章で見たように、ある空間が心霊スポットとして位置付けられるには、指示可能な地図上の一地点である必要があり、その空間をそれとして特定可能な目印や象徴的な建造物、石造物等が必要となる。心霊スポットは、スポットである以上、そこを目指して人が訪れるものだからである。それらのモノには、容易にたどり着けてもいけないし、かといって、侵入不可能な土地に、他と見分けがつかないような状況で放置されていてもいけない。また、訪問者を満足させるだけの景観的な情緒も要請される。心霊スポットには、訪問者が「ここが目的地」だと認識し、その場で相応の満足感を得て帰るための何かが無くてはいけないのである。そのためのガイド的情報が前提として必要となることも第一部第一章でみた通りである。この点を記憶論の観点から言い換えるなら、記憶装置の有無が不幸な出来事の想起の可能性／不可能性に大きく作用するともいえる。この場合の記憶は過去の事実を意味しないことは、前章の議論から明らかである。かつてあったと信じられている、しかし実際には存在しなかった出来事の情報も含まれている。

ちなみに、記憶装置は心霊スポット上に物理的に存在する何かのみならず、書籍やインターネットなどのガイド的情報のアーカイブも含まれる。巷間にあふれる心霊スポットをめぐる物語のアーカイブは、虚偽のエピソードを巻き込みながら、増殖し肉厚化する記憶装置であるといってよい。無数の異伝を生み、多様に語られ得た物語は、それらのアーカイブへのアクセスを容易にする物質生活の変化によって、一元化されていくということもできる。平易に言えば、スマートフォンで検索するだけで、私たちはその土地で過去に何があったと語られており、かつ、それがためにそこを訪れるとどのような目にあう（可能性がある）のかを知ることができる。旅先で、付近の心霊スポットを検索することもできる。また、本書でたびたび行なっているように、なんらかのキーワードで検索をかけることも可能なのである。そして、実際に行くとどのような景観に出会うことができるのかを、私たちはウェブサイトの写真や動画を通して知ることができてしまう。心霊スポットは、「言葉」だけではなく、私たちの「モノ」をめぐる世相にも規定されているといえるだろう。

そのような、モノと心霊スポットという関心のもとで、本章では、人びとがどのようにモノから記憶を引き出し、また同様に、モノを介してどのように場所に関わり、物語を紡いでいるのかという問題を、事例に即して考えてみたい。

一　心霊スポット訪問者の態度

まず、いくつかの心霊スポット探訪系映像作品の分析から議論をはじめてみよう。なぜならば、動画を視聴することで、私たちは誰かが心霊スポットにおいてどのように振る舞っているのかを視認することができるからである。そして、そのように誰かが実際に心霊スポットに在るあり方は、かつてはルポルタージュなどの文章で、そしてテレビ番組のロケ映像、セル／レンタルのビデオやDVD、今日はインターネットの動画サイトで、誰もが触れることができる。実際に、心霊スポットで私たちがとる行動の範型が、こうした、マスメディア／ソーシャルメディア上の先行者の振る舞いに規定されているということも想定すべきであろう。その一方、これらの作品からは、人びとが心霊スポットから物語を引き出していくあり方が垣間見えもする。

いわくありげな恐ろしい場所に潜入してみた、という類のホラードキュメンタリー映像作品は、すでに一つのジャンルを形成しているかのようである。『稲川淳二　恐怖の現場』シリーズ（ビクターエンタテインメント）は、平成二十八年（二〇一六）時点で実に十八作もリリースされている。各作品内には、語り手・稲川の本領を発揮し、怪談話を披露するコーナーも盛り込まれている。『恐怖の現場』シリーズの個性は、「検証」のパートであろう。同作品には、「霊感がある」「幽霊をみたことがある」「霊体験に興味がある」という触れ込みの若い女性タレントが二名同行し、彼女らは心霊スポットの中にカメラとともに待機させられ、ときに悲鳴をあげながら、各自の違和感をトランシーバーで稲川に告げる。そのような彼女たちの体験を通して、稲川は、そのいわくつきの場所の「性質」を読み解いていくのである。同作品に笑いはない。霊との遭遇、その調査と分析に主眼がある。

しかし、心霊スポット探訪系映像作品は、こうしたものにとどまらない。前章でも取り上げた『ほんとにあった!怖い心霊スポット』（マクザム）は心霊スポット探訪系のホラーバラエティのDVD作品である。平成二十二年（二〇一〇）から平成二十三年（二〇一一）にかけて第三作まで製作され、相応に人気があったものと思われるが、有名作品ではない。著名なタレントも出演しない。山本正というプロデューサーおよびスタッフ、ゲストが心霊スポットを巡るというもので、第一作では「たっちゃん池」「旧吹上トンネル」「笠間城跡」「腹切り櫓」が、第二作では「首切り地蔵」「人穴」「華厳の滝」「須花トンネル」が、第三作では「神流湖」「鈴ヶ森刑場遺跡」「宮前踏切」「八幡の藪知らず」「将門首塚」「四九トンネル」が取り上げられた。「首切り地蔵」とは第一部第二章で取り上げた首なし地蔵を指し、「将門首塚」とは第二部第一章で取り上げる大手町の将門塚を指す。全体として、本作品はホラー作品を装ってはいるが、視聴者には笑いを喚起しようとしている。山本の軽妙な語り、幽霊へのおびえかたが一つの魅力になっている。すなわち、心霊スポットに向かう道中のやりとり、心霊スポットの雰囲気におびえ撤退する様に、この種の探訪に人びとが感じる楽しさが集約されている。他方、有名タレントの起用がない同作品は、視聴者を引き付けるようなキャラクター力に乏しいということはできるかもしれない。また、明らかな「やらせ映像」を織り交ぜているなど、少々行き過ぎた演出も見受けられるが、それを笑うのが本作品の趣旨だと筆者は理解している。

以上はマイナーな事例であるが、やはり前章で取り上げた北野誠の『北野誠のおまえらいくな。〜僕らは心霊探偵団〜』(名古屋テレビネクスト、竹書房)は同種の作品の中でももっとも影響力をもつものの一つであろう。『おまえら行くな。』は同名の書籍を契機に、平成二十二年(二〇一〇)以来、DVDのリリースを続けている人気作である。同シリーズはお笑い芸人や怪談師を多く起用しており、「事故物件住みます芸人」である松原タニシのブレイクのきっかけともなった。無理に心霊現象を引き起こそうとするよりは、バラエティ色の強いドキュメンタリーといった作風である。「ガチンコ」を称するように、奇をてらった演出もない。また、教養番組としての側面も相応に備えている。北野誠らは網走監獄などのいわゆる史跡をも訪問しており、また、いざなぎ流の取材に際し、民俗学者・梅野光興が出演したこともある。『おまえら行くな。』は北野誠や松原タニシ、オーケイ岡山祐児、西浦和也、鎌倉泰川といった魅力的な出演者・製作陣の個性が相乗的に作品を盛り上げていると思われるが、彼らの心霊スポットに向けるまなざしは、視聴者と大きく隔たったものではないと思われる。

さて、三つのシリーズを取り上げてきたが、それぞれは異なる魅力を発揮している。ここではそれを二様のあり方に整理してみよう。稲川淳二の『恐怖の現場』は「謎解き」的なストーリーに貫かれている。謎を解くのは稲川である。ただし、それは文字通りの真相の解明ではなく、出来事の解釈を通して「物語」を構築するプロセスを提示するものである。お笑い的要素や教養番組的側面、旅番組的側面は乏しいが、稲川淳二の個性と語りによって、視聴者を満足させるだけの怖さと臨場感を備えた作品となっている。心霊スポットを取り上げた映像作品について筆者がインタビューを行なう中で、ある話者(一九八八年生・男性)からは『恐怖の現場』の感想として、「視聴者がおきざりだね」という言葉が発せられた。ただし、この話者は、『恐怖の現場』を好意的に捉えている。むしろ愛情をもって視聴しているようである。ここで述べられた「おきざり」とは、同作品で、稲川の解釈の対象となる稲川自身や女性タレントたちの「体験」が、視聴者には追体験できない、感覚的なものである場合が多いことを意味している。また、そこから物語を導き出す稲川の論理も、専門家的な立ち入りづらさがある。稲川がこうした心霊スポットに介在するあり方は、この作品だけの特徴ではない。稲川がロケに参加する各作品、各番組に通有するものである。稲川自身が吐き気や身体の痛みなどの違和感を覚え、それについて、またはそれを通してその場所に解釈を与えていく様が映し出されるのである。

他方、『おまえら行くな。』等の魅力は心霊スポット探訪に赴く人びとが体験するような道中の楽しさを追体験させるところがある。出演者らは場所の雰囲気を楽しみ、おびえ、そこで心霊の音声や映像を（時には知らず知らずのうちに）入手し、あれこれと解釈を加えもするが、その立場は視聴者に近い。そこには霊的な諸事象に対する専門家的知識をもつ人物は原則として介在しない[1]。

重要なのは、このような「心霊への態度」の相違である。稲川作品の、出来事から物語を再構成していく有り方は、一九七〇年代以降のメディアの言説空間で無数の霊能者たちが行なってきた、心霊写真や視聴者の霊体験に「物語」を与えていく有り方と相似する。つまり、特権的な「解釈者」が介在する物語なのである。出演者がその場や出来事に異変を察知し、積極的に解釈を加え、解説を行なうという流れは、こうした映像作品の一つの定型ということができるだろう。一方、『おまえら行くな。』等の作品では、そのような解釈者（物語の創出者）が不在であるか、特権性が弱い。そこでも出来事への解釈は行なわれる場合があるが、それは誰かがそこで同じ体験をしたとしても行ない得るような高度な専門性を要しない解釈であるといえる。一例を示そう。平成二十五年（二〇一三）リリース『お前ら行くな。』GEAR2ndの第一回および第二回で、岩手県盛岡市の松尾鉱山を訪れた北野誠ら一行は、鉱山住宅内を見学したのち、深夜の学校跡に潜入する。そこで不可解な足音らしき音や鉄の扉の動く音、奇妙な動きをする紐やロッカーの扉を目撃する。第二回で、紐が奇妙な動きをした際には以下のような会話が続く（二分四九秒～四分四秒、［　］内は筆者）。


［足音に耳をすましていたところ、紐が動く。］

出演者「うわ、びっくりした」

北野［紐について］「その音ではないな」

字幕「？？？」

［当該シーンのスロー再生］

字幕「この時は足音に気を取られていて皆、風で紐が動いたと思っていたが」

「映像をスローで再生してみると紐の動きが不自然なことが分かる」

「撮影中の監督は紐に触っていないし　板が打ち込まれた窓からは風は吹き込まない」

「このとき、紐がなびくような風は誰も感じてなかったことも付け加えておく」

「紐を揺らしたのは誰か？そして、足音はどこから？」


筆者の視聴するかぎりでも、現場でこの紐の動きの奇妙さに注目した出演者はいなかった。北野誠は目下の関心である怪音とその紐が無関係であると切り捨てている。この出来事に驚きつつも、誰もそれに解釈を加えなかったわけである。撮影後の編集の過程で気付かれたのであろう、この出来事の不思議さが字幕によって指摘されるが、これも物語を構築するものではないことが右の引用からは読み取れよう。紐が通常では考えられない動きをしたことを、状況を説明しつつ確認するのみである。

次に、木製のロッカーの扉が、北野らの目前で開いたシーンを観てみたい。

校舎内の至る所で鉄の扉が開閉する音が聞こえ、音のする方へと移動を繰り返すも、扉の開閉する瞬間を確認できずにいる北野らは鉄扉の開閉音とは違う音を耳にする（一五分一〇秒〜一六分五二秒）。

［廊下を歩く一行］

字幕「釈然としないながら、ここまでの展開で撮影を終え、戻ろうとし始める一行」

［カメラは暗い窓の外を撮影］

岡山「でも、体育館とかのあれですもんね、これは、音は」

北野「うーん」

岡山「こっちの音が聞こえるわけないですもんね」

字幕「キッ…」［木の軋む音］

北野「うん、聞こえへんやろな」

字幕「キィィ…」［木の軋む音］

北野「お、これか。…これなんで急に動き出すんや」

岡山「なんでこれ動いたんですかね」
北野「わからん」
［カメラが北野らのほうへ］
北野「これいまなんで動いたん？」
岡山「なんで動いたんすか」
スタッフ「なんで動いたかわかんない（笑）」
一同「（笑）」
岡山「なんで動いたんすか」
北野「これいまなんで動いたの？」
監督「どれが？」
北野「これ」 岡山「これです」
［カメラは動いたという木製ロッカーの扉を映す。北野はロッカーの扉をもち、開閉させる］
北野「これがいまこうやって、ぴーって、動いてんけど」
字幕「一行の目の前で木製ロッカーの扉が勝手に開閉したのだという」
スタッフ「（笑）」
北野「なんで動いたのこれ。おれもいま、はっきり動いてるのみたぞ」
岡山「みましたみました」
字幕「残念ながらBカメには扉が開閉する瞬間は撮れていなかった」

「しかし、北野のカメラはそれを捉えていた！」

［北野のカメラの映像。以下、繰り返しとなるためセリフは略す］

字幕「スローでもう一度」

［スロー再生］

字幕「誰も触れていないのに扉が勝手に開いたのがわかる」

「また、画面には写っていないが扉が閉まる音もしっかりと入っている」

［スロー再生終了］

北野「ピッ、ピッ、って動いたよな」

字幕「もし風で偶然開いたのだとしても、直後に反対の風が吹いて閉まることはありえない」

北野「きれいに動いたよ、なんで動いたよ、いまこいつ」

岡山「え」

北野「これは風関係ないよな。いや、いまこれびっくりしたわ」

岡山「真横で動きましたよね」

北野「真横でピッ、ピッ、て二回動いたけど、風、吹いてないもん今」

字幕「北野団長、涙声」

北野「風、吹いてないもん今」［右のセリフのリピート］

出来事があり、それへの反応が示され、別のカメラの映像やスロー再生でその出来事の不思議さが確認されるが、それを同地の霊と関連付ける語りは生み出されない。北野らは、現地で私たちがするのと同じように驚き、おそらくは私たちと同じように、なぜこんなことが起きたのかと問いかけている。『おまえら行くな。』の出演者の目線は視聴者と近いところにある、ということが明らかであろう。

さて、心霊スポット探訪系映像作品から、心霊スポットにおける二様の立場を確認してきた。これについては、戦後の心霊文化の中で発生した変容を関連付けることもできる。総じて、こうした心霊文化は、専門家の手によって仲介される、この世のどこかで発生した不思議な出来事の情報を消費するものから、読者・視聴者が身近な場所で、時には自分自身が当事者となって消費するものへと変化しているように思われる。第一部第一章で述べたように、一九五〇〜六〇年代のこの種の書籍には、異郷的なものへの関心が顕著であった。この点は、オカルト番組の内容にも見出せよう。不思議な出来事は世界的視野で収集されたものが発信され、また、それらは専門家が真偽の判断や解釈権を独占している。その一方、心霊写真が、誰にも撮り得ることを魅力としつつ投稿文化と連動していったように、また、各種の心霊番組が視聴者の「体験談」を再現映像で発信して好評を博したように、またもちろん、オカルト雑誌が読者の体験を盛んに取り上げていったように、不思議な出来事は自身にも起こり得て、また、現に起こっていることが書籍やテレビ番組で確認されるようになっていった。

こうした不思議な体験とメディアの関係を理解するうえでは、寺院・神社の刊行物に掲載される霊験譚に関する研究が参考になる。阿部友紀は宗教団体の発行する刊行物の分析から、信者による霊験譚の投稿の掲載に「信仰の結果として具体的な御利益が誰の身の上にも起こりうる（あるいは自分にも起こるかも知れないという信者の期待）ということ」を強調する社寺の戦略を読み解いている〔阿部　二

〇〇八　四五〕。布教や信仰の拡大という思惑をもたない心霊関係の書籍やテレビ番組の制作者にそのような戦略は存在しなかったといってよいが、読者・視聴者においては、それらは「自身がどのような体験をし得るか」という見取り図を示すものであったといえる。また、その延長線上に、実話怪談または怪談実話の隆盛があるとみることもできる。実話怪談／怪談実話とは、語り手／書き手が怪異の体験者自身ないし体験者に取材した人物であり、「生の体験を説明抜きで提示する」怪談である〔飯倉　二〇一六　二五三〜二五四〕。つまり、手の込んだ語り・文体の技巧や物語の妙味を備えた怪談よりも、よくわからないが本当らしい怪談が一つのジャンルを形成するようになっている。隠された世界の理に通じた人物が導く、したがって、なんらかの宗教的な世界観や見えない因果関係に支えられた話ではなく、現実に起き得る理不尽な各種の出来事と同等程度に理不尽な、したがってリアルな怪談が志向されているとすれば、人びとは等身大の自分で体験可能なものとして怪異を取り返そうとしているかのようでもある。こうした動向は、いわば、怪異の日常化とでも名付けることができるだろう。民俗学の成果が描きだしてきたように、怪異は絵空事の世界のものであるだけでなく、生活世界のリアリティの中にあった。近代の価値観によって、また霊的な次元を司る宗教的論理によって脱日常化された怪異を、生活者がふたたび等身大の世界に配置しようとする志向が、こうした点にうかがえる。とすれば、それはオカルトブーム下における宗教の私事化、個人化、脱教団化といった諸潮流とも重なっていく。

日常の中で不思議な出来事を体験することは誰にも確かにあり得る。厳密にいえば、日常の中で起こる出来事を不思議だと認識することは誰にもあり得る。しかし、それは必ずしも物語によって意味づけられるわけではない。そのような視点からいえば、稲川淳二の作品は解釈者としての稲川淳二が介在することなくして成立しない。稲川自身は霊能者ではないが、心霊に関するエキスパートとして、空間や出来事への解釈を積み上げていく。『ほんとにあった!怖い心霊スポット』と『おまえら行くな。』は、視聴者と相似した感性と身体を備えた出演者らが現地に赴き、オーブの撮影やラップ音、音声機器のトラブル程度の出来事は発生するが、出演者らは明確に霊的な出来事は何も体験しないといっても過言ではない。そのため、視聴者が自身を重ねることも可能であるし、それは著名な場所を訪れた記録という意味で、旅番組の構えに限りなく近いように思われるのである。視聴者は「霊能者を帯同させなかったとしても、そこで何を目にし得るのか」を想像することができるのである。

なお、ここで確認した心霊スポット探訪系映像作品の二系統が明確に区別できるわけでもない。稲川淳二の作品においても旅番組的な情緒が伴うケースもあるし、北野誠も解釈者として作品内で振舞うことがある。ここまでの作業は作品を分類するものではなく、心霊スポットを理解するうえで考慮すべき、空間を体験する際の人々のモードを析出しようとするものと位置付けたい。このような作業が重要なのは、人びとが空間や空間の占有物を通して、霊的なものを介在させながら物語を構築していくあり方を考える際の手がかりとなるからである。

二　モノと物語と霊感

北野誠は不可解に動く紐や木製ロッカーの扉から物語を構築することはしなかった。しかし、学校の廃墟内に残された遺物を通して、心霊スポットならではの出来事が体験されていた。第一部第二章で議論したように、心霊スポットは霊との遭遇への期待に支えられた空間である。したがって、そこでは不思議な出来事の発生が半ば積極的に求められる。また は、不思議だと認識し得る何かが探索される。見出された不思議は霊的なものとして解釈されていく。では、心霊スポットに存在する遺物から物語を構築する行為は、どのように行なわれるのだろうか。また、それは誰が行なうのだろうか。本節ではこの点を考えてみたい。

私たちの身の回りのモノは、物質性をもって空間を占有するのみならず、多くの場合、それらは情報でもある。私たちは様々なモノから情報を取得し、空間や場所の意味を理解している。教卓があり、黒板があれば、そこが学校の教室であるらしいという見通しを得る。また、路傍に花束が置かれていれば、そこが事件や事故の現場であるらしいことを理解する。事件・事故の現場に献花スペースが構築されることを、私たちは日々のニュースでよく知っている。事故現場に花束をおくことは、弔いのしぐさであるが、その一方、路傍の一角を占有するその花束は、そこで事故があったことを無数の第三者に想起させる。どのような事件・事故があったのかは知らないとしても、路傍に置かれた花束は、そこで亡くなった人がいることを私たちに知らしめる。事故や不幸の現場に献花することが、日本においていつ頃から行なわれているのかは現状明らかではないが、少なくとも、現代社会の私たちにとって、ガードレールや街灯の下に置かれた花束が何を意味しているのかは明らかである。

花束は、直接的に直近の「死」を連想させるモノであるが、同種の記憶装置は枚挙にいとまがない。それは墓や祠、記念碑の類でもかまわない。あるいは、トンネルや踏切といった構造物それ自体が、出来事の記憶を想起させることすらある。

しかし、そこで考えてみるべき問題は、私たちは常に正確に、モノから過去を再構成できるのかという問題である。誤った連想が生じることはないのだろうか。一つの例を挙げてみよう。筆者が書き留めた、ある若者との世間話の内容である。調査を目的として開始した会話ではなかったが、許諾を得てメモをとった。

A氏（福岡県出身、一九八七年生、男性）は、東京の大学で経済学をまなび、大学卒業後はしばらくの間、家業に関わる職業につき、現在は郷里で家業を継いでいる。A氏は感性の鋭さ・豊かさに自信があり、また、自分には霊感があると認識していた。少なからず霊体験をしたことがあり、それを周囲にも語っている。A氏は自身が通う大学から数駅の繁華街に、古ぼけて非常に気味の悪い祠があり、どうしてこんなものがあるのかと疑念をもっている。また、「そこを通ると気分が悪くなる」、「やばいものに違いない」と認識している。

A氏のいう祠は「庚申堂《こうしんどう》」であり、道中安全祈願の信仰対象である。ここで行政の調査報告書等から詳細を紹介することも可能ではあるが、本書では当該「庚申堂」が好奇の目にさらされることを危惧するため、控えておく。A氏はそれが古ぼけているという印象をもったようだが、当該「庚申堂」は放置されたものではない。祭祀も継続され、管理も適切になされ、解説板も設置されている。おそろしい伝説を確認することもできない。また、管見の及んだ限りでも、その「庚申堂」を恐るべきものとして語る同時代の言説を見出すこともできない。したがって、「やばいものに違いない」というA氏の主張は、独創性の高いものであるということもできる。

そもそも、A氏は庚申信仰がどのようなものであるかを認識していなかった。A氏にとって、それはにぎやかな繁華街の中にどういうわけか存在している、土俗的で場違いな雰囲気を備えた前近代的な構造物であるらしかった。A氏の「やばいものに違いない」という確信は、「気分が悪く」なるという体験に関連付けられていた。つまり、A氏の感性によって導かれた意見である。そして、そのような解釈は、「霊感」という、その場にいた聞き手にはない、自身のみが可能な感覚によって、導かれていた。

「やばいものに違いない」と語ったあと、A氏は筆者にその裏付けを求めた。筆者が民俗学者であるからである。A氏はその祠に恐るべき文化的背景があるという解説を求めたのだと考えられる。その意味で、この場において、A氏が霊感という特権的な解釈権をもっていたように、筆者もまた一つの解釈権を有していたといえる。筆者はA氏の意見を打ち消した。庚申信仰は広域に存在するありふれたものであり、恐ろしいものではないと回答した。立地もまったく奇妙なものでもなく、都市空間にあのようなお堂があることは特段不思議なことではないと述べた。A氏がそれに納得したのかはわからないが、そこでその会話は終わった。次の話題へと移っていったのである。

以上からは、心霊スポットが生成されていく機制の一端が垣間見えるように思われる。例えば、極めて感覚的な意味における「異物の発見」である。A氏が感じ取った「やばさ」は、それに見合う適切な物語を伴っていない。その「やばさ」はそれ自体としては他者との間で共有することができない感覚を根拠としている。そのような感覚の根底には、主体のもつ常識に照らして、その空間に不釣り合いと思われるようなモノの発見がある。言い換えれば、主体がモノについてもつ常識や見識のあり方が、それが不釣り合いなものか否かの基準になる。すなわち、カルチャーギャップや知識の多寡に起因する誤解でしかない。自身の世界認識において異質なものを、恐るべき何かのひそむ場に読み替えていく想像力がここに作動しているといえるかもしれない。

空間を「心霊スポット」化する想像力は、そこに、自分には由来の理解できない、古そうな（打ち捨てられたように見える）祠がある、というだけで十分であるともいえる。したがって、しばしば民俗信仰の聖地が「心霊スポット」に変えられていく。また、廃屋にある、ありふれた屋敷神の祠に、心霊スポットの構成要素として重要な意味が与えられるケースもある。もっとも、「打ち捨てられた」ということを判断するのは、意外と難しい。祭りの時期に清掃・草刈りをする以外、オフシーズンにはまったく藪に埋没しているが、大事に管理・祭祀されている祠はいくらでもある。また、境内の草木を伐採してはならず、常に鬱蒼としている聖地も存在する。こうした状況を、筆者は打ち捨てられたとは考えない。むしろ、慣例通りに管理されている。しかし、文化的背景を知らない者ならば、放棄されたもののように認識されるかもしれない。実際、ありふれた、かつ地区の人々の管理の及んだ石祠の類が、自由な想像力によって、恐るべき遺物として認識されている事例は数多い。その意味で、現代的な生活の中でリアリティを減じていく民俗信仰の施設や構造物は、異物として認識され、その驚きや違和感を頼りにしながら、手持ちの知識を動員することによって恐るべきものとして分節されていく。仮に、生活の中で機能していた所謂「民俗」が、生活者とはまったく異なる感性のもとで意味付けられる局面であるとするならば、これはフォークロリズムのような文化の利用の負の側面ともいえるし、民間の生活伝統の俗的な解釈（ヴァナキュラーな次元）が発生しているといえるだろう。

さて、次に「霊感」に注目してみたい。空間を心霊スポットに変える営みは、ここでみたような排他的で感覚的な解釈、また、そのような自らの解釈に妥当性があることを主張する者によるところがある。そのような特権的な感覚主体は、オカルトブーム下の心霊番組においては、霊能者を称しつつ無数に登場していた。霊能者らは怪異の出現する空間において自身の感覚に訴えかけてくるものがあることを述べ、それらと交流し、時には対処し、またその怪異の属性や来歴まで見通してみせる。そのような感覚や知覚を、視聴者や同席する「霊感のない」芸能人は共有できない。排他的な感性の保持者であり特権的な解釈者として、霊能者は振る舞うわけである。もっとも、そのように考えてみると、心霊スポットは矛盾した「場所」である。霊感がなければ恐怖体験ができないのであれば、心霊スポットは心霊スポットとして成立し得ない。霊との遭遇可能性が消滅してしまうためである。霊感のない者にも、なんらかの不思議な体験が生じ得る必要があるということになるし、心霊スポットで追体験可能な各種の出来事は、そのような霊感を持ち得ない者にも開かれたものであらねばならないことになる。

「霊感」とは何だろうか。民俗学者・近藤雅樹は「霊感少女」という人間類型の形成を明らかにしている〔近藤　一九九七〕。字義的には「創造的なひらめき」と「異界からの感応」の二者がある「霊感」は、しかし、一般には後者に偏って理解されている。そして、霊感ではなく、「霊感があると語る人間がいる」という事実をめぐって、近藤は「霊感のあることが、皆の注目を集め、座の主導権を握って主役化する鍵になる」と指摘している〔近藤　一九九七　八六〕。それは他者に対して優位にたつことでもある。人に見えないもの、感じられないものを、その人は感じられるからである。また、若い女性が「霊感少女」を振る舞う時、そこには投影したい自己像があることをも近藤は指摘している。

ここでも先述の「宗教の私事化」という時代の風潮を考慮せねばならない。一九七〇年代以降、宗教に淵源する文化はサブカルチャーとして若者の周辺に取り込まれていったが、それは既成の教団や宗派の世界観に若者たちが興味を示しているのではなく、それらを思い思いに解釈しなおすことで、いわば脱教団化した宗教（宗教的なるもの）として、楽しまれているというのである。霊を見出し、意味を与え、ときに対策すら示す霊感をもつ人々の振る舞いは、誰に師事するわけでもなく、修行や召命の契機をもつことなく備わっている感性に依拠している。したがって、しばしば我流であるわけだが、人に見えないものを見る力は、オカルト番組でもないかぎり、比較対照や検証の目にさらされることはない。言い換えれば、霊感言説の一般化によって、人はきわめて容易に霊を見て、解釈するようになったということもできるだろう。

では、霊感はどのように心霊スポットやそこでの出来事を意味付けていくだろうか。おおまかな傾向をつかみとるために、『心霊スポット【畏怖】』から解説文に「霊感」の語がある項目を抽出してみたい。群馬県前橋市の「松並木通り」は心霊スポットであるといい、ここは昔処刑場があった場所で、処刑された者の霊が生首となって出現するとされる。これは「特に霊感のある人に見える」のだという。長崎県長崎市の「旧山里国民学校防空壕」は「霊感のある方が訪れると、吐き気や頭痛がしたり、気分が悪くなる」という。香川県高松市の「龍満池」も「霊感のある方が行くと何かを感じることが有る」とされる。霊感があるという人物が、体調不良や違和感を主張することで、そこへの訪問を意味付けている様子が想像できる。また、霊感のある人物は、心霊写真の解釈者としても振る舞う。心霊スポットでは各種の記録が作成される。写真や映像の撮影が行なわれるのである。ただし、そこに、疑いようもなく幽霊だと認識できるものが明瞭に写し撮られることはあまりないようである。むしろ、解釈を通して幽霊として位置付ける余地のある何かが撮影される。三重県鈴鹿市の「鈴鹿青少年の森」は心霊写真がしばしば撮れるために心霊スポットであるとされており、「心霊写真が撮れて霊感のある方に見て貰《ママ》たところ、その霊は悪霊だった為に直ぐにお祓いをしたという人も居るようだ」という。他方、岩手県金ヶ崎町の「三角点展望台（和光展望台）」は「霊感の無い人でも霊気を感じる事も有る」という。

ここから明らかなのは、心霊スポットにおいて明確に怪異を体験をし得るものは霊感のある者に限られているケース、したがって、そこに何がおり、何をしてくるのか、明確な体験のフレームを与えるのが「霊感のある人」であるケースが多々あることであり、その一方で、「霊感がなくても体験できる」という前置きによってその地の恐ろしさが語られるケースがあることであろう。これをふまえて、次の事例をあげてみよう。二〇〇〇年代初頭に行なった筆者のインタビューの成果である。

B氏（北海道出身、一九八三年生、男性）は、恋人および友人と、深夜に車で札幌市近郊の心霊スポットを訪れた。廃ホテルであった。廃ホテルを遠望できる駐車場に停車して会話し、帰路についた。車内では友人が怪談を披露していた。そこで、霊感のある恋人が「何かついてきてるっぽい」と語り出した。そこで友人は気味が悪くなり、怪談をやめた。その後、おそろしいことは何も起きず、三名は無事に帰宅した。

ここで状況を解釈しているのは霊感をもつというB氏の恋人のみである。B氏の恋人の発言がなければ、このB氏らの心霊スポット訪問は単なる深夜のドライブでしかなかった。何も起きていないからである。B氏の友人は気分が悪くなったが、それはB氏の恋人の発言によって恐ろしくなったことが関わっているという。

もう一つ、筆者の体験談も挙げてみたい。第一部第二章の道了堂跡の話題の中で触れた筆者のドライブである。筆者とI氏、そして霊感があるという女性C氏がこのドライブには参加していた。このドライブは日帰り史跡見学旅行でしかなかった。レンタカーの都合で最終目的地である八王子城跡には辿り着けなかった。それを残念がる筆者らに、C氏はI氏と筆者の「守護霊が強力である」ために、心霊スポットでもある八王子城跡にはたどり着かせなかったのだと語った。遠い昔のことだが、自分にも守護霊というものがあるかもしれず、かつそれが強いらしいということはなにやら嬉しくもあり、記憶に残っている。このときも、筆者らのドライブでは出来事としては何も起きていない。C氏の語りは、その何もなかったことを意味付けるものであったといえる。

前節でみたように、霊能者を伴って訪問することは心霊スポットを主題とする映像作品にしばしばとられる内容である。そこで起きた出来事や撮影されたものに、専門家的見地からコメントを行なう役割を、それらの霊能者は担っている。また、霊能者が登場しない場合も、出演した芸能人が体調不良をおこすこと、意識に変調をきたす趣向を盛り込んでいるケースがある。一般の心霊スポット訪問者が霊能者を同伴できることは稀であるが、霊感のある友人を伴うことは可能である。霊感をもつという人びとは、心霊スポットへの関心が一般に広がる中で、解釈者としてそこでの見聞にフレームを与える役目を担っているということができるだろう。

以上をふまえると、心霊スポットの訪問者の「意味付けようとする眼差し」に霊感は動員されるといえる。訪問者らの常識に照らして違和感を覚える「モノ」は、想像の根拠とされる。想像されるのは、訪問者らの触れてきた各種の物語と事実とがすり合わされることで構築される、架空の過去である。そして、「何も起きてはいない」訪問に、「ふつうでは見えないものを見ることのできる」解釈者として特権的な立場から構成を与えるのが、霊感をもつという人びとなわけである。「モノ」から死や霊を想起する行為は、したがって、クリエイティブなプロセスといっても過言ではない。しかし、そのクリエイティヴィティの独創性には限界があることは言うまでもない。霊感をもつ人々の想像力も、その人のもつ常識や既成の物語の知識に拘束されている。それは、津軽の巫女であるカミサマの物言いが、地域内で共有された「神的発想群」を源泉とするためクライアントに受け入れられているという村上晶の議論とも響きあう〔村上　二〇一七　八三〕。むしろ、常識や既成の物語の知識に拘束されているからこそ、霊感のある人びとの発話は、その特権性も相まって、周囲の人々に受け入れられるのだろう。

三　モノが可能にする心霊スポット

心霊スポットへの訪問に人びとが満足することには、物質的な前提がある。モノがなければ可能ではない体験というものがあり得る。実際、心霊スポットで体験され、霊との関係で解釈される各種の出来事は、高度な技術革新がもたらしたものである場合が少なくない。この点は心霊写真をめぐって第一部第一章でも検討した。

そこで、まずは心霊スポットを訪問する者が携える「モノ」に注意を向けてみよう。モノは心霊スポットにおいて重要な役割を演じる。霊感のないような者であっても、モノを介することで不思議な（と認識できるような）体験をすることが可能なのである。例えば、機械の「不具合」である。機械の不具合はどこででも起き得るものであるが、心霊スポット訪問中に発生した不具合は神秘化されて語られる。自動車を例にあげれば、カーステレオ、カーナビなどの不具合はもちろん、エンジンがかからない、冷暖房が機能しない、などの不具合も心霊スポットという場所と関連付けられる。筆者も調査に際して体験があるが、カーナビが故障し、ナビ音声のボリュームが車体が振動するたびに勝手に増減したことがある。その都度、「音量一です」「音量二です」などとナビが喋るわけだが、「音量」が「怨霊」のようにも聞こえ、かつ、「音量二」「音量三」とあがるたびに、それを告げるナビの音声が大きくなるので、薄気味悪く思ったことがある。本章一節および二節でふれた『ほんとにあった！怖い心霊スポット』でも同じ現象が発生していたので、同じメーカーのカーナビだったのだろう。また、次に示すのは、まちBBS「山梨の心霊スポット!!」(二〇〇三年一月十四日～二〇〇七年一月二十七日)の第一三三レス(二〇〇四年九月二十八日)である。怪談ではなく笑い話といえるが、心霊スポットにおける体験と機械の関係が垣間見えて興味深い。

133: 明見っこ〈2004/09/28(火) 02:03:52 ID: smGDVzGM〉

GWの体験談です。

女の子二人と俺と男一人で遊んでたんですよ。それで夜景を見に行こうと言うことで吉田の忠霊塔行ったんですよ。(略)時間はいわゆる牛三つ時でした。車で忠霊塔までの坂を登る。

馬力がなかったので途中の高台で夜景を見ることにしました。しばらく眺めていると、俺以外が背後から視線を感じるようなことを言い出し…

そうしてすぐに車に乗り込みその場を離れようとしました。

すると車がエンスト！　背筋が凍りつき車内を恐怖が包む。まさか…さっき感じた視線…霊？

すると運転席の彼女が言いました。

「ギアがバックになってた…」

微妙なオチでごめんなさい。でも止まった瞬間は本当に怖かったんですね・・・それからと言うもの忠霊塔には行ってません…


視線を感じるというやや抽象的な違和感を経て、一行に決定的な恐怖をもたらしたのは「車が動かない」という出来事であったわけだが、それは運転者の操作ミスによるものであった。幽霊は機械に作用することができる、という想像力を私たちはもっている。カメラのシャッターが切れない、スマートフォンが誤作動するなどの不具合も同様に理解できる。円滑な訪問行為を阻害する各種の出来事を、通常では考えられないこととして意味付け、むしろそのような出来事を探しながら、人びとは心霊スポットという場所と関連づいた体験を得ようとしているようである。もっとも、「機械の不具合が発生すること」と「それを心霊現象とみなすこと」の間には、本来は距離がある。その距離を埋めているのは、心霊スポットの間接的体験の記憶であると考えられる。第一章二節でみたように、心霊スポットでは機械の不具合が生じるということを、人びとは繰り返しメディアで視聴している。カメラや照明、マイク、車などの不具合が番組内で心霊現象として分節されることが、心霊スポットで起き得ることの知識として人々に媒介されているように思うのである。この点からも、人びとはテクノロジーの発達によって、「そのように」霊を体験することが可能になったといえる。または、新たな物質生活がもたらす、素人では理解できない不具合を、霊によって説明しようとしている。

具体例を検討してみよう。前章で取り上げた平成元年（一九八九）の『ハロウィン』四巻八号は全国幽霊マップスペシャル版として八王子市の心霊スポットを複数取り上げている。事例は道了堂跡、御殿峠、「公園前」バス停、左入町の交差点、奥多摩湖であり、いずれも「T・A」という人物からの投稿である。それぞれの場所の怪異譚に、「モノ」はどのように介在しているだろうか。

道了堂跡については次の怪異譚が記されている〔二九一〕。

①「T・Aさんの友人も道了堂の石段で上あごから上の部分がない数体の幽霊を目撃した」
②「怪現象といえば、ハロウィン編集部が取材しているときにも起こりました。二台のカメラで道了堂の付近を撮影したのですが、フィルムを現像してみると、一台のカメラの方の写真が一面モヤがかかったように撮れていたんです。幸い、もう一台のカメラは通常の状態で撮影されていたのですが……（略）。同時間に同じ場所で撮影した写真なのにこんなに差がでるなんて……」

御殿峠は「真っ赤なスポーツカーの幽霊自動車が出る」という〔二九二〕。

「T・A」の友人の体験①にはモノは登場しない。②の場合、カメラの不具合が道了堂跡という場の特殊性と関連付けられている。うがった言い方かもしれないが、カメラの不具合がなければ、編集部はこの場所で、怪異と関連付けられる体験をすることがなかったということでもあろう。

深夜、この道をドライブしていると、後ろから真っ赤なスポーツカーがあおってくるんだそうです。そこで、道路を譲ると、後ろからその車が抜いていくのですが、その車の運転席には誰も乗っていないんだそうです。この付近は事故多発地点のため、この真っ赤なスポーツカーもここで事故を起こした車ではないかと言われているそうです。

ドライブ、交通事故、煽られるという構成要素から、これは車でのレジャーが自明化した世相だからこそ成立する怪異譚であるといえよう。なお、無人の車の怪談それ自体はタクシー運転手の話題として戦前から存在する。その意味で相応に古めかしいかたちの怪異ということにもなるだろう。次に示すのは、民俗学者・池田彌三郎が、「東京のタクシーには、小さい人形がバックミラーのところなどにぶらさげられている車が多い」理由として聞いた、昭和五～六年（一九三〇～一九三一）ごろの怪談である〔池田　一九七四　五三～五四〕。

そのころ、深夜の東京の町を走って行く時に、運転手のいない自動車が反対方向から走って来て、すれ違うことがあった。こちらが相当な勢いで走って行くと、同じような速さで向こうから自動車が来る。すれ違う時にひょいと見ると、運転手も誰も乗っていない。はっとした時には、もうかなり間がはなれてしまって、たしかめるすべもない。この無人自動車に会った自動車の運転手は、必ず二三日の中に、思いがけない事故をおこした。そのため、誰がするともなく、人形をその「魔除け」にぶらさげるようになった

無人自動車の怪談が相応に歴史のあるものだということが知れる。なお、池田によれば、無人自動車の出現が多かったのは「宮城前の、帝劇の前のところ」だという〔池田　一九七四　五四〕。「公園前」バス停については、「T・A」の友人の体験談が紹介されており、同地が心霊スポットというわけではないかもしれない。すなわち、次の事例である〔二九二〕。

友人が深夜、この近くを車で走っていたときのことです。このバス停のあたりまで来たときに、

突然、車がエンストしてしまって動かなくなってしまったんです。「しょうがないな〜」と思って、車のなかでぼんやりしていると、サラリーマン風の男が現われ、ジロジロと車のなかを覗きこんだんだそうです。「失礼なやつだな」と思ったけど、無視していると、いつのまにか、男は消えていたんだそうです。友人がまた、車のエンジンをかけようとすると、さっきの男が現われ、またジロジロと車を覗きこもうとしたんです。さすがに「ムッ」とした友人は、男に文句を言おうと車外に出ると男は消えていたんです。不審に思って、周辺を走り回ってみたのですが、やはり、いないんです。あきらめて車に戻り、エンジンをかけてみると、今度はエンジンがかかり、友人はそのまま家に帰ることにしたんです。翌日、車が止まったところを見ると、その位置に花束が置いてあるのに気がついたんです。近所の方に聞くと、数日前にそこでサラリーマンの方が交通事故で亡くなっていたんだそうです。

この場合、霊そのものも出現しているが、エンジンの不調が怪異の端緒となっている。「T・A」の友人は車で移動しており、現れた霊も交通事故の犠牲者であった。また、花束というモノが、そこが死の現場であることを認識させる契機となっている。

左入町の交差点は、「まりをつく女の子」が出現するという場所である。交差点を通過するトラック運転手が目撃したことでひろまった話といい、また、この幽霊を避けようとしてガードレールに衝突する事故が相次いだという。この幽霊は「昭和三十年から四十年頃、この交差点の近くにある小山で土砂崩れが起こったため」とされている〔二九三〕。この事例も、深夜に走行するトラック運転手の体験だといい、交通事故が関連付けられている。

奥多摩湖の事例は「八王子の話じゃないけど」と前置きされたうえで提示されている。奥多摩有料道路の近くに、オートバイの幽霊が出るというものである〔二九三〕。

①深夜、この付近をバイクで走ると、後ろからバイクの爆音と上向きにあげられたライトが見えてくるんです。このとき、前を走っていたバイクが道を譲ると横を抜いていくバイクが見えます。ところが、バイクに乗っている人を見ると、前シートに男、後部シートに女が乗っているのが見えるんですが、ふたりとも上半身だけで下半身がないんだそうです。この話はバイクに乗っている人のあいだでは有名な話なんですって。

②奥多摩湖から山梨県大月市に抜ける道にも怪談話があるそうです。以前、この道を通ろうとした人が、道路の真ん中に腕が生えているのを目撃したんだそうです。それから数日後、その付近の道路脇から全裸の女性の死体が発見されたことがあったんだそうです。

事例①については怪異の来歴は不明だが、バイクに乗る幽霊は、先述のスポーツカーと同様に、生者の乗るバイクを後ろから追い上げ、追い抜いていく。車やバイクの運転中に遭遇する怪異には、初期の人面犬や各地の首なしライダーのように、「追い抜いていく」ものが目立つようである。また、②の事例もまた、車なりバイクで付近を通過する者の怪談であろう。総じて、ここで挙げた『ハロウィン』掲載の事例は、大半が車社会を生きる人びとの感覚や体験が刻印されているといえるだろう。

そもそも、心霊スポットの中には車でしか訪れることのできないものが多い。車でも訪れることのできない場所も多いが、公共交通機関のみでは近くまでも到達できない場所が少なくない。言い換えれば、車でなければたどり着けないような場所を深夜にも訪問することが可能になったことが、心霊スポットを考えるうえで重要な意味をもつ。実際、心霊スポットで可能とされる体験には車の所有が前提となるものが目立つ。若者が車を所有すること、ドライブが娯楽として定着したことは、心霊スポットの流行の遠因の一つであると考えられる。

心霊スポットに関する人びとの語りをモノに注目しつつ通覧すると、そこには「車に乗る人びと」の姿、身振りや手つきが垣間見える。例えば、クラクションを一つのサインとして出現する怪異である。再び、『心霊スポット【畏怖】』から事例を抽出すると、北海道函館市の「函館空港のお化けトンネル」、秋田県横手市の「二井山隧道」、山形県上山市の「山元隧道（山本トンネル）」、山形県鶴岡市の「神子沢隧道（旧油戸トンネル）」、福島県郡山市の「旧三森トンネル（三森隧道）」、福島県南相馬市の「赤倉トンネル」、茨城県笠間市の「笠間城跡」のトンネル、栃木県那須塩原市の「深山隧道（深山トンネル）」、群馬県桐生市の「三境隧道（第三トンネル）」、千葉県富津市の「観音隧道」、神奈川県相模原市の「岳雲沢隧道（津久井トンネル）」、石川県内灘町の「内灘霊園」、山口県岩国市の「松尾隧道（旧松尾トンネル）」、山口県下関市の「豊田湖の名も無きトンネル」、愛媛県今治市の「砥鹿山隧道（砥鹿山トンネル）」、大分県の臼杵市と津久見市にまたがる「臼津隧道（臼津トンネル）」、長崎県長崎市の「式見トンネル」、宮崎県宮崎市の「久峰隧道（コッコットンネル）」、熊本県南関町の「松風トンネル（松風洞）」といったものが見出せる。大半がトンネルの事例であることが興味深い。『心霊スポット【畏怖】』

では、霊柩車が出棺時に鳴らすクラクションとの関係を指摘しているが、この点は文化史的検討を要すると思われ、一つの解釈ではあるが、ただちには首肯しがたいところがある。

また、フロントガラスや車体に手形が付着するという怪異は、車をもつ者の車体への意識と連動している。埼玉県秩父市の「双神トンネル（荒川トンネル）」は「深夜にこのトンネルを通ると車の窓に手形が付く」という。神奈川県横浜市の「二ツ池」は「ここで駐車して休憩していると、いきなりドンと音がして何が当たったのかと車を確認してみると手形が付いていた」、または「車を停めて仮眠していると、いきなりパタパタパタパタ……と車を叩く音が聞こえ、目を開けて周りを見渡すとフロントガラスやリヤ《ママ》ガラスに無数の手形が付いていた」とされる。車を所有するようになると、人びとは気にかけるべきものが増えた。ウィンドウガラスに残る汚れや傷である。実際、それはよく目についた。洗車は車の所有者が日常的に行なうべき身だしなみの一つになった。車体への痕跡は事後的に発見しやすい、また、霊によるものと解釈しやすい、心霊スポット的なる体験の一つであったのであろう。

帰路に交通事故にあうことを心霊スポットの訪問者に発生する凶事の一つとする例も散見される。また、出現する幽霊が交通事故死者であるというものも珍しくはない。交通事故死は前近代的社会にはあり得なかった死の形であるが、その増加は心霊スポットを構成する不幸な死の一つとなった。

自動車の家庭への浸透は昭和三十年代以降の現象である。警察庁交通局運転免許課による「運転免許統計」令和四年版によれば、昭和四十一年（一九六六）段階で二二八五万六五四七件だった運転免許保有者数は、昭和四十八年（一九七三）には三〇〇〇万台、昭和五十四年（一九七九）には四〇〇〇万台、昭和五十九年（一九八四）には五〇〇〇万台、平成二年（一九九〇）には六〇〇〇万台、平成九年（一九九七）には七〇〇〇万台と増加し、平成二十年（二〇〇八）には八〇〇〇万台に到達し、現在に至る〔警察庁　二〇二三　二〕。免許の所有がただちに車の運転と結び付くわけではないが、自動車を運転することは一般的な経験へと変わった。一方、未整備な道路環境、無謀な運転を原因として、マイカー族の登場は交通事故死者の急増を導いた[2]。昭和三十四年（一九五九）は年間の交通事故死者が一万人を超え、「交通戦争」などという言葉が用いられるようになる。自動車普及の背景には俸給型生活者が主流化し、職住近接から職住分離型への生活様式の変化が生じることで通勤のための交通需要が増大したことが挙げられるが〔高田　一九八七　二五九～二六〇〕、加えて、レジャーへの関心の増大は、行楽地に車で出かけるという経験を増加させていった。昭和四十六年（一九七一）五月六日『朝日新聞』記事「〝連休戦争〟で大量の死傷」は同年のゴールデンウィーク五日間に三五四人もの事故死者が発生し、負傷者は二万人を超えることを報じ、マイカー族の危険運転に警鐘を鳴らした。

時速数十キロの速さで何かに衝突すること、または時速数十キロの速さで鉄の塊に衝突されるという死のあり方がこれほど一般的であったことはかつてなかったといってよいだろう。また、驚くべきペースで、何の変哲もない道端が、誰かの死の現場に変えられていく時代が到来したともいえる。一方、車社会の到来によって変容した土地のアクセシビリティは、地域社会に新たな明暗、急速な浮沈をもたらしていく。福西大輔が論じるように、交通環境の変化によって生じるストロー効果は、地域の衰頽をもたらし、廃墟を生み出し、心霊スポットを出現させる結果となった〔福西　二〇一九〕。

他方、現地の構造物もまたモノである。ここまでの事例に頻出した「トンネル」は心霊スポットの定番のような位置付けにある。矢ケ崎太洋と上原明は『全国心霊マップ』の分析から、心霊スポットとしてもっとも多いのがトンネルであり、全体の一七％を占め、次いで公園や城跡が一二％と続くとしている〔矢ヶ崎・上原　二〇一九　一二二〕。民俗学やその隣接分野ではトンネルを境界として位置付けて分析する見方があったが〔佐々木　二〇〇六〕、そのような分析からだけではトンネルの心霊スポット化は理解できない。ここまでの検討をふまえるかぎり、トンネルの心霊スポット化は自動車人口の増加を考慮せねばならないだろう。また、トンネルには新旧の交代があることも注意を要する。すなわち、廃トンネルというものが出現し得る。また、アクセシビリティの観点からも、しばしば山間部にあり、かつ現役のトンネルであれば車で乗り付けることができ、また不法侵入にもあたらないという点は、トンネルが多くの人々に訪問される理由になると考えられる。そして、どこにでもあることも、重要である。すなわち、身近なところに「見出すこと」が容易なわけである。

心霊スポット化されるトンネルはお化けトンネル、略して「化けトン」などと称されるが、手掘りであったり、レンガ造りであったり、時代を感じさせ、それ自体が情緒に訴えかけてくるものもある。興味深く思われるのは、トンネルが悲惨な死の現場として語られる点である。たしかに、トンネルの開鑿は重労働であり、また事故が付きまとった。開通後も交通事故や崩落事故が各地で生じている。トンネルには危険や死の影が差している。もっとも、一部の事実が含まれてはいるが、トンネルをめぐる悲惨な過去の物語は事実ではない場合が多い。例えば、タコ部屋労働者、囚人、外国人の強制労働で開鑿されたトンネルで、工事中に死んだ者をトンネル内に「人柱」として埋めているという物語は、その多くが他の事例から移入されたフォークロアである。

こうした事例の中で、特筆すべきものは北海道の常紋トンネルである。ただし、常紋トンネルの人柱の噂はフォークロアではない。同トンネルは鉄道トンネルであり、大正元年（一九一二）に完成した。タコと称される労働者が劣悪な環境のもとで働かされ、命を落とした者がトンネルの中に遺棄されたということは長らく地域でも認識されていたが、それでも噂のレベルにとどまっていた。これが、一躍注目されたのは昭和四十五年（一九七〇）である。昭和四十三年（一九六八）の北海道十勝沖地震でトンネルの内壁にひびが入ったため、補修工事を行なったところ、内壁の中から次々と人骨が発見されたのである。オホーツク民衆史講座の小池喜孝は、そうした労働者の死に関わる地域住民の生々しい体験談を記録している〔小池　一九七七〕。そもそも北海道では、このようなタコ部屋労働や囚人や外国人を動員して開拓が行なわれた背景があり、その苛烈で残酷な開拓史の掘り起こしも行なわれている。そうした歴史的背景もあり、トンネルがそのような労働で建設されたという噂は相応のリアリティをもつ。囚人道路や鎖塚などの史蹟もある。しかし、事実ではないと確定してよい事例も少なくない。

北海道の小別沢トンネルは札幌市の中央区と西区を結ぶもので、市内でも有名な心霊スポットであった。昭和三年（一九二八）に開通し、平成十四年（二〇〇二）に老朽化のため閉鎖され、現在は新トンネルが開通している。昭和二十九年（一九五四）に札幌市東区に生まれたある話者は、幼いころにこのトンネルに幽霊が出るという噂を聞いたことがあったという。実は、このトンネルは筆者の郷里の至近にある。友人らと釣りに行くときに、自転車で通り抜ける必要があり、何度となく通行した。何も写りはしなかったが、一度だけ、トンネルのまえで集合写真を撮影したこともある。実家の玄関先でバスケットボールのシュート練習をしていたところ、車で通りかかった若者の集団に、小別沢トンネルはどこかと質問された記憶もある。オカルトブーム下にはこのトンネルも心霊スポットとして語られていた。ここは外国人を強制労働させることで掘削されたとされ、その幽霊が恐れられていたわけである。しかし、小別沢トンネルは、農産物の輸送のため、地域住民が発破と手掘りを繰り返して二年かけて切り拓いたトンネルである。素掘りのトンネルであり、対面通行で薄暗く、レンガ造りとむき出しの岩盤にコンクリートを吹き付けた壁面からなる独特の景観から、人びとが想像をふくらませたものであろう。戦後間もないころは、北海道各地で実際に発生していた強制労働の記憶も生々しく存在したものと想像する。異界的情緒を求める人びとに、相応の満足をもたらすような景観のトンネルは各地に存在すると思うが、そのようなトンネルに結び付けられていく定型的な語りの中に、「強制労働」や「人柱」の記憶が取り込まれていったものといえよう。

さて、このような心霊スポットにあるモノは、廃墟やトンネルのような構造物であれ、そこに取り残された瓦礫や遺物であれ、現実世界に物質的に存在している。それはつまり、それらのものが視認可能であり、撮影可能であり、機会を改めて第三者も確認することができることを意味している。先行者に続く訪問者は、そのモノを目指して訪問することが可能である。第一部第二章で言及した杉沢村は多くの人が探索の対象とし、場所を特定しようとした。テレビ番組『奇跡体験！アンビリバボー』はそれを探し当てることができなかったが、現在ではおおよその場所が明らかになっている。杉沢村の場合、鳥居とドクロの模様がある岩が「目印」とされているのである（写真4）。

インターネット時代の心霊スポットをめぐる怪異譚の性格を、高岡弘幸は非場所性と捉えている〔高岡　二〇〇六a〕。高知県の「見返り橋」や「馬首トンネル」を事例に、これらは「老若男女を問わず高知県の数多くの者が知っているのだが、誰もが異なる場所を指し示すなど、正確な場所は誰も知らない」のがこれらの事例であり、馬首トンネルを想像上の場所と位置付け、それらは「表面的には、特定の場所を訪れることで怪異に遭遇するとのストーリーを持つ場所性の怪異譚を装っているが、その実は、場所が特定できない」「人びとが架空に創り出したバーチャルな『異界』」と捉えている〔高岡二〇〇六a　四〇〕。高岡のいう非場所性とは、土地の記憶をめぐる怪異譚ではなく、虚構をも含んだ記憶のみが流通する状況、映画『リング』のビデオテープや、モバイルツールなどを介して怪異が出現することを視野においているが、対象を心霊スポットに限定していえば、現代における怪異志向は必ずしも非場所性では説明できない。人びとは、むしろ場所を特定し、グーグルマップ等を用いて座標によって地表上の具体的位置を把握しようとする。馬首トンネルは、今日、黒磯谷トンネルのことと位置付けられている。もともと馬首トンネルは架空の場所であり、それが黒磯谷トンネルに位置付けられたに過ぎないのか、またはインターネットの普及によって、かつては通称で流布したために場所を特定し難かったものが容易に発見されるに至ったに過ぎないのかは定かではない。杉沢村の発見も同様に理解できるだろう。むしろ、非場所的に流布する情報を場所化／再場所化する眼差しが、これらの事象には向けられているのである。つまり、人びとは、その正否は措きながらも「特定する」ことに関心を注いでいる。インターネ

写真4　杉沢村の目印とされる鳥居と岩（2021年撮影）

ットは、曖昧な風説をたしかな事実と関連付けようとする欲求を、喚起し続けているともいえるのである。

そのように考えたとき、心霊スポットをめぐる言説は、「たしかにあったること」として信じられようとする物語を、「記念物」とともに語ろうとするものであることに改めて気づかれる。そこには民俗学の取り扱ってきた「伝説」の性質が見出せるのである。

＊　＊　＊

本章の課題は、心霊スポットでのモノを通した体験について考えることにあった。現地にあるモノを通した体験、現地に携えたモノを通した体験が、心霊スポットにおける体験談を構成しているわけであるが、そこに解釈者として特権的に介在する「霊感のある人」の存在にも本章では注意を向けた。これらの人びとが各種の出来事、または何も起きなかったという出来事すらも霊的な物語の中に回収することを指摘したが、他方、そのような物語は、モノをめぐる常識の所在によって、ありふれたものを異物として分節することとも関連している。

私たちの生活を構成するモノは古びたり、一般性を失ったり、打ち捨てられたりしていく。巨視的にみれば、それらの新旧雑処する世界における知識の偏在や感覚の作動が、人びとに心霊スポットという異界を幻視するための手がかりを与えているということができるだろう。また、その一方で、新たなモノの登場が可能とする体験や、それがために発生する問題がある。そのような私たちの物質的な生活に応じて、心霊スポットは心霊スポットとして再生産されているといえるのである。

注

（1）ただし、霊能者がまったく登場しないわけではない。また、初期の作品では、笑いを抑制し、北野誠が霊感を有する人物のように振る舞うものがみられた。

（2）もちろん、マイカーだけでなく、これに先立って神風タクシーなどと称してタクシーの危険運転が問題視されていた。

第二部　心霊スポットの諸相

第一章　将門塚のこと──将門はどう祟るのか

人びとの心霊スポットへの関心は、異界的なものへの興味とも重なり、また、現代社会において隠された神秘的なものへの関心であるともいえる。だからこそ、人びとは解釈を重ね、探索者として心霊スポットの真相について考える。また、人びとはその顕現を体験したり、痕跡に触れたり、隠された真相を感性と考察で語りなおそうとする。また、それは現代社会においては前景化してこない「前近代的な伝説や伝承」とも親和的である。オカルト本の類に目を通すと、近現代的な幽霊の物語とともに、あるいはそれ以上に、歴史ある空間が紹介されている。それらの中で千代田区大手町の将門塚は掲載される頻度が高いようである。

筆者の個人的感覚としては、将門塚は心霊スポットではないように思われるのであるが、本書において重要なのは、人びとがどこかを心霊スポットとして眼差すことである。本章では将門塚を事例に、同地の語られ方をトレースしてみよう。

一　将門伝説

平将門は怨霊系の人神の代表としてしばしば語られる人物である。平安期の豪族であり、伯父・国香をはじめとする親族らとの領地争いの中で勇名を馳せた。やがて、藤原玄明を匿ったことで常陸国国府と戦闘すると、ここから関東平定に乗り出し、新皇を称することになるが、将門征伐に派兵された国香の子・平貞盛、藤原秀郷と交戦し、敗死する。朝廷に叛旗をひるがえしたことで将門は朝敵として討たれたわけである。

将門の死には各種の伝説が伴う。例えば、調伏伝説である。千葉県の成田山新勝寺ほか、関東・近畿を中心に、将門征伐にあたって寺院が将門の調伏を試み、これが成功して将門を討ち果たしたというものが見られるのである。もっとも、これらは後世の創作であろう。新勝寺の本尊も、将門を祈り殺した不動明王像であるとか藤原秀郷の念持仏とする説があるが、同像は鎌倉時代の製作と推定され、時代があわない。したがって、将門調伏の逸話は新勝寺の威信を高めるために喧伝されたものと考えてよいだろう。また、そのような調伏伝説とも関わって、将門は天から射られた矢に倒れたという神鏑の伝説も存在する。将門は体が鉄でできているが、唯一「こめかみ」のみが弱点であり、そこを射抜かれたというものなど、将門をめぐる逸話は枚挙にいとまがない。

とりわけ、ここでの議論と関わるのは、死後の首をめぐる説話であろう。将門は死後、京でさらし首になったが、その首は死後も口をきき、大きく飛び上がり、胴体を求めて関東に飛来して落ちた場所であるというのが、一般に知られた大手町の将門塚の伝説なのである。もっとも、将門の首をめぐる伝説は時代とともに変化してきたことが明らかにされている。主だったものを紹介して、将門の首をめぐる言説の変化を追ってみよう。

まず、鎌倉時代の成立と考えられる『平治物語』の諸本の中には将門に言及したものがある。その陽明本には以下の事例がある〔柳瀬・矢代・松林・信太・犬井　二〇〇二　四九八〕。

昔、将門が首、獄門に梟けられたりけるを、藤六といふ歌読が見て、
将門はこめかみよりぞ斬られける俵藤太がはかりことにて
と詠みたりければ、この首、「しい」とぞ笑ひける。二月に討たれたる首を、四月に持ちて上りて梟けたりけるに、五月三日に笑ひけるこそ恐ろしけれ

将門の首は飛ぶことはおろか、喋ることもない。ただ、藤六なる者の詠んだ歌に笑った、というのみである。これでは大手町に首塚がある理由の説明にはならない。右の事例は『平治物語』の古活字本では少々内容を異にするが、詠まれた歌に首が笑うのみである点は相違しない〔永積・島田　一九六一　四四七〕。

やがて将門の首は飛ばねばならなくなるが、まずは順を追って見ていこう。『太平記』（慶長八年古活字本）によれば、将門の首は喋りはじめる〔後藤・釜田　一九六一　一六八〕。

其首獄門ニ懸テ曝スニ、三月迄不レ變、眼ヲモ不レ塞、常ニ牙ヲ嚙テ、「斬ラレシ我五體何レノ處ニカ有ラン。此ニ來レ。頭續デ今一軍セン」ト夜ナ夜ナ呼リケル間、聞人是ヲ不レ恐云事ナシ。時ニ道過ル人是ヲ聞テ、

將門ハ米カミヨリゾ斬ラレケル俵藤太ガ謀ニテ

ト讀タリケレバ、此頭カラカラト笑ヒケルガ、眼忽ニ塞テ、其尸遂ニ枯ニケリ。

将門の首は死後も生前のように喋ったというが、歌の力で、通常の屍に戻ったというのである。首を笑わせたという『平治物語』の話とは、歌の力の働く方向が大きく異なる。また、『将門純友東西軍記』をみると、『太平記』と近似した内容を記してはいるが、続けて「将門カムクロ、首ヲ追テ武州ニ来リ、豊島之郡ニテ倒ル、其霊アレテ郷民ヲナヤマス、故ニ一社ヲ建テ（略）今神田明神ハ将門カ霊トナン」とあり、千代田区の将門塚は首塚ではなく、首を探して歩きだした体の倒れ伏した場所だとする〔新訂増補史籍集覧刊行会　一九六七　一〇〕。なお、『将門純友東西軍記』の刊行年は不詳ながら、益田宗は同書を室町時代の成立とみている〔益田　一九六〇　七四～七五〕。こうした説話は、寛永十五年（一六三八）から正保二年（一六四五）にかけての成立とみられる『本朝神社考』巻五にも「武蔵ノ国江戸ノ神田ノ明神ハ者。世ニ傳フ。平ノ将門カ屍。埋メル二于此ニ一者也」と記されている。

将門の首が飛んだという話は、天和元年（一六八一）頃の刊行とみられる『前太平記』から現れる。歌詠みの歌に「からから」と笑った後のこととして次のように記される〔早稲田大学編輯部　一九一四　六一〕。

其後尚東國懐しくや思ひけん、此首飛んで空に翔り、武蔵國とある田の邊にぞ落ちにける、其より毎夜光を現し、見る人肝を冷さずと云ふ者なし、斯る希代の癖者なれば、如何なる祟をか成しつらんとて、軈て其所に叢祠を建てゝ神田明神と祝ひけり、さてこそ其忿も鎮りてや、異なる子細も無りけり。

将門の首が飛ぶという説話が出現したのは近世からであると即断することはできないが、いずれにせよ、年月の経過の中で将門の遺体をめぐる語りは変化してきたということができる。また、『前太平記』で注目したいのは「さてこそ其忿も鎮りてや、異なる子細も無りけり」という点である。将門は神田明神に祀られて以降、怒りも鎮まったようで、不思議な出来事も生じていないというのである。たしかに、現代において意識されている程度に将門が気軽に祟ったという近世の記録を、筆者は想起することができない。

なお、将門の首塚は一つではない。先行研究には広くそれらをおさえた成果も多いが〔松崎 一九九五、室井 二〇一五〕、本章では簡単に見わたす程度にとどめる。岐阜県大垣市の御首神社は、関東を目指して飛翔する将門の首を、岐阜県不破郡垂井町の南宮大社の神が射落としたところとされる。栃木県足利市の鶏足寺は（写真5）、飛来した将門の首を三本足の鶏が蹴落としたという伝承をもつ。また埼玉県幸手市の将門の首塚は、死後に愛馬が咥え来たった将門の首を埋葬した土地と伝わる。その初出は元禄十六年（一七〇三）の『結城使行』であり、木立村に将門の末裔伝説があることも記載されている〔結城市史編さん準備室　一九七三　三九〕。首塚の伝説が単独であるのではなく、付近に将門を祭祀する理由を主張する人びとが存在したことが知られる。群馬県鬼石町（現藤岡市）の鬼石神社もまた、社殿下の鬼石の下には将門の首が埋められているとの伝説があったようだが、弘法大師に鎮められて石になった鬼であるとする伝説も語られている〔梶原・矢代　一九七五　二〇七〕。伝説はそもそも何事かのいわれを説明しようとする「言葉」であり、事物をめぐって様々な語りが折り重なり、合理的ではないと認識されたバージョンは忘れられていくことになる。いずれにせよ、何かを将門の首塚と見なすことは複数の場所で起こり得たということを確認しておきたい。

写真5　足利市の鶏足寺（2018年撮影）

写真6　坂東市の延命院の胴塚（2018年撮影）

先述のように、大手町の将門塚はかつては胴体を葬った場所として語られていた。そこで、将門の首以外の身体部位に関わる伝説についても見ておこう。茨城県坂東市岩井の延命院には将門の胴塚がある（写真6）。首は京に埋葬され、胴体はこの地に埋葬されたというのである。栃木県足利市の子の権現は将門の足を祀ったといい、足の病に利益があるし、同じく足利の大手神社は将門の手を

（写真7）、同市の大原神社は将門の腹を祀るという（写真8）。『淡海温故録』には滋賀県彦根市に山塚と称して「将門ノ骸倒レタマフ処」に塚が築かれてあったことを記述している〔滋賀県地方史研究家連絡会　一九七六　四二〕。なお、中山太郎は同地の山塚を「将門の首が冤罪を訴へんとて、京都へ飛ぶ途中で、此處に落ちたので、埋めた所」として、典拠に『淡海温故録』を挙げているが、誤りであろう〔中山　一九三一　四〕。ただし、柳田國男の『石神問答』にも「近江愛知郡稲枝村大字上平流と下平流との間に在りて犬上郡に続ける荒神山と云ふ丘陵の上に一の将軍塚あり　平将門が首を埋むと伝ふ」といい〔柳田　一九九九a　五三七〕、口碑として将門の首塚とする伝説があったと考えることもできる。

なお、このような各地の将門伝説については、早くから中山が唱門師の「しょうもん」と「将門」の「しょうもん」が同音であることから、唱門師が将門の末裔のように認識された可能性を指摘しているし〔中山　一九三一　一三〕、柳田國男も「鉢叩きとその杖」において「諸国の空也派の口碑に天慶の乱のこと及び将門の遺族とか亡霊とかの話を折々伴つて居る」ことに触れているが〔柳田　一九九九b　三六七〕、中山の説については「唱門師の話」の中で批判している。すなわち、「諸国に平新王の首を埋めた手足を祭つたと云ふ社や塚の多いのは、唱門師を誤つて将門と解したのが原因であらう」という見方を「目近い唱門師を耳に疎い将門の漢音に間違へるなどは、学者で無ければ出来ぬ芸」とみている〔柳田　二〇〇〇　五三〕。中山説と柳田の見方と、どちらが妥当であるかは議論を要する。もっとも、柳田自身も比叡山延暦寺内にあるという「将門の童堂」は、「ショウモンの童」、すなわち、唱門師のいた場所という説をとっており、唱門と将門とが誤認されてしまい得ることを認めている。

大手町の将門塚が将門を祀るものということそれ自体も、歴史であるよりは伝説に属するものであるということは指摘できるであろう。

他方、関東には平将門を崇敬する地域が今日でも少なくない。怨霊としてではなく、地域の英雄として、である。千葉県我孫子市日秀は記録は存在しないものの将門が幼少期を過ごした地との伝承があり、日秀将門神社で将門を神に祀っている。その関係から、住民は成田山新勝寺に参ってはいけないという禁忌が存在した。また、神田明神の祭りに佐野氏の者が来るとわざわいがあったとされるが、これは佐野氏は将門を討った藤原秀郷の末裔だからであるといった〔柳田　一九九八b　四二五〕。将門は横暴な朝廷に叛旗を翻した、東国の英雄であるという見方もある。将門といえば朝敵、怨霊というイメージがとかく前面に押し出されがちであるが、そうした見方も一面的であるといえよう。また、こうしたローカルに成長した将門崇敬が、近代以降の将門顕彰にも関わっていくことになるが、この点は後述する。将門を怨霊信仰とは異なる文脈で祀ることもあり得るわけである。とすれば、どうして大手町の首塚

写真7　足利市の大手神社（2018年撮影）

写真8　足利市の大原神社（2018年撮影）

ばかりが祟るのか、ということが問題になってくる。

二　将門の祟り

本題の大手町の将門塚に話題を戻そう（写真9）。将門の首塚と称される大手町の塚は本来は胴塚の伝承があり、またそもそも将門塚が平将門に関わるものであるか否かも検討を要することは先述の通りである。

同塚は神田神社、日輪寺等の都内の社寺とも関わっている。神田神社の起こりは天平二年（七三〇）に、付近の住人が大己貴命《おおなむち》を神田明神として祀ったことにはじまる。先述のように、首級が京都まで運ばれた後、胴体が江戸芝崎まで追いかけてきて倒れた。人々は恐れてその墓を築いたとされるが、嘉元年中（一三〇三〜一三〇五）、将門の怨霊が疫病をはやらせ、付近住民を悩ませた際、時宗の僧・真教上人が訪れ、将門を供養して鎮めたという。疫病の発生を将門の祟りとする解釈がなされたのであろう。また、ここに時宗の僧が登場する点に、唱門師との接点が生まれる。延慶二年（一三〇九）、将門が神田明神境内に祭祀され、かつ、日輪寺が創建され、将門の供養が継続される。近世には、神田明神は大己貴命が本来の祭神であるものの、将門信仰が事実上の中心だったとされる。なお、神田明神は江戸の総鎮守とも称されていくわけであるが、慶長年間（一五九六〜一六一五）、芝崎から現在地に遷座の折、将門を本殿に合祀したとされる。この遷座は都市としての江戸の拡張の関係であると理解できる。他方、将門塚は寛文年間（一六六一〜一六七三）以降、酒井家（酒井雅楽頭《うたのかみ》家）の上屋敷の敷地内に組み込まれていた。これが明治四年（一八七一）以降、大蔵省の敷地となる。将門塚をふくむ酒井家の庭園はそのまま守られたという。

近代になると、将門は危機に直面する。明治七年（一八七四）神田神社では祭神変更が行なわれ、将門は本殿から末社へ遷座される。将門の鎧を祀るという東京都新宿区の鎧神社は氏子・神職一同名で祭神変更を請願し、同区の築土神社でも将門を末社に遷座している。何が起こったのか。新皇を名乗った将門は天皇への反逆者であり、天皇を中心とし、神道重視を志向する明治期の日本において、逆賊を祭祀することが問題となったのである。民衆教化の拠点として神社が重視されたこともこの点に関わっている。

写真9　将門塚（2016年撮影）。2020年の改修以前のかたちである

将門が廃祀に至らなかったのは近世期の将門人気が関わっていたのであろう。妥協案として別社奉祀のかたちとなり、神田明神には少彦名《すくなひこな》が祀られるに至る。興味深いのは神田神社の氏子らはこうした別祀にも不服を表明していったことである。『郵便報知新聞』明治七年（一八七四）九月十四日号には次の記事がある。

氏子一同（略）例祭期日既に近づくと雖も、誰ありて事を挙行する者無く、剰へ神主柴崎を始め、氏子中千百年来衣食豊贍安楽富有せ

しは、全く氏神の恩恵なるを忘却し、朝廷に諂諛して神徳に負きし事の人非人なりとて怨み誹り、
一文銭を投ずるも快とせず

江戸における将門人気のあり様が知られる。ここで序章で議論した「うしろめたさ」の話題を想い起しておきたい。生者が死者霊を納得のいくかたちで祭祀し得ているかぎりは、死者の無念は想像されづらい。つまり、災因として参照されづらい。一三〇〇年代以降、とりわけ近代にいたって、将門は祟り得る理由を獲得したといえる。「祀られてあるべき」というビジョンのもとでは、「望ましく祭祀されていない」ことが「心のひっかかり」となるのである。「心のひっかかり」を解消する手段は、望ましく祭祀すること、死者が納得するであろう表象を与えること、ということになる。それが叶わないこと、阻害されることから、人びとはどのように死者の心情を想像するだろうか。このことは顕彰の気運の興隆が死者の不満を想像することに容易に接続し得ることも意味している。

近世以来の将門崇敬に加え、近代には逆賊視される将門の顕彰運動も開始される。例えば、農政家・農業史家の織田完之という人物が明治三十年（一八九七）の『真福寺本将門記』の国宝指定をうけ、著作・建碑を通して、将門の叛逆者イメージの払拭に努める。織田は『平将門故蹟考』等の著作を刊行し〔織田　一九〇七〕、また、明治三十九年（一九〇六）には大蔵省構内の将門塚保存のための建碑に関与し、茨城県の国王神社にも石碑を建立する。では、なぜ織田は将門を顕彰したのだろうか。織田は農商務省の職員として、あるいは農政家として各地に出張していた。織田の出張先には将門信仰・将門伝説が濃厚に分布していた。岸川雅範によれば、「織田の農政・農業観は、各地域の農民の実態

を直視し民益を実際にもたらすことに主眼をおく」ものであったといい、「地元民たちとの直接交渉から、各地に特有の信仰・民俗・伝承など、特に関東地方における将門信仰の実態を目の当たりにし、歴史学や歴史教科書で語られる叛逆者としての将門との乖離を実感した」のではないかという〔岸川二〇〇三　六〇～六一〕。また、将門塚それ自体の知名度も、全国から人の集まる近代の東京では弱まっていた可能性がある。顕彰活動は将門塚の存在を人びとに再認識させるものであったともいえるかもしれない。先述のように将門塚は近代には大蔵省の敷地内となっていたが、この点について『考古界』五巻三号には「此程經濟學協會に於て、阪谷大藏次官が同省庭内にある將門塚に就て紹介する處ありしより、新に發見せしもの丶如く傳ふるも、こは古く知られたるものにして、其位置の自由に見ることを得べからざる處なりしにより、普く世に知らる丶に至らざりしものなり」との記述があり〔和田　一九〇五　六二〕、また、『朝日新聞』明治三八年（一九〇五）九月二七日記事「大蔵省内の将門塚」によれば、「此将門塚は考古家の外従来余り世間に知られざるもの」とされている。『考古界』記事にみえた阪谷芳郎はのちの大蔵相であり、将門塚への建碑に及ぶが、本件を報じる『朝日新聞』明治四十年（一九〇七）五月三十一日号記事「大蔵省内将門塚の発掘に就て」からは大蔵省による将門塚の取り扱いへの世間の不満も読み取れる。やや長いが引用しておこう。

将門の遺跡として多少歴史家にも重きを置かれて居る、大蔵省構内池畔の将門塚を発掘中だといふ報告に接して、実は意外の感に打たれた、縦し坂谷《ママ》蔵相が熱心なる将門宗であつたにしろ、由緒ある古蹟を専門家の立会をも経ずして、素人了簡に攪乱するは甚だ以て宜敷ない、のみならず後世に誤りを伝ふる虞もあるので、現場の模様をも見、併せて其の目的をも確かめんものと、昨日担任の妻木工学博士を大蔵省に訪ふた、折しも氏は博覧会へ行かれた留守で、矢橋技士が代つて左の如く答へられた

『実は今朝の新聞紙を見て驚いた、今度の発掘は古蹟を調査するといふ目的ではない、其の場所へ新に二基の紀念碑を建る考へで、ホンの地均をしたに過ないのです、最初より塚を調べるのが目的であつたなら、仰せの如く専門家をも聘し、又新聞社の方々を御招き申して、立会つて頂かなければならない、元々右の様な事情であつた為め、何の考へもなく手を付けた所が、大袈裟の墳墓発掘呼はりをされたので、実は驚いて居る所であります』と左も迷惑気に語られた

二基の紀念碑とは、一は阪谷蔵相の建設さるゝ塔形の重量百七十貫のもの、一は将門の子孫を称する小栗某氏の建つる板碑形のものにて、其の場所も未だ何れとも決定せず、先づ試みに数名の人夫を督して、将門塚の傍らと西方築山の最上部を選み、先づ地均しに取掛らせたものであるさうだ

現場の模様を見るに、従来将門塚と称へられて居た五輪塔は傍へ取除けられ、其下を八尺に六尺ほど長方形に一丈余も掘下られてあつた、層は上部六尺程は積土であつたが、其下は青黒色の泥土になつて、其内より石塊三箇と木片数箇を発見された、併し之は極めて新しいもので、酒井雅楽頭当時に池の水掬でも造つた残部らしく、将門の遺跡に付ては毫も関係はないらしい

地均しにかゝつたのは再昨朝からで、昨日一ぱいに人夫の手を引かせ、碑石の根底はコンクリートに固めるか、或は割栗石で畳むかは問題ださうだが、同所の地質は非常に軟弱な為に、試掘までも斯んな風に深く掘下げて見なければならない羽目に立至つたのださうだ。

兎もかくも遺蹟を発掘したのは評判の如く事実であつた、古来より伝説のある場所といひ、比較的新しいものではあるが、五輪塔の残部が現存して居る場所を、専門家の手をも待たずして素人了簡にいぢくり廻したのは、何にしても面白からぬ事ではあるまいか、世間伝ふるが如く大蔵省官吏が物好半分に、将門の塚を発掘したと言はれても仕方がなからうと思はれるのだ。

どうやら大蔵省官吏が将門塚を蔑ろにしているという世評がすでにあったようである。

以上からは明治期に将門および将門塚をめぐって様々な動きが発生していたことがわかる。神田明神の祭神から外され、逆賊視される一方、ローカルな人気は高く、名誉回復の気運もあった。そのような顕彰の気運とも関わって、将門塚には建碑や開発の手が及んでいた。それを快く思わない意見もみられた。こうした状況は、各種の意見をもつ人々が、銘々に将門の「不満」を想像しやすい状況だったのではないかと思われるのである。

こうした中で、大正十二年（一九二三）関東に大震災が発生する。これにより、大蔵省仮庁舎を建設する関係で将門塚が存在した将門塚古墳のマウンドが崩された。以後、関係者に不幸が相次いでいく。正確に述べるならば、相次ぐ不幸が遡及的に将門の祟りとして位置付けられた。大正十五年（一九二六）九月十四日に大蔵相・早速整爾が病死し、昭和二年（一九二七）五月二十四日には先述の記事にも登場した矢橋賢吉が死去する。矢橋の死と同年には将門鎮魂碑が建立されている。これらの死が将門と関連付けて認識されていたことがわかる。より明確にこれらを将門塚と関連付けるのは、鎮魂祭の挙行を報じる『朝日新聞』昭和三年（一九二八）三月二十七日号記事「将門の霊よ、この通り謝る」

である。次に引用してみよう。

帝都の真ん中しかもいかめしいお役所で昔ながらの怨霊鎮めの祭が行はれるその話はかうだ、震災後大蔵省ではどういふものか、病人が続出して早速蔵相、矢橋営繕管財局工務課長その他十数人は現職のまゝで亡くなつて行く、数字には冷静で遠慮なく各省予算を天引する役人も生命だけには神経過敏になつてそろばんをはぢいた結果どうもこれは将門の怨霊のせいらしいと衆議が一致した今の丸之内大蔵省敷地は元神田明神と浅草日輪寺のあつた所で震災まではその中庭に平将門の首塚を祭つてゐたが震災後バラックを建てる時に首塚を今の主計局の縁の下にたゝきこんで毎日靴でギュー〳〵踏みつけてゐた、これは怒るのももつともと廿七日午後四時省内第二食堂を祭場とし神田明神社司主祭の下におごそかな鎮魂祭を行ふことになり、更に来月十四日には藤沢遊行寺の高野管長を招いて日輪寺で法要を営み大蔵省役人一同『今後はどうぞよろしく』と参拝のはずである

なお、NHK総合のテレビ番組『幻解！超常ファイル　ダークサイド・ミステリー』ファイル一〇「東京ミステリー！平将門の首塚」(二〇一四年七月十九日放送)では、大蔵省の祟りの噂の出どころを右の昭和三年(一九二八)の鎮魂祭の記事に求めたが、誤りである。すでに大正十五年(一九二六)十二月十二日の『都新聞』の記事「将門塚の因縁話　大藏省のお歴々祭典執行評定」に、次のようにあるためである。

大蔵省の武内政務次官が将門塚の祟りでアキレス腱を断つたといふ因縁めいた話は、元来同次官と新聞記者との冗談から花が咲いた噂であるが、これが一度新聞に伝へられると、噂は噂に止まらず省内お役人連の中にはいろ〳〵と気に病む人が尠くない。

そこへ持つて來て黒田主税局長が最近何うした原因か、矢張りアキレス腱の附近に炎症を起こしてビツコを引き出したのでその噂はいよ〳〵大仰になり「然う云へば今年の夏、荒川事務官がアキレス腱を断つたのも将門塚の祟りであらうし、強てコヂつければ故早速蔵相の逝去も禁足の禁を破つたのが病勢増進の原因だから、これまた将門塚の祟りかも知れぬ」と昨今気の病み方が一層ひどくなつた。

ところで、十一日の正午頃同省の高等官食堂では専ら此の話で持ち切つた結果、満場一致で富田理財局長を祭典委員長に任命し近く神田明神の宮司を招いて、いとも厳粛な将門塚の祭典を執行することに決定した、とは近頃瓢箪から駒が飛び出したやうな話…


話の前後関係としては武内作平の負傷、足のケガの連鎖から祟りの噂が広がったらしいことが知られる。そして、このことはすでに新聞で報じられていた。この記事の時点ですでに早速の死も将門の祟りとして関連付けられていたことにも注意しておきたい。

『報知新聞』昭和三年（一九二八）三月十五日記事「怖気づいた将門の亡霊大法要会」にはより死者・負傷者の記述が詳しいので一部見てみよう。

早速大蔵大臣をはじめ営繕局の工務課長、矢橋工学博士と相次いで死亡したものが今日まで十四人、怪我人の方では時の政務次官武内作平君、荒川事務官など筆頭に一時は足を怪我せぬ者はない程であつた。しかも怪我は申合せたやうにアキレス腱が切れるといふ厄介至極なものだ、だれ言ふとなしに大蔵省内にこの怪談がはじまつたのは此頃からである（略）去年の三月には頑固屋で通つた片岡前蔵相も省内のうわさに参つてしまつた、春にでもなつたらお祭をしやうといふて居たが、財界のパニックに内閣ごとブッつぶれて、その後沙汰止みとなつて居たところが、また〳〵最近営繕管財局の属官がぽつくり死んだ、もうたまらなくなつて将門の過去帳のある浅草日輪寺で調べると将門の命日は四月十四日とわかつた、それでこそこの日に国費で法事をやるといふ昭和新怪談の由来である。

矢橋の死にも言及されているので複雑ではあるが、『報知新聞』記事を信じるならば、「この怪談がはじまつたのは此頃から」というのは、武内らのアキレス腱の負傷に掛かっているのであろう。大正十五年（一九二六）には祟りの噂が流布していたことは『都新聞』で確認した通りである。また、昭和二年（一九二七）の三月ころには第一次若槻内閣の大蔵大臣・片岡直温がこの噂の流布に困っていたらしいということも確認できる。

いずれにせよ、法要を行なったことで祟り騒ぎは鎮まったかのようであった。しかし、昭和十五年（一九四〇）に大蔵省に落雷し、庁舎が全焼する。これについて、鎮魂祭を怠っていた罰との認識から、将門没後一〇〇〇年の記念祭とあわせて盛大な式典が挙行されることとなった。また、将門の祟りは戦後にも発生していく。昭和二十年（一九四五）の暮れにＧＨＱ（連合国軍最高司令官総司令部）の工事車両が事故を起こしたというのである。『朝日新聞』昭和四十五年（一九七〇）七月十九日記事「怪談丸の内」に、戦後間もないころの状況が次のように掲載されている。

マッカーサー司令部が、コンクリートと雑草で荒れる塚周辺をモータープールにしようと着工。この工事中、整地作業をしていたブルドーザーが突然、横転。日本人運転手と作業員の二人がブルドーザーの下敷きになり一人即死、一人は大けがをした。古くからの言い伝えを知る近くの材木商遠藤政蔵さんが司令部に出頭『あの塚は日本の昔の大酋長の墓。ぜひ、つぶさず残してほしい』と陳情。塚は残された

同記事には遠藤政蔵氏の子・達蔵氏の談話も掲載されている。なお、達蔵氏はのちに将門塚保存会副会長を務める人物である。

モータープールの事故のとき、私は父といっしょにマッカーサー司令部なんかにもいきましたし、直接、前後のことを見聞しましたが、なんとなく信じたいような気持。アメリカ人だって案外、迷信深いんですよ。ちゃんと、塚を残したんだから

なお、達蔵氏自身の体験を除いてではあるが、事故の一件は『史蹟将門塚の記』（史蹟将門塚保存会

一九六八〕にも記載されている。編集発行人は遠藤達蔵氏である。ただし、新聞記事とは相違し、『史蹟将門塚の記』では「ブルドーザーを運転していた日本人が突然の事故で死亡した」とあり〔史蹟将門塚保存会　一九六八　一九〕、新聞記事とは死者数に相違がある。

ＧＨＱの一件が発信され始めるこの時期、将門塚周辺は戦前と相似した不安定な状況にあったといえる。戦後のオフィスビル化が進んでいくのである。昭和三十六年（一九六一）には日本長期信用銀行（長銀）と三井生命保険が払い下げをうけ、ビル建設を開始する。オフィス化された都心のただ中にこのような塚が残されてあることも関わっていると思われるが、周辺の企業に勤めるサラリーマンたちが将門塚を意識するようになる。彼らは将門塚を壊してもおらず、足蹴にもしないが、尻を向けて座ってはいけないという認識が生まれてくる。先述の記事「怪談丸の内」によれば、三井物産が塚の隣接地を手に入れた際、塚の土地も入手したい旨を都に申し入れたところ、「塚を勝手に動かすとたたりがある」等の理由から、断念したという。また、次のような長銀のたたりの話が同記事にある。

三十八年ごろ、塚に面した各階の部署の行員がつぎつぎに発病。「たたりなんて、ちょっと本気になれないが」と思いながらも、塚の管理者神田明神の神官を呼び盛大なおはらいをした。現在も、同銀行の塚に面した部屋で仕事をする行員の机などは窓側を向くか、横向きだ。「塚にシリを向けては……」という配慮とか。

もっとも、昭和六十二年（一九八七）五月十九日の『朝日新聞』記事「たたり気にしてられない大手町の首塚（将門塚）それでも企業、手厚く」によれば、「各社とも供養は継続していたものの、周辺の会社で『首塚にしりや背を向けて座るとたたりで病気になったり、左遷されたりする』といった話も伝えられ、窓に向かうように机を置いていた会社もあった」のは十年ほど前までで、日本長期信用銀行では「高価な土地に、限られたビル面積。社員も増えたので、そう都合よく机の配置はできません」といい、三井物産でも「個室の幹部や、会議室で座る場合などに気にする人はいるようですが、会社としてはありません」、三和銀行でも「ビルの構造上、どうしても、幹部が窓を背にするようになります」との状況で、祟りはさほど気にされていない。

しかしながら、心霊スポットを紹介する書籍の類では、昭和三十年代の状況が引き続き記載される傾向がある。平成十年（一九九八）の『「幽霊見たい」名所ツアー』では「将門首塚の近くの会社のほとんどが、机を将門塚に向けないようにしている。（略）将門の呪いは現在も続いているのだ」と記し〔三木　一九九八　三〇〕、時代の経過による祟り意識の希薄化を考慮していないようである。

将門が日本の宗教文化史上、特筆すべき怨霊であることは疑いない。しかし、それを今日においても恐れるべきものとして表象する言説は、近代の祟り騒ぎと戦後のある時期の周囲のビルの対応を参照しつつ、恐霊将門を誇大に描き続けてきたようにも思われる。そうした中で、現代社会においても首だけの将門の幽霊を見たなどという記事が出現する。例えば、昭和五十二年（一九七七）『週刊少女フレンド』一月五日号「フレンドスペシャル　恐怖ドキュメント！　わたしは幽霊をみた…！」には「平将門の血だらけの首がわたしをおそった！」なる記事がある〔二六〇〕。

東京の大手町。日本のビジネス界の中心で、新聞社・銀行・商社などのビルディングが、その高さをきそいあうように立ちならぶ「コンクリート製」の町。この超モダンなオフィス街で、いま、とんだ幽霊騒動がおきあがっている……!?

問題の「幽霊現場」は、高層ビルの谷そこで、ここだけは、だれも手をつけなかったようにひっそりとしている「将門首塚」。NHKの大河ドラマ「風と雲と虹と」の主人公であり、九四〇年(天慶三年)に、首をうたれ、悲運の死をとげた平将門の霊をしずめようというもの。ここに、なんと将門の首の幽霊が出現するという。目撃者の一人、丸山美奈子さん(OL 二四さい)の話によると――。

「一一月四日の午後一〇時ごろでした。会社の仕事で、おそくなってしまったんです。道路には、もう、だれもあるいていません。急ぎ足で、首塚の前をとおりすぎようとしたとき、ムウーッとした、まるで人の息のように、なまあたたかい空気が、ただよっているのに気がつきました。気味がわるくなったわたしが、ふと首塚をみると……。」

バレーボールぐらいの大きさの黒いかたまりが、空中にうかんでいる! よくみれば、黒いかたまりは、髪の毛がほつれあってできているようだ……!?

「心臓が、こおりついたようになりました。すると、かすかな音が、耳にはいってきたのです。そして、その音が、だんだんとはっきり聞こえるようになってきて……!。」

「キーン!」という刀と刀がぶつかりあうような音。それにまじって、「ウー。ウー。」といううめき声!

「わたしは、ひっしににげようとしました。でも、ぜんぜん足がうごかないんです。そのとき、黒いかたまりが、クルッと一八〇度回転しました。」

人の顔!?　ふりみだしたザンバラ髪。ほおには、血がかたまり、赤茶色になって、こびりついていた!

「その首が、急にわたしにむかってとんできたんです。わたしは、とうとう気絶してしまいました。

そして、気がついてみると……。」

つめたい感触。「首」という字が目に入った。「将門首塚」とかかれた石碑にだきついていたのだ!?

米軍が、ここにビルをたてようとしたとき、死者、けが人が続出し、工事は、中止。

無念の死をとげた将門の霊は、世をうらみ、いまも、さまよいつづけているのだろうか…?

記事のOLは通りすがったのみで、将門塚に失礼なことをしたようでもない。あるいは、普段、将門塚に背を向けているなどの不敬があったのかもしれないが、ここでの記述ではわからない。いずれにしても、将門にはこの女性を怖がらせねばならないような理由はないようである。してみると、怨霊というものが通り魔か何かのように無節操なものと認識されているかのようである。もっとも、こうした無関係の人間が銘々自由に死者霊の祟りを語り始めたことも現代の世相である。また、2ちゃんねるなどでは、あえて将門塚に不敬な行為をしようという書き込みが現れることもある。平成二十一年（二〇〇九）三月十四日にたてられたスレッド「将門の首塚蹴ってきた」ではそれによって自宅内で怪音がやまないという「1」を中心に雑談が進む。お笑い芸人の爆笑問題の太田光が将門塚を蹴ってから仕事がなくなったという一件もその過程で話題にのぼる。将門ならずとも、墓の類に無礼を働けば怪我をする、病気になる、命を奪われるなどの話は枚挙にいとまがないが、不思議な音がするというのは、著名な将門に不敬を働いたにしてはあまりにも貧相な祟りである。身近な不幸や感覚的な出来事を霊威の発現として「解釈」しつつ再生産しているのであろうが、将門の祟りはそのような次元にとどまるものなのだろうか。

他方、心霊スポットを彩る言説の布置も、こうした状況からは明らかである。大蔵省やGHQの話題、戦後のオフィスビルの話題は、将門塚が恐るべき場であることを語る際に、中核的な位置付けを獲得している。これらの物語の周囲に、訪問者が解釈を通して心霊現象化した微細な体験の語りが配置されることで、将門塚は心霊スポットとして言説的に再構成されているといえるだろう。こうした事例では、将門塚は死者への「うしろめたさ」というよりも、「祟ったことがあるという過去」が災因化の契機となっているといえようか。

気にかかるのは、将門にみられる怨霊と祟りの転倒である。民俗信仰の文脈でいえば、祟る死者は祀り鎮めることができた。序章でみたように、よくない出来事の原因として想定される死者の表象が怨霊なのであり、出来事を好転させるために、死者への対処が行なわれる。このような開発にともなう祟りの意識こそが塚の保存・維持を支えていたと松崎憲三はみている〔松崎　一九九五〕。祟りを意識するからこそ塚は祭祀され守られるわけである。他方、心霊スポットとして将門塚をみる事例は、よくない出来事が発生し、原因を将門に求め、将門を鎮めることでそのよくない出来事を収束させようとするものではない。つまり、現代の将門の怨霊視は、非怨霊化の契機を持たないかのようである。浮かばれない死者霊との遭遇それ自体が目的化している現代の死者観のもとでは、神に祀られ、崇敬する人びとをもち、塚が清浄に保たれ、丁重に鎮められていようが、死者霊との遭遇を期待する人びとがそこに群がって、あれこれと恐ろし気な物語を語り、時には迷惑行為に及ぶことで、自身の体験を意味付けていくのである。

そのように考えると、現代の怨霊観は厄介である。将門が見境なく祟る存在としてしか想い描かれないとするならば、将門は現代においてはじめて、まさに怨霊になったといえるだろう。

それはきっと、将門にとって「口惜しい」ことに相違ない。

＊　＊　＊

将門は没後ただちに祟りを起こし、神に祀られたわけではない。小松和彦はこの点に「当時の宮廷社会での怨霊の候補者は、その社会内部に属していた者、自分たちと濃密な社会関係にあった人であった。そうした関係性を欠いていた将門に対して、貴族たちは怨霊を発生させる『後ろめたさ』や『同情の心』を抱くことがなかった」とみている〔小松　二〇〇一　一〇四〕。当時の人びとにとって、将門は祟る死者としてのリアリティがなかったのである。

祟る将門のリアリティは近代以降の塚周辺の開発が如実に関わっているようである。将門が祟るためには、神田明神に祭祀されて以後、人気の高い鎮守神になったということをまず考慮せねばならない。将門が地方的英雄として人気の高かったことも同様である。将門は想起されやすくなった。何事かの出来事を、将門の加護や祟りとして認識する素地が徐々に形成されていくのである。すなわち、災因化可能性を、将門は潜在的に高めていった。

将門は、特に近代において顕著に朝敵として表象された。これは英雄化する眼差しと緊張関係を生み続けた。望ましく表象することのかなわない状況の継続は、将門が祟り続ける仕組みのはじまりであったといえる。望ましく祀ることのかなわない状況は、近代以降の塚の取り扱いにも見出すことができる。そのように発生する将門への「うしろめたさ」は、一群の人びとが、何かを将門の怨霊で説明付けることの原因となったと考えてみたい。

戦後、将門は昭和五十一年（一九七六）のNHK大河ドラマ『風と雲と虹と』で取り上げられ、一躍、注目を集める。昭和六十年（一九八五）の荒俣宏の『帝都物語』のヒットも、強大な怨霊としての将門の姿を一般に広めた。これに先立ち、昭和五十九年（一九八四）に、将門は神田神社の祭神として復活している。

将門の状況は改善されていった。しかし、「災因化したことのある過去」が災因化可能性を担保し続けているのが、現在の状況である。祟りは塚の破壊を計画する人びとではなく、そのような「災因化したことのある過去」に惹かれて将門塚にアクセスする人びとにこそ意識されているといえる。現代における将門の怨霊化を止める手段を民俗信仰的論理における祭祀と鎮魂に求めることは、もはやできないのかもしれない。

第二章　八王子城跡のこと――怪異の変容

東京都八王子市に位置する八王子城跡は戦国期の山城跡であり、著名な心霊スポットの一つである。平成十四年（二〇〇二）にテレビ朝日系列で放送された『決定！これが日本のベスト一〇〇』の「心霊スポットベスト一〇〇」では、票数は不明ながら第二五位に東京都の「H城跡」がランクインした。八王子城跡と考えることができよう。また、サイバーノットの運営するウェブメディア「暮らしーの」が令和元年（二〇二〇）八月二十七日に掲載した「全国の超危険な最恐心霊スポットランキング10！絶対に行ってはいけない！」によれば、第一位の慰霊の森（岩手県）をはじめ、常紋トンネル（北海道）、旧善波トンネル（神奈川県）、三段壁（和歌山県）、旧犬鳴トンネル（福岡県）に次いで、「八王子城址」が第六位にランクインしている。(1)以上のランキングがどのような基準で作成されたものかは不明であるが、少なくともこの二〇年の間、八王子城跡はよく知られた心霊スポットであったことが確認できる。本章ではこの八王子城跡の怪異をめぐる言説を分析することで、人びとの怪異をめぐる感覚の変容を考えてみたい。

それに先立って、八王子城跡という史跡の概要をおさえておく。同城は北条氏が拠点とする小田原城の支城であり、深沢山（城山と通称される）に北条氏照が築城した。築城年には諸説あるが、一五七

写真10　北条氏照まつり（2022年撮影）

〇年代とみられる。

　豊臣秀吉の小田原征伐（一五九〇）の過程で八王子城は上杉・前田・真田の一万五〇〇〇名の軍勢に攻撃されるが、城主・氏照らは小田原城に籠城していた。八王子城は城代・横地吉信らが領民や婦女子を含む三〇〇〇名程度で守っていたが攻略され、城内の武士のみならず、氏照の正室はじめ女性たちが自害のうえ、御主殿の滝に身を投じたとの哀話がある。現在、八王子城は御主殿の滝が落城の悲劇の一つの象徴と目されている。「現在」と書いたのは、以前から御主殿の滝が注目されていたかは不明だからである。地域の伝承では、御主殿の滝がそそぐ城山川は北条方の自刃によって三日三晩血に染まったという。落城当時、近隣では城山川の水で米を研ぐと赤くなったといい、先祖供養に際して赤まんま（赤飯）を炊く風習の由来とされている。八王子城の落城は地域の人びとの記憶に残る悲劇であったということはできよう。周辺の寺院でも戦没者の供養が実施されている。

　のちに、八王子城は家康によって廃城とされ、近世には深沢山はふもとの一部を除き、御林として幕府直轄地となる〔八王子市史編纂委員会　一九六七　四七六〕。すなわち、自由に立ち入れる区域ではなかったわけであるが、まったく手つかずの山だったわけではなく、江川杉などの植林事業が行なわれていた。近代以降は南西部が国有林となり、東北部は社寺および民有地となった。明治三十八年（一九〇四）頃には日露戦争に起因して、木材供給のため、伐採事業のための登山道が開かれる。戦後は昭和二十六年（一九五一）に国指定史跡となるものの、深沢山は度重なる開発の波にさらされていく。この点は後述する。一方で、史跡としての保全・整備の動きも活発である。平成二年（一九九〇）には、八王子開市四〇〇年記念事業の一環で大手口石畳、御主殿跡、飛橋等の復元整備が実施され、同年には四〇〇年祭も挙行されている〔八王子事典の会　一九九二　六八二〕。また、平成二十四年（二〇一二）からは北条氏照まつりが開催されており（写真10）、歴史の資源化も行なわれている。

以上のように、落城の際に悲惨な大量の死があったとはいえ、八王子城跡は史跡空間であり、また、地域社会の歴史的財産でもある。そのような空間が心霊スポットでもあるということをめぐって、以下で検討していこう。

一　八王子城の怪異

八王子城跡ではどのような怪異が起こるのか。現代の怪談はのちほど検討することにし、まず、近世および近代の状況をみていく。

管見の及んだ限りでは、八王子城の落城に関わる怪異を記したもっとも早い文献は『桑都日記続編』である。『桑都日記』は八王子千人同心・塩野適斎による地誌であり、続編は天保五年（一八三四）に脱稿し、幕府に提出されている。同書における八王子城の戦死者の怪異は巻之三に次のように記載されている〔塩野　一九七三　一二〇〕。

大善寺の若きは則ち、昔より今に至るまで、城中死亡の霊を吊祭すること、至って深切なり。境内に碑を立て法謚を刻し、歳時に之を吊祭す。旃に加ふるに寮内の衆僧、毎夜相聚まり、念仏を唱ふること百万遍、死亡の霊を吊する也、一夕と雖も今に懈らず。以て常と為せり。或は曰ふ、若し夫れ一夕、百万遍を懈らば則ち、妖怪の出づる有り。累世相伝へて恐怖すと。

以上は城下の寺院の戦死者祭祀の状況を記す中での言及であり、大善寺では百万遍の念仏を怠ると妖怪が出ると称して恐れられていたというのである。どのような怪異が発生するのかは不明であるが、近世から戦死者の霊は畏怖の対象であったことは知られる。もっとも、これらは城跡の怪異ではない。なお、大善寺は北条氏照の開基による寺院であり、落城に際して焼失し、のち大横町に再建するが、昭和三十六年（一九六一）に区画整理のために大和田町に移転し、昭和五十六年（一九八一）に大谷町に移転して現在に至る。大善寺で行なわれていたお十夜は戦死者の供養を目的とするものとされ、大いに賑わっていたが移転により途絶え、昭和五十八年（一九八三）に法要が復活し、平成二十四年（二〇一二）から縁日を含むものとして再興されている。

同様に古い記録に八王子城跡の怪異を探ってみよう。戦後の八王子城跡をめぐる記述の中では、『北条軍記』『氏照軍記』などという文献が時おり引用されている。残念ながら原典を確認することができないものだが、椚國男の要約する『北条軍記』末尾にあるという内容が手がかりとなる。すなわち、以下のものである〔椚　一九九一　五八〕。

今も落城の日になれば、天気晴れても此山斗りかすみ覆ひ時ならず人馬の馳違ふ音、又は鉄砲矢叫びの声、山谷に響き或は女の泣き叫ぶ声など愁々として物凄く、里人この日は山に入らず

同一のものと思われる文献は佐藤孝太郎も『八王子物語』で引用している(2)〔佐藤　一九七九　三二九〕。注目したいのは、ほぼ同内容の記述が『三ツ鱗翁物語』という文献にみえる点である〔五日市古文書研究会　二〇〇八　九八～九九〕。

今に至る迄　落城の日は天晴るゝと言え共　此山計りは霧覆　時ならず人馬の馳違ふ音　矢叫びのこゑ　たにに響キ　あるひは女之泣こゑ　刀槍打合す音となどして物凄し　里人此日は山にいらず　相州三浦之城跡　又佐原城跡とふニも　ヶ様なる怪敷事あるよし　古戦場ニは侭まゝある事ニや　城之跡より　焼たる五穀　炭土に埋ある

城之落し日は　天正十八年六月廿三日　八王子権現祭礼は　毎年三月十五日　近郷より参詣数多なり　旅客は古戦場ヲ一見せんと登山すれ共　只城郭の名のみにて　石垣之跡　升形の跡計り残りて山林　寂ばくとして哀れヲ（催す計り）

右は五日市古文書研究会の手による翻刻からの引用である。引用箇所の翻刻は小机家本に依拠する

ものであるが、括弧内のみ山本家本より補われている。『三ツ鱗翁物語』の記述は『北条軍記』の内容とほぼ同一のものと考えて差し支えないだろう。この『三ツ鱗翁物語』を『八王子市史』（下）では「おそらく桑都日記の刊行に刺激されてつくられた俗書で内容の一致が多い。幕末期の写本が少し残るだけで、刊行された形跡はない」としている〔八王子市史編纂委員会　一九六七　四八四〕。先述の『北条軍記』もそのような写本の一つと考えられる。なお、『史話武州多摩郡川口』には加住町滝山の橋本熊次郎なる人物が明治十七年（一八八四）に書写したという『北条氏照物語』なるものの写真が掲載されている〔高沢　一九八五　九九〕。これも同様のものであろうか。いずれにせよ、近世にも城跡の怪異が語られていたと考えてよいだろう。

さて、『三ツ鱗翁物語』でも三浦城、佐原城の類例に言及されているように、城跡・合戦場にこの種の怪異譚が語られるのは特段珍しいことではない。大坂城山里丸でも大勢の人の叫び声や人影が徘徊することがあったといい、大坂夏の陣の大坂方の戦死者の霊であろうという噂がかつてはあった〔上田　一九三三　一九〕。島根県江津市の松山城は尼子氏と毛利氏の合戦で落城したが、城山山中の首塚では剣戟の声と女の叫び声が聞こえるという〔千代延　一九三二　六〇〕。また、滋賀県近江八幡市の安土城では秋の夜に湖面に遊船音楽が聞こえたといい、明智光秀の謀反に際して死んだ織田方の女性たちの霊であるとされた〔磯貝　一九二〇　一七〕。また、大分県南海部郡米水津村（現佐伯市）のクスノ浦は古戦場であり、雨の降る夜にはチャンチャンという刀を交える音がするという〔國學院大學民俗学研究会　一九七五　五四〕。

山内で戦の音が聞こえるという怪異は必ずしも八王子城跡に限ったものではないことをいくつかの

事例からみてきた。城跡で生じる怪異として、その類型性を指摘できると同時に、かつての人びとが城跡という場にどのような恐怖を感じ得たかがうかがえる。

ちなみに、近世の八王子城跡における怪異の記録は決して豊かではない。先述の『桑都日記続編』は巻之八で、八王子城跡の様子を「蚰蟒穴居し、狐狸棲息す。古を吊する者、流涕せざる者幾んど希なり」と記すのみである〔塩野　一九七三　三五〇〕。化政期の『新編武蔵国風土記稿』および『武蔵名勝図会』にも八王子城跡の記録がみえるが、恐ろしい伝承が記録されているわけではない。『武蔵名勝図会』には「御守殿淵」が「落城のとき本丸大奥の婦人、ここの川へ入水せし処ゆえ、この名を唱う。いまははただ谷川の流れありて、淵なし」と記述される〔植田　一九六七　三二三〕。先述のように御主殿の滝は、北条方の女性たちが投身したとされる滝で、城跡を心霊スポット視する現在の言説の中ではひときわ重視される場所であるが〔写真11〕、ここでの記述は淡々と地名由来を説明している。

写真11　御主殿の滝（2015年撮影）

このように限られた史料からではあるが、近世の八王子城跡をめぐる言説の状況をおさえるかぎりでは、八王子城跡は一貫して恐ろしい場所として語られてきたかのようである。しかし、ここで首をかしげたくなるのは、今日語られる八王子城跡の心霊現象と近世の怪異との落差である。この点は、次節で論じることにし、まずは八王子城跡の近現代の様相を検討してみよう。

近代以降、とりわけ日露戦争を契機に、深沢山の登山ルートは整備されていく。『多摩歴史散歩』二において佐藤孝太郎は志村国作なる人物の述懐として「城山登山口の道だって、日露戦争のとき江川御林を伐り出す必要を生じて初めて道を開いた」との発言を紹介している〔佐藤　一九七四　九二〕。佐藤は、志村国作を「八王子城址の主といわれ、城址を守り、八王子城を世に語りつづけた奇篤の老人」と評している〔佐藤　一九七四　九二〕。

大正七年（一九一八）の『八王子案内』〔宮原　一九一八〕では、「名勝、古跡、神社、仏閣」の一つとして「八王子城址」を取り上げるが、落城の顛末を記しつつ「爾來三百春城墟芳草叢り、満山腥氣欝乎、折戟片々苔に埋れ、焦米粒々黒きを見るべし、山上に登れば四方開け關東諸州一眸に聚る」と記す〔宮原　一九一八　八七〕。山中は「欝乎」などの表現から木々が暗く生い茂る城跡の様子が確認できる。気持ちのよい場所としては語られてはいないようだが、恐ろしい伝承への言及は見られない。もっとも、これらは名所旧跡の案内記の類であり、媒体の性質として、落城にまつわる周辺地域の語り伝えや怪異の体験談を記載するようなものではない。一方で、深沢山は山頂に八王子社もあり、眺望の紹介は登山を促すものであったといえるだろう。

以上の記録は、近世の落城の伝説が近代には途絶えていたことを意味しない。昭和三十九年（一九六四）の『多摩文化』一四号掲載の鈴木龍二のエッセイ「私の十九歳の城山紀行」は大正十五年（一九二六）に深沢山に登山した際の感想文であり、鈴木は「当時住んでいた台町の家から下駄履で歩いて登った」という〔鈴木　一九六四　三六六〕。鈴木は歴史に思いを馳せ、また風光を愛でるのみで、深沢山を恐れる様子はない。小さな滝で休憩をとったことを記す鈴木の文章を引いてみよう〔鈴木　一九六四　三六七〕。

急ぎ水の音の方に来たりはべれば、そうめんのごとく小さき滝の歌いおるを見かけたり。滝壺に下りゆき、冷やけき泉手に汲みて、のんどうるほすにすくはれたる心地湧き出づ。ほっとして仰向けば、山と山、肩迫れる中に、晩秋の空いや冴えて眼に沁む。滝壺におることしばらく、気冷えてそゞろに寒けく、心も身もいちように落付得たれば、再び復の路を辿りて、めざす城跡の山道へとさしかゝりぬ。路山の北側にありければ、いさゝかばかりぬかるむほどに、しめりて冷えたる。

判然としないが、ここに登場する滝は御主殿の滝であろうか。この時、鈴木は友人と二人で深沢山を登っていた。山中には他にも人の姿がある。「山道静かにてゆくもの我等両人と学生らしき者二人」といい、また、「木を伐るの人、路傍に煙草くゆらしてゐたれば、友声かけつ、彼低く言葉かへせり」とある〔鈴木　一九六四　三六七〕。また、「山頂にあるもの、社務所と、サイダー・シトロン等ひさぐ小店と講中宿泊所と、さゝやかなる社殿らしきもの等。社務所の前に村人らしき数人談合するあり」といい〔鈴木　一九六四　三六七〕、相応に人の出入りする信仰の山の情景描写が続く。そうした中で、鈴木は山頂の古井戸について言及する〔鈴木　一九六四　三六八〕。

我等に少し遅れて来たれる学生ら、例の古井戸にて足そゝぎゐるらし。かの井戸何月何日とかにや、剣わたり合う音のするとて、今もその日には人々集ひて、耳すますことあるとか、後に知りぬ。

「剣わたり合う音」とは、先にみた落城の日に合戦の音が聞こえるという伝承であろう。ここでは井戸から聞こえることになっている。「その日には人々集ひて、耳すます」との文章は、心霊スポットとしての八王子城跡の今日のイメージとは少々齟齬がある。

八王子城跡に言及する文献は昭和二年（一九二七）に急増する。これは多摩御陵の造営と関わって、周辺の史蹟が紹介されるようになったためである。例えば、逸見敏刀は『多摩御陵附近史蹟』で次のように八王子城跡付近の伝説を紹介する〔逸見　一九二七　二六〜二七〕。

城山附近の傳説

悲しい赤飯　孤忠を守つて華々しく、城山の露と消へ去つた、北條勢幾百千の將卒の屍は山形を改めさせた程であつた。山裾を流るゝ川水も血汐で三日三晩は眞赤になつた。戰後里人がこの川水で飯を焚いたら赤く染まつたと云ふのである。今でもこの悲しい落城の日を忍ぶために六月廿四日には城山の下、中宿では赤飯を焚く習慣が遺つてゐる。

城山川の蛭　水の清い渓流には蛭はゐないとされてゐるが、此處には澤山蛭がゐる。壯烈な最後を遂げた將卒の血汐が化したものだと云ふ。

子持蜘蛛　八王子城陥落の際城内の婦女で自刃したのも多いが、又子供を抱えて御守殿淵の深みに入水して果てたのも澤山あつた。其靈魂は化して蜘蛛となり、今でも此處には子を抱いた蜘蛛がゐる

（中略）

殘る靈魂　悲慘を極めた八王子落城の日に當る六月廿三日には、山はどんより霞んで、遙かに矢叫びの音、婦女子の悲鳴などが、風のまに〳〵に聞えたりしたそうで、その日は里人も相戒めて山へ登らなかつたと云ふ。

これらの一部は先述の文献にも見えたものでもあり、それらに基づきつつ記述されたものと思しいが、少なくとも次に示す文献では、これらの伝説は口頭で語られている。

寺島裕は昭和十二年（一九三七）の『行楽と史蹟の武蔵野』の中で、八王子城跡を夜に訪問した際の紀行文を記している。寺島はまず八王子城落城の顚末を述べたうえで、「僕は、是等の悲壮な哀話を遺して遂に落城した城山の山麓に立つて、欝荘と繁る木立の山容を遙かに仰いだ。其所には、怨みを呑んで逝いた戰士の悲痛を傳えて、死のような寂けさが全山を掩うてゐた」〔寺島　一九三七　二五二〕として、深沢山の山内をめぐった際の様子を記述する。悲劇の地として描写されつつも、それは陰惨な過去のある史蹟をめぐる眼差しではなく、書名が「行楽と史蹟」の語を冠するように、「春秋のハイキングコースには好適のコース」としての関心に基づくものである〔寺島　一九三七　二五三〕。訪問が夜間に及んだのは多摩御陵参拝後に足を運んだからで、寺島が「道を尋ねたリユツクサツクの男

から止められたのも聞かずに」赴いたものであった〔寺島　一九三七　二五三〕。山中で暗くなってしまうことを注意された模様である〔寺島　一九三七　二五五〕。寺島は山麓で「自身の寄付した『城山観音』への参道の開設工事を自ら手傳つてゐた志村國作老」を案内者に得ている。志村は先述の佐藤孝太郎の述懐にも登場した人物である。また、山頂の八王子神社の社務所には人がおり、ここで懐燈を借りたりしている〔寺島　一九三七　二五六〕。下山の途次、寺島は志村から城山の伝説を語られている。以下、引用しておこう〔寺島　一九三七　二五七〕。

聽て、山頂を辭した僕の先に立つて樅や杉の大樹の繁る山徑を下る志村老は、途々次のやうな話をした。

その話に據ると、此城の落ちた六月二十三日は全山が大變な濃霧に襲われてゐたが、爾來其日は必ず此山にだけは霧がかゝり、然も其日に限つて山中に婦女子の泣き叫ぶ聲や矢叫びの音が聞えたので、山下の住民は其日は成るべく此山へ登らないことにしてゐるとゆう。

それに、當時の住民は飲料水として城山川の水を使用してゐたが、落城の翌朝炊いた飯は全村悉く戰死者の血で紅く染まつてゐたので、その六月二十四日には現在でも赤飯を炊いて戰死者の靈を慰めるとゆう變つた習慣が此村に殘つてゐるそうである。

それから、更に此山には山蛭が多いが、その山蛭は怨みを呑んで忠に殉じた勇士の血汐の凝結したもので、又、山麓附近に多く棲息してゐる蜘は不思議に子蜘を抱いてゐるが、之も愛兒を抱いて谷川へ投身した婦女子の化身であると傳説されてゐる、とゆうのである。

さて、ここで志村の語った内容は、先述した逸見の『多摩御陵附近史蹟』とおおよそ重なる。こうした語りが文献に由来するものか、または伝承に由来するものかは不明であるが、いずれにしても、戦前の八王子城跡をめぐる怨霊の言説の一つのパターンとしておさえておきたい。なお、逸見においては城山川の水は「三日三晩」赤く染まったといい、志村の語りにはそれがない。些末な点にこだわるようだが、合戦に起因して三日三晩もの間、川の水が赤く染まったという語り方は、城山川に固有のものではない。例えば、山梨県甲州市の日川は三日血川とも称されるが、武田勝頼主従の死によって川の水を三日間赤く染めたことに由来するという。「三日三晩」の間「血に染まる川」は、伝説でしばしば使用される言い回しであったと見なし得る。これはむしろ、赤飯を炊く風習を説明することを目的とする伝説だったとも考えられよう。

こうした言説は戦後も再生産されていく。小泉輝三朗の『桧原・歴史と伝説―炭焼村の生活史』によれば、「なかでも酸鼻は本丸下の御守殿渕に身を投げた女人であった。池の表は紅紫の衣裳で埋まり、黒髪がその上を這った。この池にはその後いもりの発生が多くて、背の黒く腹の赤いいもりは、女人怨念の精といわれた」という〔小泉　一九七九　三九〕。いもりの話はこれまで検討してきた史料には現れないが、戦死者の霊を用いた自然説明伝説である点は同様である。もっとも、戦後の落城伝説はこうした自然説明伝説よりも、「御主殿の滝」の悲劇に比重を置いていくかのようである。東京新聞立川支局の『武蔵野史蹟ハイク』には「哀話と伝説の八王子城跡」なる項目があり、「城の南方に『御主殿の滝』というのがある。ここは敵に追いつめられた城方の女、子どもがみずからノドを突き、飛び込んで果てたといわれるところ。いまでも雨のときなどは、ごろごろとした音を響かせて滝が流れるが、女、子どもたちの怨念がこもっているようだと地元の人はいう」〔東京新聞立川支局　一九八一　一三二〕という。滝の流れの轟きが「怨念がこもっているようだ」というのは、もちろん霊的な現象を指しているわけではない。

なお、同書からは一九八〇年代当時の城跡の様子も垣間見える。『つわものどもの夢の跡』には記念碑、ベンチ、休憩所などはあるが荒涼としている。もちろん茶店もないし、ノドがかわいても飲む水もない。ただどこもそうであるが、眺めはすばらしくよい」〔東京新聞立川支局　一九八一　一三二〕といい、戦前にはあった茶店がなくなっている。そして、開発の波が押し寄せる八王子城跡の様子が記される。「この静かな城跡周辺にもときどき騒ぎが起きる。さる四十年に城山のふもとに旅館ができることになり、ブルドーザーで土地の造成を行なった。地元で反対運動が盛り上がり、国会で取り上げられたすえ、中止になるという問題があった。いまもこのような問題はくすぶっているようである。史跡の観光地化、俗化はどこにおいても避けられぬことかもしれないが、この城山はどうであろうか」というわけである〔東京新聞立川支局　一九八一　一三三〕。城山に及ぶ開発をめぐってはのちほど改めて取り上げることにする。

二　心霊スポットとしての八王子城

管見の及んだかぎりでは、記録上、心霊スポットないしそれに類する場所として八王子城跡を語る事例は一九九〇年代まで見出すことができない。すでに以前の章でふれた平成元年（一九八九）の『ハロウィン』四巻八号では八王子の「ミステリースポット」が特集されていた。しかし、同記事には道了堂跡は登場するが、八王子城跡は登場しない。もっとも、八〇年代から九〇年代のテレビやラジオの番組にまで資料探索の範囲を拡大すれば見通しは変わるかもしれないが、それらの調査はまだ十分ではない。

平成四年（一九九二）のビデオ作品『ミステリー・ドライビング　稲川淳二と田村ガンの関東心霊スポット』では、八王子城跡が取り上げられる。ナレーションでは八王子城跡は次のように語られた。

八王子周辺にはこのほかにもいくつかのミステリーポイントが存在する。
そのなかでも強い怨念に取り憑かれているのが八王子城跡近くにある御主殿の滝
八王子城が落城した天正十八年六月二十三日
この日多くの女性が城から身投げし、自ら命を絶った
女たちが流した血はやがてこの滝に流れ込み、岩が赤く染まるほどであったという
それ以来、毎年六月二十三日になると滝の水面が赤く染まり怨念がよみがえる。
この世に未練を残しながら死んでいった女たちの怨念は長い年月を越えて今なお残っている。

怪異の生じる場として御主殿の滝が取り上げられ、「女たちの怨念」は「今なお残っている」と語られるようになる。滝の轟きに「怨念がこもっている」かのような情緒を感じていた『武蔵野史蹟ハ

イク』などとはトーンを異にする。また、落城の日には滝壺の水面が赤く染まるという新しい情報が登場している。

また、平成七年（一九九五）八月六日放送『日曜ビッグスペシャル』（テレビ東京）の「恐怖ミステリー　日本全国おばけマップⅢ」においても八王子城跡が取り上げられ、稲川淳二、鈴木紗理奈、篤永実沙咲がロケを実施している。同番組では八王子城という名や北条氏照などの名称は示されていないが、豊臣軍に包囲されて落城した西多摩の城であり、城内の人びとが滝に身を投げて川の水が三日三晩赤く染まったというナレーション、映し出される景観からは同ロケ地が八王子城跡であることが明らかである。注意すべき点は、稲川が「陣太鼓が聞こえる」という発言をしたこと、甲冑姿の武士の霊を想定していたことであり、女性の霊は想定されていなかった。

平成八年（一九九六）小池壮彦の『東京近郊怪奇スポット』には「四百年後によみがえる戦国最後の死闘の記憶」と題して次の文章がある。エピソードの全文を引用しておくが、紙幅の都合から段落を省略する〔小池　一九九六　一八〇～一八一〕。

八王子城跡地の公園にキャンプ場がある。私立大学一年の旗代三木夫と伊那沢洋二はここで一泊することにした。平成二年の七月のことである。キャンプに来たわけではない。夏休みだったが、旅行に出かける資金もなく、安く旅の気分を味わうために、なんとなくこの地までやってきた。御守殿の滝という小さな滝があり、このあたりで夜を過ごそうということになった。昼間と比べると、夜はかなり心細い場所に思えたが、男二人が何に襲われるわけでもあるまい。だいいち所持金はほとんどなかった。煙草をくゆらせながら、三木夫は滝の流れを見ていた。洋二はウォークマンを聞きながら寝ころんでいる。「……あれ?」と三木夫がつぶやいた。やがて、「おい!」と叫んで洋二の肩に手をかけて揺する。「滝が真っ赤だ!」暗闇の中でも、それははっきりとした血の色だった。白装束の女が滝壷から顔をのぞかせて黒髪が水の流れになびいた。何人も、何人も、女は現れて水面に顔を出したり沈めたりしながら、ふいに消えた。エイ、オーッという声を、二人は同時に聞いた。

ここにも「滝の変色」という怪異が見出せるのみならず、「鬨の声」が聞かれ、そして女の「姿」が現れている。女が姿を現すのはこれが初めてである。また、この怪談が平成二年(一九九〇)の出来事として語られていることも注意を引く。事実であるとすれば、先述の『ミステリー・ドライビング　稲川淳二と田村ガンの関東心霊スポット』に先行する。

小池はこれに続けて、「この一帯はどこよりも明確に武将の亡霊の出現するエリアとして名高い。東京造形大、八王子霊園といったあたりも含め、この近辺はすべて霊的な地であるといってよいようだ。その背景には、八王子城の落城にまつわる悲劇がある」とし、また、「八王子一帯が古戦場であることを全く知らない若者によって武将の亡霊が目撃されている。都内屈指の大規模な怪奇ゾーンといってよい」とまとめている〔小池　一九九六　一八〇~一八二〕。「若者たち」が亡霊を「目撃」していることに注意しておきたい。なお、以上の事例にみえるキャンプ場は「八王子城跡キャンプ場」であろう。同キャンプ場は昭和三十二年(一九五七)に八王子市が開設していた施設である〔八王子事典

の会　一九九二　六八二〕。昭和三十八年（一九六三）の『八王子市史』上では、深沢山は「鳥類・植物・昆虫類の種類が多く、ハイカーの楽しみを倍加」させる場所であり、「山ろくには市営キャンプ場をはじめ、団体宿泊・休憩向きの大悲閣等の施設があり、高尾山、陣馬高原へのハイキングコース入口として訪れる人人も少なくない」という〔八王子市史編纂委員会　一九六三　一二八二〕。平成十年（一九九八）の『現代怪奇解体新書』には赤福すずかの「今すぐ行ける噂の心霊スポット一〇〇」なるコーナーがあるが、ここで「八王子城址」が取り上げられ、「ここよりも奥にある滝のほうには遊女の霊が出る」と紹介される〔赤福　一九九八a　二〇三〕。在城の婦人たちではなく「遊女」の霊である点は、誤聞であろうか。山梨県の花魁淵などとの混同があるかもしれない。

より詳細に八王子城跡の怪談を語るのはだーくプロ編の『多摩の怪談ぞくぞくガイド』である。同書が記すのも視覚的な怪異である〔だーくプロ　二〇〇〇　九〕。

「突然、流れ落ちる滝の水が真っ赤な血の色に染まった」「滝の水に、白い着物をまとった女性が黒髪をなびかせながら、現れたり消えたりする」八王子城跡では、こんな怪奇現象を見たという人が続出している。

続出しているとはいうが、具体例は先述の小池の文章と基本的に重なる。したがって、必然的に、『多摩の怪談ぞくぞくガイド』もまた御主殿の滝に注目する。「城のふもとの『ご主殿の滝』の淵には、女性たちが短刀でのどを突き、身を投げた。赤や紫の着物が淵の水に浮かび、たなびく。死体から流れ出る血で、城山川は三日三晩、真っ赤に染まった。以来、八王子城では怪奇現象が続いている」というわけである〔だーくプロ　二〇〇〇　一三〕。また、さきほど例示した近世文献にみられた怪異にも言及している〔だーくプロ　二〇〇〇　一三〕。

「落城の日の六月二十三日には、どんなに晴れていても、急に山を霧がおおい、鉄砲や矢の飛び交う音、刀の激しくぶつかる音、馬のいななき、人の叫び声、そして女性の悲鳴が聞こえてくる。だから、その日はだれも山に入らない」「いくさで死んだ人の霊をとむらう念仏を一日でも怠れば、妖怪が出てくる」江戸時代の本にはこう書かれている。

『三ツ鱗翁物語』『桑都日記続編』の記述が織り交ぜられながら提示されている。また、右の引用に続けて、同書は次のように記している。

数年前、ある霊感の強い女性が、この地で死んだ人々の霊と遠隔地から交信したことがある。「この淵で死んだ女性はだれとだれで、合わせて一三名」「この石垣の下で死んだ人はだれとだれで、合わせて三六名」そうして二年がかりで数え上げた霊の数は、落城のときの死者の数とぴたりと符合する一三〇〇余名に達したのである。この女性は八王子城に行ったことはなく、落城のときの惨劇についても何も知らなかったのだというから不思議だ〔だーくプロ　二〇〇〇　一三〕

このような情報提示は八王子城跡の怪異が近世から現在まで一貫しているかのような印象を読者に抱かせる。近世の怪異と現代の出来事は果たして連続するものといえるだろうか。この点の検討はのちほど行なうこととして、引き続きだーくプロの文章を確認していく〔だーくプロ　二〇〇〇　一二〕。

この山のふもとに、一九九三年に移転するまで、東京造形大学があった。そこの警備員が夜中にしばしば武者の亡霊を見たという。「手に竹やりを持ち、竹でできた胴丸（簡単なよろい）を着け、ももひきにはひざにつぎがあたり、足下までしっかり見えた」細かなところまではっきりと描き出すこの証言が、八王子城の歴史を研究してきた人たちを驚かせた。普通の武士なら鉄のよろいを着けているはずで、幽霊は貧しい農民が竹製の武具を身につけたと思われる。そんなことは何も知らない警備員は、ただ見たままを語ったのだが、実はこれが歴史的な事実とぴったりと合ったのである。

小池の記述といい、だーくプロの記述といい、八王子城跡の怪異譚には担い手としての若者や大学の存在が関わるらしいことが見えてくる。東京造形大学は昭和四十一年（一九六六）に元八王子に開学し、平成四年（一九九二）に宇津貫に新キャンパスを部分開校し、翌年移転している。この移転をめぐっては八王子城の怪異と関連付ける噂があった模様である。

まちBBS東京多摩地区掲示板のスレッド「…怪奇…心霊スポット　第一七章…恐怖…」（二〇一三年一月二十五日〜二〇一六年十二月二十八日）には、次の書き込みがある。移転から相当の年月の経過した時点での語りではあるが、引用しておこう。

941: 多摩っこ〈2015/12/18(金)14:01:26 ID: ln9T51ww 882A-DA39-2EF1〉
>>937
昔そこに東京造形大があったけど昼間生徒が深夜警備員が落ち武者みて移動したって噂あったな
(後略)

942: 多摩っこ〈2015/12/18(金)15:38:36 ID: Pvb7N2Og 882A-DA39-5118〉
>>941
造形大あそこにあったんだ!そういう情報知らないから有り難い。移動の理由は定かではないけど、色々勘繰ってしまうよね。今の場所とそんなに地代が変わるとも思えないし、都心までのアクセスもより不便になってるし。

944: 多摩っこ〈2015/12/18(金)23:15:11 ID: G/C2/hNQ ACFC-DA39-D32B〉
造形大は幽霊が出てしょうがなくて移転したって聞いたよ。警備員もよく見たし、夜、学生が作品を徹夜で創作してる時も頻繁に幽霊が出てきたと何かの本に掲載されてた。

949: 多摩っこ〈2015/12/20(日)13:56:04 ID: /HJtVjFw 39AB-DA39-097A〉
>>92
旧・造形大は友人がいたので何度か行ったけどトイレの鏡が撤去されてたっけ。はい、理由はお察しのとおりで。移転の理由は敷地が国立公園だか何だかの拡張したくても法律上拡張不可能な

土地だったから、広い敷地が取得できる現在地に移転したって聞いたような気が。

九四九レスにある土地の拡張は、大学所在地が八王子城跡の一部であったことと関わっており、運動場や駐車場の増設の際に、史跡保全の観点から問題が生じていた。なお、現在、八王子城跡にある八王子城跡ガイダンス施設は東京造形大学の校舎跡地に平成二十四年（二〇一二）に建設された。

さて、『多摩の怪談ぞくぞくガイド』の記述をもう少し検討してみよう。同書は次のように現在の怪異を記している〔だーくプロ　二〇〇〇　一四～一六〕。

キャンプをしていたら、ガチャガチャとよろいの音をさせ、砂利を踏んで歩き回る者の気配がテントを取り囲んだ。八王子市内の「龍神太鼓」のメンバーが「ご主殿の滝」の近くで練習をしていたところ、突然、関の声（いくさで攻撃をしかけるときに皆であげる声）がわき起こった。驚いたメンバー一同が太鼓を打つのを止めると、そこにアベックが真っ青な顔で駆け込んできて、「滝を見ていたら、急に水が真っ赤に染まった」と泣き声で訴えたという。また、車に恋人を乗せて城山川のほとりを走っていて転落したという青年の場合は、「まっすぐ走るようにハンドルを握っているのに、どんどん滝下のほうに引き寄せられていった」と語っている。死者が死者を呼ぶのか、この山では首つり自殺、焼身自殺、凍死などで、何人もの人が命を落としてもいる。

八王子城に五百回以上も登った経験のある考古学者の椚國男さんは、八王子城の愛する仲間たちと「城山会」をつくり、毎年、落城の日には北条氏照のお墓参りなどの供養を欠かさない。ところが、この会員たちのあいだで、ガンなどの難病で死ぬ人や、交通事故にあう人が続いているという。「偶然だとは思うが、ただ妙に重なりすぎるのが気になる。生きたいと願うのが人間の本能。その願いをいくさによって断ち切られ、非業の死（思いがけない災難で死ぬこと）をとげた多くの人の無念さが八王子城にはこもっている。一人で行くのはこわい。ハイキングコースからはずれるような所に行くのは、案内人がいるときだけにしたほうがいい」椚さんはこうアドバイスする

椚國男は、先にもすでに文章を引用したが、史跡保全団体「城山会」の一員であり、『戦国の終わりを告げた城』の著作もある〔椚　一九九一〕。同書の中では、東京造形大学の建設をはじめとする史跡破壊に心を痛め、反対活動を展開する地域の研究者や学校教員らの姿が描かれている。椚もその一員であったわけである。そして、まさにその著作の中で、八王子城跡の怪談は語られている。むしろ、『多摩の怪談ぞくぞくガイド』に掲載されている八王子城跡の怪談の多くが椚の著作にあらかじめ掲載されている。例えば、椚は東京造形大学の卒業生から聴取した内容として四点の事例を挙げている(3)〔椚　一九九一　六八～七〇〕。

その第一は、見た学生から直接聞いたのではないらしいが、十二単の女性や甲冑武者や白装束の幽霊が御主殿の滝の下に出たという話である。去年も見た者がいて、それを聞きつけた民放テレビが二回取材にきたという。ここは落城時は淵になっていて、喉を突いた武士の妻女たちが身を投げたところで、尚樹さんによると霊媒師たちが最も身に危険を感じる場所であるらしい。

第二は、グラウンドの西端にある石彫制作棟での怪である。学生たちが学校に残っていられる時刻は午後八時までであるが、この棟には寝具や炊飯器具を持ち込んで泊りこみで制作する学生がいるらしい。そうした学生の体験であるが、夜中に一人でカチカチ彫っていると、誰かがじーっとみつめている気配を感じたので、手を止めて顔をあげると山の稜線に甲冑武者のシルエットが立っており、ぞーっとしたという話である。尚樹さんが入学した一年二か月前には、ここで一人の彫刻科生が凍死したという。すぐ西側の下を通る道と細い花かご沢川をへだてた向こうは多くの死者がでた山下曲輪であり、花かご沢川沿いの小道を奥にはいったところでは、ここ一〇年間に五、六人縊死者があり、グラウンドの南側下にある大学の駐車場わきでも一人出ている。

第三は、大学内ではなく、御主殿の滝より奥の広場で起こったできごとである。二つの沢がひとつになって開けた氾濫原で、ここでキャンプをしたボーイスカウトのリーダーの体験である。少年たちはみな寝込んだのになぜか眠りつけない。そのうちにテントのまわりをジャリッ、ジャリッと歩く音がして、つづいてガシャッ、ガシャッと鎧がゆれる音。外をみたいとおもいながらも怖くてできず、一睡もしないまま夜明けをむかえたという。同じような話はほかからも聞いており、ここでは数年前、焼身自殺者が出ている。

第四は、造形大三号館での怪である。多摩陵の参道近くにある学生寮で霊界の存在を信じている尚樹さんの先輩が新寮生たちに学校のまわりから幽霊が出る話をし、「信じない者は夜中に三号館に集まるように」といいわたしたあとのできごとである。二〇人ぐらい集まったらしいが、先輩の体験談を聞いているうちに南側のガラス窓をトン、トンとたたく音。そのすぐ下には城山川が流れ、人が通れるぐらいの間はあるが梯子をかけなければガラス窓には手が届かない。新寮生の一人が窓をあけてみたがだれもいなかった。そのうち、こんどは西側の壁をドーン、ドーンとたたく音。窓をあけたがやはりなにものもみあたらず、その音はしだいに上にあがり、天井を伝わって東側の壁へ。新寮生たちの目は驚きから怖れに変わったという。

八王子城跡にキャンパスがあったころの東京造形大学の学生たちが、好んで八王子合戦と関わる怪談を語っていたらしい様子が垣間見える。これを念頭に、『多摩の怪談ぞくぞくガイド』を再度みてみると、キャンプの際の足音、自殺者の話題が一致する。また、先述のまちBBSの九四四レスにあった「何かの本」とは椚の『戦国の終わりを告げた城』である可能性もあろう。『多摩の怪談ぞくぞくガイド』には東京造形大学の学生が夜に校舎内で体験する怪異の話題がみられないためである。

さて、椚による怪談の提示はこれだけにとどまらない。先述の「警備員」が「竹槍を持ち、竹製の胴丸をつけ」た兵士の幽霊をみたという話が、椚が六月二十三日の落城忌に墓前で一緒になる人物（西蓮寺檀家総代）が「造形大の警備員を一〇年間していた近所の人から聞いた話」として提示されているのである〔椚　一九九一　七〇〕。『多摩の怪談ぞくぞくガイド』の該当箇所も、椚の情報提供によるものであることが推定できる。なお、『戦国の終わりを告げた城』には『多摩の怪談ぞくぞくガイド』にみえない文章として、先述の警備員が「ある人からお茶をあげるとよいと聞いたので、そうすると、いつしか消えて眠ることができたという」という箇所がある〔椚　一九九一　七〇〕。加えて、同じ人物が龍神太鼓のメンバーから聞いた話として、鬨の声が聞こえたという体験談、ハンドルをとられて車が横転したという話が紹介されている。極めつけは、「発掘関係者があいついで死んだツタンカーメン王墓とはくらべようもないが、城山会会員の半数ちかくの身辺に不幸が生じた。――偶然であり、思い過ごしであるとはおもうが」という箇所も〔椚　一九九一　七二〕、『多摩の怪談ぞくぞくガイド』に掲載された椚の談話と重なるところがある。

以上により、書籍において確認することができる八王子城跡の現代的怪談の出どころがおおよそつかめてきた。気になるのは、椚という八王子城跡の開発に心を痛め、その保全に取り組む人物が、このような怪談を発信していた点である。心霊スポットの怪談は地域の部外者が語るもので、地域住民はそれに迷惑するという構図が各所の心霊スポットには見受けられるが、こちらはむしろ、史跡を守ろうという主体が怪談を語っているのである。いくつかの解釈が可能であるが、手がかりの一つは史跡を守る立場にある者の感じたであろう「うしろめたさ」である。椚をはじめ、城山会のメンバーは史跡の研究や保全のみならず、落城の日の法要にも参加している。魅力的な史跡であることに加えて、そこで死んだ者の存在を意識している人びとである。昭和四十年代以降の開発を、死者も無念に感じているのではないかという意識が、このような怪談を肯定的に受け止める素地になっている可能性がある。また、椚は戦略的に怪談を語っていた可能性も考えられる。先の引用には「ツタンカーメン王墓」への言及があった。八王子城跡への畏怖の気持ちは、史跡の破壊を抑止すると考えられたのではないか。開発の推進者も史跡の破壊を恐れるよう、こうした発信が行なわれていたように筆者には思われる。もっとも、心霊スポットに集まる若者たちは各種の逸脱行為によって事件や事故を起こしがちでもある。椚に以上のような戦略があったとすれば、現代社会においてはそれは諸刃の剣であったともいえるだろう。現に、八王子城跡には深夜に若者たちが侵入しがちである。

さて、八王子城跡の怪異譚の担い手が、キャンプ場の利用者や東京造形大学の学生たちであるとするならば、一九六〇年代から八〇年代にかけても盛んに語られていた可能性があるが、資料上、確認することはできない。先に検討したように、八〇年代の資料には八王子城跡を心霊スポットとして語る言説が見出せない。管見の及んだ限りで古いものは平成四年（一九九二）のビデオ作品であった。小池壮彦（一九九六）の示す事例では平成二年（一九九〇）の体験談が記述されているが、実際に語られた体験談であるか検証不可能であるため、考慮し得るか否かは慎重に判断すべきものである。今後の資料の発見を待ちたいところであるが、一つの仮説として、心霊スポットとしての八王子城跡は九〇年代に知名度を獲得したものと考えてみたい。それというのも、平成二年（一九九〇）に、八王子城跡は落城四百年を記念して各種の整備が加わり、アクセシビリティを各段に上昇させているのである。八王子城跡は訪れやすくなった。また、落城四百年の節目は、多くの人に八王子城跡を注目させたことであろう。このことが、同地の訪問可能な心霊スポットとしての認知度を格段に高めたのではないだろうか。

二〇〇〇年代になると、八王子城跡の心霊スポットとしての認知度は盤石なものとなる。2ちゃんねるの二〇〇〇年のスレッド「多摩市、八王子方面でのミステリースポット」（二〇〇〇年五月三十日～二〇〇一年六月二十日）は「お化け以外にもなにやら不可思議な場所教えてください」との書き込みからはじまるが、第二レスには「八王子城跡でしょ。嫁さんが、首が浮いてるの見たって（ありがち）。」との発言が投稿される。第二レスに応える第四レスは「ここしかない！五首《ママ》伝の滝には武士の霊がでる」と述べる。「もと住人」を称す第一八レスは「そういえば、ボーイスカウトの時（苦笑）八王子城跡のちかくで三回程キャンプした事がありますが…。今は、勇気がありませんので」と語り、「元片高生を称す第二〇レスは「八王子城跡にはヤンキー集団もいっぱい」と記す。同レスへの応答として第二一レスは「何が怖いって、出るか出ないかわからない幽霊よりもスポットにたむろってるヤンキー連中が一番、怖いんじゃないかと…」という。案の定、不良たちのたむろする場所としての側面も八王子城跡には付与されてしまったともいえる。『読売新聞』平成十三年（二〇〇一）八月二十四日号記事「『心霊スポット』紹介うらめしや〜東京・八王子城跡、標識倒壊など被害相次ぐ」を引用しておきたい。


東京・八王子市西郊の国史跡「八王子城跡」で夜間、若者が立ち入り禁止の場所に無断で入り込むケースが増え、案内標識を壊されるなどの被害も出ている。猛暑のためか、「心霊スポット」として例年以上にテレビなどで取り上げられた影響と見られるが、市では対策に頭を痛めている。

八王子城跡で十八日、重さ約五十キロの案内標識がコンクリートの根元から引き抜かれ、木製の車止めも壊されているのが見つかった。今夏は車で乗り付けた若者グループが敷地内で騒ぎ、住民の苦情も相次いだ。

八王子城は、戦国時代末期、北条氏康の子・氏照が築いた城で、豊臣秀吉に攻められ落城した。管理する同市郷土資料館によると、城跡は七月ごろから、テレビや雑誌で心霊スポットとして取り上げられた。テレビ番組は十数件あったと見られ、案内地図まで紹介された。夜中に入り込んだ若者がインターネット上で、「馬の足音が聞こえる。鎧武者《よろいむしゃ》の霊が浮遊している」と、体験談を書き込む例もあった。

資料館では案内標識の破損などについて、高尾署に被害届を出す一方、城跡入り口に夜間立ち入り禁止の看板を立てるなどしたが、昔ながらの景観を守るため、照明のない場所も多く、暗やみでは高さ約五メートルの沢に転落しかねない場所もある。同館では「これ以上被害が続くようなら、警察に巡回を依頼する」と憤っている。

現代日本において、祟りには開発抑止の効果はあまり期待できない。そしてむしろ、治安悪化のリスクを生み出してしまうことがわかる。

最後に考えてみたいのは、八王子城跡をめぐる伝承としての怪異と、現代における怪異の相違である。ここまでの議論をふまえるならば、近世における八王子城跡の怪異は「落城の日」に限定されていた。したがって、落城の日に入山することは忌避されていた。近代になると、特定の日に井戸から合戦の音がするとして人が集まる状況も生まれていたらしい記録も、すでに示した。いずれにしても、幽霊はいつでも出現するわけではなかったのである。今日の、日を定めずに怪異が生じる状況は新しいものであるといえる。怪異に遭うまいとする意識が落城日の入山を忌む慣習につながっているとすれば、この変化は幽霊にあえて遭遇しようとする人びとの都合によるものであったのだろう。

また、かつての八王子城跡の怪異は、「音の怪異」と不思議な生物の伝承だったといえる。怪異の姿はみえず、「人馬の馳違ふ音」「矢叫びのこゐ」「女之泣こゐ」「刀槍打合す音」がするというものであった。各地の城跡にも音の怪異がしばしば語られていたことも確認した。加えて、蛭や子持蜘蛛など、そこに生息する虫類のかたちに怨霊の顕現を見ようとするものである。その一方、近年の八王子城跡の怪異は、幽霊の姿をその目で見たというものが際立つ。

実は、音の怪異は、城跡・古戦場にかぎらず、前近代的な各地の妖怪伝承には少なくない。かつての人びとは聴覚で怪異を感じる傾向にあったといえるかもしれない。また、ある土地の動植物のかたちや生息状況を怨霊と関連付けるものも各地の民俗事例に照らして珍しいものではない。平家蟹やお菊虫の類である。その意味で、ここまで見てきたかつての八王子城跡の怪異は、民俗学が収集してきた伝説から析出できる想像力から大きく隔たったものではない。

他方、本来音のみだった怪異が、現代において目視可能なものに変容しているということは、これも各種の事例において指摘されている。例えば、本来、姿の見えない怪異であったはずのザシキワラシが、現代にいたって姿形の見えるものとして語られ始めたことを、川島秀一はマーシャル・マクルーハンの議論を引きつつ視覚優位の時代と関連付けて論じた〔川島　一九九九〕。それを承けて、伊藤龍平は怪異と身体感覚への関心のもと、聴覚優位の時代〔音声言語の時代〕における怪異が五感を総動員して知覚されるのに対し、視覚優位の時代には「各種テクストに現れたザシキワラシを構成する要素を行動面も含めて統合し、頭のなかでモザイク状に組み合わせて一つのイメージ」として結ぶことで怪異が体験されているという〔伊藤　二〇一八　四六〕。実話怪談集である『新耳袋』収録の全一〇巻九九〇話と『山怪』収録の全三巻二〇五話を、怪異を感じる身体と、認識される怪異の身体に注目して分析した本間朱音もまた、現代怪談の視覚優位の傾向を析出している〔本間　二〇二一〕。

現代社会になって突如として霊たちが視覚に訴えかけるようになったのは、伊藤のいうように、文字情報から再構成したイメージを投影しているということもできるだろうし、ビジュアルメディアの発達も視野におく必要がある。ロルフ・ヴィルヘルム・ブレードニヒはドイツ語圏の語り研究の概要をおさえる中で、オーディオ・ヴィジュアルメディアの発達は「現実と幻想の相違を打ち消すような新しい仮想現実を生み出した」としている〔ブレードニヒ　二〇一四　六四〕。映像世界において、霊は明瞭に姿形をとって現れる。映画などにおいては、『ブレア・ウィッチ・プロジェクト』（ダニエル・マイリック、エドゥアルド・サンチェス。一九九九）などの一部の成功した事例はあるものの、「人の形に見えなくもないものが、見えたような気がする」という程度の見え方ではなかなか作品らしい作品にならない。霊の姿は、明らかな物質性を備えたもののように、描き出される。そうした諸作品の視聴経験が、現代における怪異の視覚優位性を導いていることも考えられるだろう。私たちが幽霊を思い描かねばならないとしたとき、参照可能なヴィジュアルイメージが巷にはあふれているのである。『ミステリー・ドライビング　稲川淳二と田村ガンの関東心霊スポット』においても、『日曜ビッグスペシャル』の「恐怖ミステリー　日本全国おばけマップⅢ」においても、八王子城で戦死した侍の姿が、映像で再現されていた。とすれば、日本の視覚的な表現文化における「武士の霊」の表象史を念頭に、こうした「目で見る」ことのできる霊の体験を分析すべきということにもなるだろう。

いずれにしても、心霊スポットとしての八王子城跡に出現する女性や武士の霊たちは、そのような怪異を目視することが自明化した人びとの要求に応えている点で、きわめて現代的な事象のように思われるのである。

＊　＊　＊

本章では東京都八王子市の八王子城跡の怪異を、近世から現代にかけて概観し、怪異の変容を指摘した。このような歴史ある空間が心霊スポットとして名指されるとき、そこに連綿と怪異が発生しつづけてきたかのような認識、いわば「怪異の伝統化」が人びとの中で行なわれるということができる。そのように伝統視される怪異像を相対化する作業を前章に引き続き行なったわけであるが、八王子城跡での怪異は、前近代的な怪異のあり方とは明らかに異質な現れ方を、現代社会において実現しているといえる。

私たちは、同時代に共有されている感覚の諸形式から自由ではあり得ない。時代の感覚文化の制約の中で、様々なものを意味付けているともいえる。妖怪や幽霊を取り上げたとしても、それは同様である。近世の人たちのようには現代人は怪異を知覚することはできないのであり、また、現代人は未だかつてないかたちで、霊を幻視しているということもできるだろう。

注

（1）なお、七位以下は、千駄ヶ谷トンネル（東京都）、明通トンネル（長野県）、虹の大橋（神奈川県）、東京湾観音（千葉県）が続いた。

（2）佐藤の引用では当該箇所は「里人この月は山に入らずといふ」とされているが誤植であろう。

（3）瑣末亭氏は同卒業生を六興出版の関係者と同定している〔瑣末亭　二〇一六〕。

第三章　おむつ塚のこと——或いはたくさんのお菊

おむつ塚なるものが山梨県山梨市一町田中の畑の中にある。これが心霊スポットと称されている。板碑型の六地蔵等の石仏が集められており、確かに一見すると異様な景観ではある。『全国心霊マップ』はこのおむつ塚を次のように説明している。

おむつ塚と呼ばれるちょっと変わった名前の心霊スポット。この『おむつ』は紙おむつの事ではなくて、おむつさんという女性の名が由来となっている。昔、この地には嫁入り前には庄屋に挨拶をしなければならないしきたりがあった。嫁入りが決まったおむつも庄屋に挨拶に行ったのだが、その美貌に庄屋は目を奪われて強引に着ているものを脱がそうとした。おむつは必死に庄屋を振りほどきなんとか難を逃れた。しかし諦めることが出来なかった庄屋はおむつを自分のものにしようと牢屋に閉じ込めてしまった。庄屋は幾度と無くおむつに関係を迫ったが拒絶されるばかり。やがて庄屋の心には怒りが芽生えてくる。おむつは残忍な仕打ちを与えられた末に、毒蛇やムカデなどの気味の悪い生き物と一緒に生き埋めにされ、間もなく息絶えた。

娘が帰ってこないと心配をしたおむつの母親は、庄屋の家来から話を訊き、庄屋の屋敷の裏にある畑でおむつが生き埋めになった盛り土を見つけた。事実を知ったおむつの母親はおむつのお墓に栗を巻き《ママ》、『庄屋が憎ければこの栗の数だけ祟れ』と言い放つ。それから数日後に庄屋は原因不明の死を遂げた。

近くに住む者の話では庄屋は少し前から気が狂ったかのように奇声をあげたり暴れたりしていたようで、死の直前には家族や家来全てを刀で切り殺したそうだ。おむつの祟りだと恐れ悲しむ人々は生き埋めになった場所に塚を造って供養をした。

これがこのおむつ塚に残る伝説だ。おむつ塚には数多くの石仏や六地蔵が祀られている。その光景は不思議で少し不気味なものを感じてしまう。

惨たらしい物語である。こうした伝説を想いつつ見やると、たしかにおむつ塚の外観は禍々しいもののように見えなくもない。

本章ではこのおむつ塚の事例を理解するために、皿屋敷の伝説、あるいはお菊の伝説との比較検討を行なってみたい。日本でもっとも有名な幽霊の一人といっても差し支えない番町皿屋敷・播州皿屋敷のお菊である。井戸から現れて皿を数える幽霊だといえば、おおよそ了解されるところであろう。

このような比較を突飛なことと思う読者も少なくないと思う。おむつとお菊はなんの関係もないかのようである。しかし、この作業を行なうことで、今日語られる「おむつ」の逸話が、おむつという女性に実際に発生した凄惨な出来事であるよりは、全国に存在する不幸な女性の伝説の類型の中にあるということ、すなわち伝説のバリエーションでしかないということを明らかにしたい。実は、お菊の伝説は番町皿屋敷と播州皿屋敷以外にも無数に存在している。逆にいえば、お菊は複数名存在し、各地で、バリエーションがありながらも似たように死に、似たように幽霊になっている。なかにはお菊という名を備えていないようなケースもあるが、近似したストーリーの重なりの中にあるのである。おむつ塚はそのようなバリエーションの一つではないのか、というのが本章で検討してみたい仮説である。

一　皿屋敷の本家争い

先述のように、皿屋敷のお菊といえば番町か播州である。まずはそれぞれの梗概をおさえておこう。宝暦八年（一七五八）に講釈師・馬場文耕が刊行した『皿屋敷弁疑録』という実録体小説が、文章化された番町皿屋敷の物語としてはコンパクトにまとまっている。実録体小説とは実際の出来事に巷説をまじえて作品化した近世の文芸ジャンルである。

『皿屋敷弁疑録』は番町の成立から文章をはじめる。徳川家康の江戸入府に際し、旗本らの居住する五番町が形成されたが、三代将軍家光のときに、同地が幕府に召し上げられ、ここにいた吉田なる旗本は他の土地を与えられて引き払った。これ以降、「更地」となっていたこの空き地は吉田屋敷と称されていたが、ここに家光の姉・天樹院の御殿が建設された。天樹院は淫蕩な性格であった。馬場の文章を引いてみよう〔馬場　一九二九　四〕。

天樹院殿は飽まで多くの男に思ひをかけさせ給ひし事世上の能く知る所なり、御守殿門前小路町を往來する若侍、又町人等の若き男の美はしきをば御守殿の二階より悉く招かせ給ひ、多くの女中色能きを出し招き込み給ふ、好色の男是れに招き入れられる者夥だしく之れありしかば、其の頃童兒の口吟みに、吉田通れば二階から招くと云ひしとなり

天樹院は花井壱岐という者を愛人にしていたが、この侍が女中の竹尾と恋仲になる。天樹院は怒り、火鉢の炭火を竹尾の顔に押し当て、また花井を長刀で斬り捨て、両人を井戸に投げ込んでしまう。「此の以後度々御意に背きし者は井戸へ切入れられしと云ふ」といい〔馬場　一九二九　五〕、世人も噂するところとなっていた。やがて天樹院が没すると、御殿は解体されて再び更地となったが、この井戸は残されていた。「小雨降る夜半などは右の井戸より青く光る火燃え出でては消え、消えては燃えあがる事度々なり、往來の人之れを見て大きに驚き、後には誰れ知らぬもの無く妖怪屋舗と言ひ傳ふ」というあり様となった〔馬場　一九二九　六〕。当然、住む者もなかったが、後年井戸がつぶされると旗本・青山主膳がここに屋敷を構える。青山は井戸を新設するが、それはいわく付きの井戸があった場所であった。

青山は盗賊改役だったが、性格に問題のある人物であった。役目で磔にした盗賊の娘・菊を下女としている。菊が青山秘蔵の十枚揃いの南京皿の一枚を誤って割ってしまう。青山は怒り、菊の指を一本切り落とす。菊はこのことを恨み、また父を殺された恨みをもって、懐妊中の主膳の妻への祟りを念じながら井戸に身を投じる。果たして、青山の子は指が一本不足して生まれてきた。また、夜な夜

な井戸から「一つ、二つ、三つ、四つと段々八つ九つと算へ、悲しやなふと一つ足らぬことを歎き悲しむ」菊の声が聞こえるようになる〔馬場　一九二九　一八〕。青山の使用人らは逃げ出し、青山は仕事にも差し障ることとなって職務を解かれ、同地は再び更屋敷になるのである。当然、このような家は誰も住まず、草が繁り、狐狸の住み家となっていた。幕府もこれに悩んでいたが、了誉上人という高僧が菊の亡霊を鎮めることとなる〔馬場　一九二九　二二〕。

最と念頃に經を讀み居給ふ所へ、夜陰丑の刻と思ふ折柄、井の中より光りを顕はし一つ二つ、三つと數へ悲しき聲、四つ五つとかぞへ段々八つ九つと算へては、悲しや足らぬと訇り叫びけること度々にて念佛しても更々止まず

念仏の力ではお菊の霊は鎮まらなかった。しかし、了誉は機転をきかせることで、お菊を成仏させるのである〔馬場　一九二九　二一～二二〕。

八つ九つと呼はる折柄、了誉聲を張り揚げて幽靈の聲に合せて、十と附け給ひければ、此の時幽靈はあら嬉しやと、一聲呼はりけるとなり、十に足らぬを毎夜歎く事を碩徳の上人、其の不足を十と補ひ給ひける事こそ理の當然たるべし、されば五體不具にしては佛に成らずと云う經文あり、此の菊は指一本切られて十の内の一本不足せしを定めて歎きつらん、皿も足らず指も足らず両様とも十と聲かけられ、渠が心を和げ給ふ學才の著しき程こそ有難けれ、此の後は不思議に亡靈は鎮まり

て更々夜陰にも、此の井戸より光りもあらず聲も立てず、菊も成佛疑ひあらじと見えたりけり

更屋敷と皿屋敷、十枚一組から一枚欠けた皿と、十本のうち一本が欠けてしまった指の対照、高僧の機転によって霊が鎮まるという趣向など、面白いと思う反面、いささか話が出来過ぎてもいる。馬場の『皿屋敷弁疑録』は、あくまでも小説であるということを念頭に読まれるべきものといえるだろう。ただし、幽霊を高僧が鎮めるという展開からは、仏教寺院が著名な僧侶の名声を喧伝するために語っていった仏教説話との関係も視野に含まれてくる。この点はのちに再論する。また、ここで注意したいのは、そもそも番町皿屋敷とは、いわくのある土地に発生した悲惨な出来事に起因して幽霊が出るという物語であるという点である。そうした土地は、そのために空き地・空き家となっている。放棄・放置された土地をめぐって人びとがめぐらせる想像力という点では、今日の心霊スポットとの親近性を感じさせる。

次に、今井秀和の翻刻する弘化二年（一八四五）の実録体小説『播州皿屋舗細記』から播州皿屋敷の大まかなストーリーをおさえておこう〔今井 二〇一五b 六二〜七四〕。

姫路山城主小寺氏の執権職・青山鉄山は謀反の意志があり、姫路城主の座をねらっていた。青山の息子・小五郎は小寺家の娘・白妙と恋仲にあったため反対したところ、座敷牢に幽閉される。その小五郎に菊が接近した。菊は小寺家の家老の弟・衣笠靫負介の許婚であり、青山の動きを不審に思っていた衣笠から間者として送り込まれていた。お菊は小五郎から青山の謀反の企てを知り、城主に報告する。これによって城主の毒殺を未然に防ぐが、謀反の兵を挙げた青山一派により姫路山城を奪われ

てしまう。菊は小五郎を解放したのち、間者として青山のもとに残った。

　菊が小五郎を逃がしたのではないかという噂をうけ、これを処刑しようとした青山を、町坪弾四郎という者がおさえた。町坪は下女として働く菊に恋をしており、求婚していた。菊に恩を売ろうとしたのである。

　青山はある日、小寺家の家宝「こもかえの具足皿」という十枚一組の皿で部下たちに飯をふるまった。菊がその皿を片付けていると一枚がない。町坪が隠したのである。怒る青山をいさめて、町坪が菊を引き取って拷問し、求婚を受け入れさせようとするが、菊は応じず、町坪を罵る。町坪は青山に菊が間者であると告げ、青山は菊の殺害を指示する。刺殺された菊は井戸に投げ捨てられたが、その途端、井戸から炎が燃え上がり、皿の鳴る音が響き渡って、地震のように建物が揺れる。驚いた青山と町坪が自宅に逃げると、井戸から菊が皿を数える声がして、屋敷が家鳴りし、皿の鳴る音がする。青山の屋敷は皿屋敷と呼ばれるようになり、誰も住む者がなくなってしまった。

　やがて、小寺らは再起し、青山と交戦、自害に追い込んだ。町坪は降伏したが、菊の妹らに姉の仇と訴えられ、果し合いをすることになる。菊の霊が現れて加勢し、町坪は菊の妹らに討たれる。現れた菊の霊が、小寺家の皿が一枚足りないことを悲しむと、城主は皿を再度菊に数えさせ、成仏するよういう。町坪から取り返したことで皿は十枚あり、菊の霊は喜ぶ。そして、成仏するのではなく、小寺家の守り神になると称して消えた。これが菊の宮のいわれである。この菊の宮は兵庫県姫路市十二所神社境内に現存し、於菊神社として信仰を集めている（写真12）。小寺氏の創建とされるが創建年不詳であり、三菊大明神菊姫命を祀る。

写真12　於菊神社（2009年撮影）

以上は、番町皿屋敷以上に出来過ぎた話である。お家騒動に関わる仇討ちの物語であり、お菊はお家安泰を導く忠臣といった位置付けとなっている。他方、播州における皿屋敷は青山の屋敷だった更地である。また、皿が十枚あることが菊の救いである点は番町と同様である。

さて、この番町皿屋敷と播州皿屋敷のどちらかが本家であるのか、ということがしばしば一般の関心となる。そのどちらでもないか、播州に歴史性を見出すべきことが今日の定説であるといえるだろう。伊藤篤によれば〔伊藤　二〇〇二〕、播州皿屋敷のことを記すもっとも古い文献は、寛延元年（一七四八）頃の『播州皿屋敷実録』で、事件は永正二年（一五〇五）の出来事とされる。他方、番町皿屋敷をめぐるもっとも古い文献は正徳二年（一七一二）の『当世知恵鑑』で江戸の初めの出来事とされる。しかし、元禄二年（一六八九）の『本朝故事因縁集』には、正保年中（一六四五～七）の出来事として、島根県の雲州松江皿屋敷のことが記されているのである。国文学研究資料館所蔵の「本朝故事因縁集」（矢口丹波記念文庫）巻二の一九ページから引用しておこう。

正保年中ニ雲州松江ノ士秘蔵セシ皿拾ノ内一ッヲ下女取リ落シテ砕ク士怒テ古井ノ底ヘ押落シテ殺ケリ此女死シテ亡魂消ズ夜々井ノ端ニ現シテ其ノ皿ノ数ヲ一ッ二ッ三ッ四ッ九ット云テ十ト云叓ヲ

エイハズワツト叫ブ叓不止有時智者ノ僧来テ一ッヨリ九ット云ト否ヤ十ト脇ヨリ数ヲ足シタレバ形
消失テ再ビ不出

松江の例は番町や播州よりもさらに古い事例といえようが、次にあげる天正五年（一五五七）の刊行とされる『竹叟夜話』記載の嘉吉年間（一四四一～三）の出来事とされる事例を、現状最古の事例とみる向きもある〔伊藤　二〇〇二〕。神戸大学図書館所蔵『播陽萬寶智恵袋』巻四〇収録のものを参照してみよう[1]。

一　小田垣主馬助といふ人　嘉吉の後山名の家郎とし春山の館代なりし　此時脇妾花野と云者　出入のてうと立しける　此人あたり近き人々をふるまいけるに笠寺新右衛門と申郷士ありし　此者廿五才　色好の者なりし　小田垣に出入しける　此花野に思ひをかけける　つね〳〵千束の文を送りしかど主人の奉公と辞しける　命かぎりと申かけける　或時鮑貝の盃一升入　五合入より一合まで有し　是ハ又山名伝来のよし　小田垣五ツ盃拝領せし　此出入を致ける　此盃を一ツかへし置けると　或時家らいの地そうとて　せんぎの時　二合入見へず花のいかがと申けるに　とかくふしぎと申ける　小田垣いかり　常ハ常　恋ハ恋　百両にもかへりざる盃出せとて　道具出されよとせりつけ　此盃不出てハ小田垣亡しけると　直に刀をぬき　せつかんすれど　印なし　つゐにくゝりあげ殺しける　此おんねん夜々あだをなしゝと承る　首くゝりの松とてありけるとぞ

先述の播州皿屋敷と近いようではあるが、妾の名前は菊ではない。皿ではなく盃の話であり、その数も五つであった。幽霊がそれを数えることもない。いずれにせよ、播州皿屋敷との関連をうかがわせる事例ではあるだろうが、広坂朋信はこの事例を皿屋敷の源流とみる伊藤の見方に慎重な姿勢を示している〔広坂　二〇一五　八二〕。少なくとも、番町皿屋敷と播州皿屋敷、そのいずれが古く、どちらが大元かを詮議することは困難であると言わざるを得ない。例えば、皿も出てこず、数えもしない右の事例は果たして「皿屋敷」なのか、という疑問が生じるわけであるが、この点は後述する。

さて、皿屋敷のお菊について述べてきたが、本章の主人公「おむつ」が、しばしばお菊の名で語られた無数の女性たちの一人である可能性を検討するために、次節では各地の同様の伝説を検討してみよう。

二　全国の皿屋敷とお菊

お菊の伝説は全国にどの程度あるのだろうか。ここでは類縁説話も含めて考えておきたいが、伊藤によれば、確認できているだけで岩手から鹿児島まで全国に四八例見出すことができるという〔伊藤　二〇〇二〕。そして、その多くに、お菊を祀る墓や社があったり、皿を持ち伝えていたりする。前田俊一郎によれば、祭祀伝承をもつお菊の伝説は全国に一九件あるという〔前田　二〇一三　一〇三〕。また、各地のお菊の伝説は武家のものに限られない。飯倉義之は、武家屋敷の出来事とする例が二九件、豪農屋敷の出来事とする例は一〇件、長者などの言い回しで職業は不詳だが富者の家とするものが八件、寺院が一件であるとしている〔飯倉　二〇一五a　一九六〕。

一例をあげてみよう。彦根市の長久寺という寺院には菊の皿がある。同寺の伝説ではお菊の物語は孕石家という武家に関わる近世の話になっている。孕石家は井伊家の家臣であり、井伊直政から白磁の南京皿十枚を拝領していた。孕石家の政之進と侍女・お菊が恋仲となるが、身分の相違もあり、お菊は心中に不安を感じていた。そこで家宝の皿と自身への愛情を天秤にかけて政之進の真意を試すため、南京皿の一枚を故意に割った。政之進は誤って割ったものではなく故意に割ったことに怒り、残りの皿をたたき割り、菊を手打ちにしたという〔宮田　一九六五　一〇三〜一〇七〕。長久寺にある皿は六枚であり、ヒビが入っている。後年、継ぎ合わされたもので、当初は養春院という寺院にあったが維新時に廃寺になったため、長久寺に移された。養春院に皿を納めたのはお菊の母で、長久寺の皿の解説書によれば、寛文四年（一六六四）に「怨念滅除供養」のために奉納されたとされている。長久寺には養春院から菊の墓とされるものも移されており、「江月妙心」という法名の刻まれたものをそれと同定している。また、八月九日に供養が行われている。

長久寺の伝説は菊の幽霊が井戸から現れて皿を数える怪談ではない。しかし、同寺の皿の説明書きによれば「お菊稲荷」というものがあり、「俗にお菊堂ともいわれ西番場町孕石邸内にありお菊の霊をまつる。昔から女人が進仕すると祟りがあるといわれている」との記述がある。『彦根史話』によれば、番場町の瘡守稲荷の隣の籔はお菊屋敷と称され、同地に住む狐が瘡を引き受けてくれるとのことで、梅毒等の花柳病の効験があるとのことで戦前までは花町からの参詣者が多かった。戦時中に燃料とするため竹藪が切り拓かれ、同地は畑となり、狐もいなくなったという〔宮田　一九六五　一五一

〜一五四〕。同市芹橋の菊の実家の井戸からは各地で菊の恐霊と認識されたお菊虫が出現したとの記述もあるが〔宮田　一九六五　一五一〜一五四〕、孕石家の邸内にも同様の井戸があるらしい。皿を数える怪談は伴わないものの、相応に「祟り」は意識されていたといえる。

さて、ここで各地の伝説の基本構成を概括してみよう。多くの事例に共通するのは「皿を割る」という要素である。彦根の事例も菊が自ら皿を割っていた。しかし、興味深いのは「皿を割らない」事例が存在する点である。皿を何者かに隠され、その罪を着せられるというものも含まれる。また、前節では皿ではなく盃の事例をみた。そうしてみると、①「什器の破損・紛失」によって責められることがこれらの事例の要件と考えられる。

次なる共通点は、①に起因して主人公の女性が死に至るという点である。ここには惨たらしい手段で責め殺される、斬られる、自ら命をたつといったバリエーションがある。こうした要素を②「主人公の死」と位置付けておこう。井戸が関わるか否かはこの場合重要ではない。一般に知られた物語においては、主人公の亡霊はその後、欠損・紛失した什器を数える。この要素を③「什器を数える」としておこう。彦根の事例ではこの部分が存在しなかった。そして、主人公に死をもたらした主人の家は祟りによって没落することになる。この部分を④「主家の没落」としておく。世にいう「皿屋敷」とは更地を意味する「更屋敷」の意味であり、「皿」の字は後からあてられたものという見方もある。すでに文政十三年（一八三〇）刊行の『嬉遊笑覧』という文献に、「さらやしきは家居もなきさら地の屋敷と云しをこれに附会して皿を破りし女の怪談を設しなるべし」との記述がある〔喜多村　一九二九　九五〕。「なんらかの理由」によって女性が殺され、それが祟ってある家が滅び、いまは更地となっているという話が、音の重なりから、①、そして③の要素を導き入れていったという見方である。

このように構成要素に分解してみると、お菊の伝説とその類縁説話はいくつかの類型に整理できそうである。ここでは諏訪春雄の議論を手がかりに〔諏訪　一九八八〕、仮にA「下女虐待型」、B「皿割り・皿数え型」、C「皿割り・非皿数え型」というパターンを想定してみたい。什器の多様性は皿という言葉に代表させておく。A「下女虐待型」は①・③の要素をもたないタイプである。なんらかの理由で主人に手打ちにされた下女が祟るというもので、お菊の皿屋敷伝説とは関わりがないかのようであるが、これが類縁説話と気づかれるのは、主人公の名がお菊である場合があるからである。一例を示すなら、群馬県甘楽《かんら》町（旧小幡町）の宝積寺に伝わるお菊の伝説は皿を割らない。同地を治めていた小幡信貞が菊という侍女を寵愛していたところ、他の侍女にねたまれ、信貞の飯椀に針を混ぜられてしまう。膳を給仕していたのは菊であったため、信貞は菊を疑い、蛇責めにして殺す。すなわち、菊は生きながらに桶に閉じ込められ、その中に捕らえてきた蛇を満載にして蓋をされ、池に沈められたのである。小幡家には、菊による祟りが続いたという〔萩原　一九五八　一三〇～一三二〕。この伝説の場合、小柏源六という者が菊を救い出したところ、菊が源六の家には毒蛇がつかないようにすると言い残して死んだとも〔萩原　一九五八　一三二〕、また、すでにこと切れていたともいう。加えて、お菊の母が煎り胡麻を池の端に撒き、お菊が怨みをはらすならば芽を出せと祈ったところ、煎った胡麻であるにもかかわらず芽が生じたともいう。小幡家は祟りを恐れ、宝積寺に菊とその母の位牌をおさめたという。その後も宝積寺では明和五年（一七六八）にお菊が神として祀られ、平成五年（一九九三）には菊女観音が建立されている。なお、宝積寺は菊の助命嘆願をしたともされるが、お菊が宝積寺の山門まで逃げてきた際に門を閉ざして助けなかったともされる。そのため、宝積寺の山門は何度建てても焼け落ちてしまうのだという〔井田　一九八〇　七九六〜七九七〕。実は、この皿を割らない伝説こそ、「お菊」の伝説ではないかという見方がある。皿を割らないお菊の伝説は複数例存在し、多くは小幡家と関わる。お菊とは小幡家に祟る霊の名であったとみることもできる。朝倉景衡による新井白石の聞書きという享保十八年（一七三四）成立の『老談一言記（遺老物語）』（二の下）に次の話がある（内閣文庫蔵版）。

加州ニムカシ小幡播磨トイヒシ人アリ　下女ニ菊トイヒシ女アリシヲ殺セリ　ソレハ飯ノ内ニ針ノアリシヲ以テノ故也　菊死ニノソミテイヒシハ此事我シリタル事ニモアラス　シカルヲマケテ殺サル、事コソ恨メシケレ　見給へ　播磨殿ユカリアルホトノ人マテモノコサス此恨ヲオモヒシラスヘシトイヒテキラレシトイフナリ　ソノ、チマツ小幡カ家ハ絶ハテ、ソノ、チハ或ハ外戚或ハユカリアルホトノモノ、子トモヨリシテヒタト死ニ死ニシテ残ルモノスクナクナリシ

白石の語りはこのあと、江戸にいる小幡氏ゆかりの有賀内膳の子供・平三郎のもとに不思議な女性が訪ねてきたが、これはお菊だったのではないかとの噂があったことを語っていく。以上のお菊の逸話は加州、すなわち加賀国のことになっている。小幡播磨守も加賀藩に実在した人物である。そして、この事例には皿は登場しないし、井戸も現れない。

また、神谷養勇軒の手によるとされる寛延二年（一七四九）の『新著聞集』には次の事例がある〔神

谷　一九七四　三六八～三六九」。

小畑孫市殿奥がたに、召仕の菊といふ女は、膳部の役なりしが、ある時、物縫おはりて膳をとゝのへ、何としけるにや、飯椀の中に、針の有しを、奥方見たまひ、大きに怒りたけりて、日来、主の心疑敷おもひしが、自らを殺し、己がまゝにあらんとて、かゝるおそろしき巧せし憎さよとて、髻をつかみ、引立て、庭の井筒に、落し入れて殺されけり。されば母も家にありしが、此事を聞、情けなき事とて、炒芥子を井の端に行、いかに菊よ。若心あてしけるにや。左もなくば、今蒔く処の炒芥子を、生て見せよ。此恨を返なんとて、井のほとりに蒔ければ、ふしぎや。此芥子、見るうちに悉く生出たり。奥方、これを見たまひて、憎きわざや。我をのろふはとて、母も又、井の底に落して殺されし。夫より、両人が怨霊、時ならずあらはれ出て、孫市殿夫婦を初め、その類葉のかた〴〵を、次第に取殺しけるまゝ、諸尊に祈願し、大法秘法を修しけれど、更に験なくて、あまりの事に、甲州の知行所に、菊寺とて一宇建立したまひて、さま〴〵に弔ひありしかど、猶も止ざりし。病人あらんとては、彼寺に灯多くかゝりぬ。病人死すべき時至れば、飯の湯を乞て、湯桶に二ツ三ツ呑畢て、忽ち死する事なり。どれ〳〵も同じさま也。詮方なくて、出家したまひしも有しかど、逃れやらで、幾ばくの一ぞく、こと〴〵く滅び果て、今は他家より、名跡をつぎたまひしとなり。

こちらの事例では菊の母親は炒った芥子を蒔いたことになっており、また、母も殺されている。井戸は登場するが、縫針に関わる話であるため、皿は登場しない。

なお、小幡孫市の一件は椋梨一雪の『古今犬著聞集』（天和四年［一六八四］序）にも記載されているが、「或時、物縫居けるに、時分よ、と、いひしかハ、針を、ミつからか衣裏《裳》にさして、膳を仕立て、奥方に居りける　飯椀の蓋を取て見れハ、飯の中に、件の針落たりしを、奥方、大に忿（後略）」と、針を落とす細部や語り口が相違するものの、基本的なストーリーは同一である〔椋梨　二〇〇〇　一七七〕。以上、菊という名の下女が虐待死する説話が無数にあるということを確認してきた。

次にB「皿割り・皿数え型」であるが、こちらは言うまでもなく什器の欠損・紛失と皿数えの要素を含むタイプであり、もはや説明は要しないだろう。C「皿割り・非数え型」は什器欠損の要素はあるが皿を数えないもので、先述の彦根の事例がこれにあたる。A〜Cがおおよそこの伝説の基本的なバリエーションと考えられるが、これに加えて、一群のユニークな事例が存在する。

例えば、宮城県亘理町の九枚筵伝説である。すなわち、ある武士の家で姑が嫁をいじめていた。ある日、姑は嫁に十枚の筵で麦を干させてそのうちの一枚を隠し、盗んで売ったのであろうと責めた。嫁はこれを口惜しく思い、井戸に身を投げてしまった。その後、嫁は幽霊となって現れ、筵を九枚まで数えて泣いたという。やがてこの家は絶えてしまったが、明治頃までこの家の敷地は雨が降っても筵九枚分の跡は濡れないと言われていた〔宮城縣　一九七三　五一二〕。以上は『宮城縣史』掲載の伝説の梗概であるが、同書には類例も掲載されている。すなわち、以下の事例である〔宮城縣　一九七三　二八八〕。

亘理伊達家に仕えた侍の家に嫁いびりの姑があって、ある日十枚を渡して嫁に麦を干すように命じ、十枚のうち一枚を隠す。夕方嫁が片着けると一枚足らない。幾ら算えても九枚しかないので申訳なさに井戸に投身して死ぬ。夜になると、嫁の亡霊が現われて井戸のそばに筵をならべて算え、十枚目にわっと泣く声がする。この屋敷を九枚筵と呼び、曇った夜には筵を敷いた場所がぼんやり見えるという。

女性の名はどうやら菊ではなく、また、女性は下女ではなく、死に追いやるのも主人ではない。紛失するものも什器ではないが、十枚一組のものが欠け、それを苦にして主人公が死に、かつ、亡霊は一つが欠けてしまったそれを数えているという点で、いわゆる皿屋敷伝説の類縁にあるということができる。

なお、ついでながら『宮城縣史』にある宮城県内の皿屋敷の事例も紹介しておこう。宮城県宮城町（現仙台市）の「皿屋敷」は次のような内容である〔宮城縣　一九七三　二八七〕。

芦沢某という侍の家の女中が誤って家宝の皿一枚を割り、折檻されて手討にあう。毎夜ふけに女中の亡霊が台所へ入って来て皿を洗って算え、九枚目のあと叫び声をあげて飛び出す。そこで手討ちにした刀を埋めて塚を築き、頭に皿をのせた石地蔵を立て地蔵森という。

以上の事例では亡霊は台所に入ってくるといい、井戸ではない。名前も菊とは明示されていない。また、仙台市の川内中坂通の皿屋敷は次のようである〔宮城縣　一九七三　二八八〕。

川内城二之丸裏門通と中坂通の十字路西南角の屋敷、二代藩主忠宗の時という。家宝の皿十枚のうち一枚を割った女中が手討にあい、井戸に投げ込まれる。夜な夜な皿を算えて泣く声がする。侍の家に変事が起って死に絶え、屋敷は荒れ果てる。大年寺二世の月耕禅師が四代綱村に願って隠居屋敷としてから、怪は止む。

こちらも菊の名はみえないが、典型的な皿割り・皿数え型の事例である。比較的近いエリアに、このように内容の相違する事例が同居していることも興味深い事実であるといえるだろう。

さて、九枚莚伝説は、民俗学者・佐々木喜善が「多少の記憶の誤りがあるかも知れぬが」と前置きして中山太郎に語った事例では嫁姑の物語ではなく継母と継子の物語りであったとされている〔中山一九三三　一八一〕。佐々木喜善と中山太郎は継子いじめ譚でありシンデレラとの類似性もある紅皿欠皿の伝承を念頭に議論をしており、中山はここから九枚莚の伝説を皿屋敷伝説の原型とみていく。民衆の説話において継母・継子の物語であったものに各種の出来事が結びついて皿屋敷の伝説が出来上がったというのである。筆者もそのような可能性を否定するものではないが、ただ一つの事例からこのような皿屋敷伝説の始原を考察するのは困難であるかもしれない。ただ、皿屋敷伝説の形成のプロセスについては整理することができるだろう。

組物の欠損のモチーフをもつ皿屋敷の伝説とお菊の伝説は、本来は別の伝説であり、それら複数の伝説が複合して成立したものがいわゆる「お菊皿屋敷」であると見なし得る〔小二田　一九八七　五三〕。

先述のA〜Cの型のうち、皿屋敷伝説と称され得るものはB・Cの類型であった。Aはいわゆるお菊の伝説と考えられ、皿の要素が欠落している。たしかにいえることは、下女や妾などの弱い立場の女性が、濡れ衣を着せられたり、なんらかの落ち度によって虐待されて死に、幽霊になったという物語が各地にあるということである。それが女性の名や皿を介して複雑に重なりあっているのが、こうした伝説の分布状況であるといえる。前田は「女性の死を象徴し、非業の死に至らしめられた女性たちの群像を背景とする名」が菊であったとみている〔前田　二〇一三　九八〕。また、伊藤は近世社会には無数の潜在的な「お菊」がいたのであり、霊となって主人の非道を責める下女の物語は庶民の悲願を具現しているとみなしている〔伊藤　二〇〇二　七八〕。そのような「ぬれぎぬ」や「落ち度」のバリエーションの中に、皿をはじめとする什器の欠損のくだりがある。そして、各地の下女虐待譚におけるモチーフがなんらかの理由によって競合または習合し、当該説話群を構成する無数のモチーフの中で「菊」の名と「什器欠損」という一部が一般化したことが、現在の番町皿屋敷と播州皿屋敷の認知度を実現させていると考えられるだろう。今井秀和も「濡れ衣を着せられて死んだ下女・お菊」の怨霊伝説と、「什器（さら）を欠損して死んだ下女」の怨霊伝説が空き地をめぐる伝説を介して結びつくことで成立したものが「播州皿屋敷」「番町皿屋敷」であるとみている〔今井　二〇一五a〕。

この点についていては、「皿屋敷」の物語が芸能として好まれたことも忘れてはならない。近世演劇の影響により「虐待によって死亡した女性」が「お菊」化されていった、あるいは、そのような物語が「皿屋敷」化されていったということも考えられるだろう。西日本では享保年間（一七一六〜一七三六）、江戸では明和二年（一七六五）には皿屋敷を題材にとった歌舞伎の初演が行なわれている。印象的で魅力的な物語が、土地土地の下女虐待の物語を塗り替えてしまった可能性は考慮すべきである。また、先述の高僧のくだりも、こうした話に、影響力のある語り手の存在を想定させるものである。小二田誠二は祐天上人の事例をも視野におきながら、「浄土宗門の説教僧」が話の伝播者として介在した可能性を指摘している〔小二田　一九八七　五六〜五七〕。

本章はお菊や皿屋敷の伝説それ自体に関心をおくものではない。そのため、先行研究の諸説に敬意を表しつつも無数のレイヤーが折り重なる中で「番町皿屋敷」「播州皿屋敷」が成立していると理解しておくに留めることにする。というのも、このようなレイヤーの重なりの中に存在する、お菊でも皿屋敷でもない事象が「おむつ塚」だからである。

三　おむつ塚について

本章の主人公である「おむつ」に話題を移そう（写真13）。本章冒頭で示したおむつ塚をめぐる言説を念頭に、前節までの作業を振り返ってみると、相違する点はあるものの、おむつの事例が群馬県甘楽町の話と似ていることに気付かれる。蛇責めが行なわれている点、おむつの母が植物を撒いている点である。

では、おむつ塚は過去の記録にはどのように現れるのだろうか。大正九年（一九二〇）の『一町田中拾遺集』にその伝説は紹介されている〔萩原文庫　一九二〇　七九〜八〇〕。

「阿嬢墓或ハおむつ塚」

一町田中在村北小澤（甲斐國志十巻ノ三十九古蹟部第二山梨郡栗原筋）阿嬢ハ本村ノ領主闕金平正之ノ妻ナリ正之其不義アルヲ疑ヒ之ヲ嚴責ス阿嬢其毒楚ニ絶ヘス終ニ自經ス因テ此ニ埋ム今ニ微風細雨蕭滌タル夜ニハ或ハ陰火炎々タルヲ見ルト云（村記ニ云金平ハ慶長五年ヨリ本村ニ住シ三百石ヲ領ス其後元和元年大阪ノ役ニ戦死スト無名氏ノ詩アリ（中略）闕金平ノ宅迹仝村今田安殿ノ官廳ヲ置カルヽ所乃チ之ナリト云）

口碑ニ云地頭専横窮リナクおむつナル者本村某ニ嫁スルノ際强テ地頭ノ權威ニヨリテ意ニ従ハシメントセルモ應セス爲メニ土中ニ穴ヲ作リテおむつヲ入レ尚虫攻ニセルモ従ハスシテ苦悶死ニ至レリトおむつノ母栗ヲ手ニ摑ミ來リ怨言シテ曰ク之栗ノ數程代々地頭ヲ惱マセヨト爾來怪火墓邊ニ燃ヘ冤靈來テ地頭ヲ惱スコト數代遂ニ同族ヲシテ滅亡セシメタリト

写真13　おむつ塚（2020年撮影）

阿嬢は「おむす」と読む。引用文のうち、阿嬢に関わる内容は『甲斐國志』から引き写したものである。「おむつ」については土地の言い伝えを記したものであろう。『甲斐國志』は文化十一年（一八一四）に成立した地誌であり、近世の段階でこの塚をめぐる伝説があったことがわかる。ただし、阿嬢の話とおむつの話は大きく異なるものだといえるだろう。また、各種のウェブサイトでおむつの母が「栗の実」

を撒いたとされているのは「粟」の誤記であることもわかる。おむつの母は「粟の数ほど悩ませろ」と念じたが、このように「願い」や「呪詛」に際して植物の種を蒔こうとするもの、とくに数量の夥しいものを蒔いて多くの祟りがあることを祈ったり、通常ならば芽吹きそうもないものが芽吹くか否かで、その願いが奇跡的にも叶うことを祈ろうとするものは、実はこのほかの伝説にも見出せる。例えば、栃木県さくら市の箱森十九夜尊には、箱森権現の別当を務める権利をめぐって僧侶らが争い、敗れた側が村民を恨んで「粟米一升稗米一升を背負い、この数だけ箱森新田の子孫が健全に成育しない様にと祈つて井戸に投身自殺をした」といい、その祟りによって子供らが幼くして亡くなりやすいので地域の女性たちが十九夜尊を建立したという伝説がある〔栃木県町村会　一九五五　五六五〕。他方、おむつの事例においては実りそうもない粟を蒔いたわけではないが、先述の甘楽町の事例では「煎り胡麻」が撒かれていた。煎った胡麻は芽吹くわけがない。小幡孫市の事例では「炒芥子《いりけし》」であった。つまるところ、加熱処理済で実りようのない植物が実るという、通常では起こり得ない奇瑞があったことで、お菊の祟りが成就することを確認しようとしていたわけである。胡麻にせよ芥子の実にせよ、細かい実を撒いていることが、粟と重なる。そのほかの事例としては、例えば、浄土真宗の開祖・親鸞が越後流罪の際に布教の成功を祈ったり、徳川家康が天下統一を祈念するケースなどを拙著で取り上げている〔及川　二〇一七〕。これらは各地の伝説をめぐる想像力の一つのモチーフであるということができる。なお、おそらくは、これらはかつては「これがその植物である」と指し示して語られたものもあったと考えられる。つまり、伝説を事実として語る際の根拠である記念物であったと考えられるし、あるいは、奇妙な形状の植物や特殊な植生を説明する伝説であったともみなし得よう。家康の事例などは、複数にわたって実のなる栗をさして、この伝説が語られていた。

さて、『一町田中拾遺集』において注意したいのは、今日一般に知られる「おむつ」の伝承は「口碑」、すなわち口頭で語られていたと思しい異伝のほうであったという点である。少なくとも、『甲斐國志』の刊行された文化十一年（一八一四）の時点ではこれは「阿嬢《おむす》」が不義を疑われて自殺し、墓の周囲に火の玉が出たという話でしかなかった。現在の心霊スポットの言説ではこの「阿嬢《おむす》」のバージョンはまったく忘却されているということになる。どちらに信憑性があるかを判断することはできないが、「阿嬢《おむす》」の事例は闕金平正之という実在の人物と関連づいた話である一方、「おむつ」の事例はいささか抽象的であり、かつ、ここまで見てきたお菊や皿屋敷の伝説とよく似ていることが気にかかる。

民俗学は口伝えの物語を重視するが、それは事実の所在を口伝えの情報に依存して判断するということではない。むしろ、口伝えの物語を相対化することもその重要な課題である。以上の検討から指摘できることは、少なくとも以前には二様のエピソードが存在したということ、「阿嬢《おむす》」の事例は近世から確認でき、地誌に記載され、実在した人物と関連した話であること、「おむつ」については、現状近世には確認できず、かつ、各地で語られている説話のモチーフがうかがわれることである。現在は、そのような二様のエピソードのうち、「おむつ」の事例が突出して語られているということになる。

では、現代において「おむつ塚」はどのように発見されていったのだろうか。

心霊スポットとして同地を眼差す言説の資料上の初出は、管見の及んだかぎりでは、おばけ友の会の編集による平成四年（一九九二）の『日本全国おばけマップ』のようである。これよりもさらに遡れるようにも思うが、この点は資料の発見を待ちたい。その内容は次のものである〔おばけ友の会　一

九九二　七五」。

昔、好色な地頭がいて、嫁いでいく女性は、婚家へ行く前に、地頭の家へ必ず立ち寄り、処女を捧げることになっていた。

その村の女、おむつもまた、嫁ぐことになったが、地頭の家へ着いたとたん、死んでも身の清いままで嫁いで行こうと覚悟し、地頭の誘いを強くはねつけた。

怒り狂った地頭は、おむつを裸にして縛りつけ、牢に閉じ込め、ムチで打ったり、大蛇や毒蜘蛛を体にはわせたりしたあげく、生き埋めにして殺してしまった。それからというもの、おむつの呪いは地頭を苦しめて発狂させ、自殺させてしまったという。

読み物としての潤色もあるのであろう、『一町田中拾遺集』の言説とはやや相違する。蛇責めのみならず、ずいぶんと多様な手段で責め苛んだことになっている。いずれにせよ、「おむつ」の物語は、一九九〇年代には心霊スポットを紹介する書籍に取り上げられていた。では、このあと、おむつ塚はどのように語られていくだろうか。以下、2ちゃんねるやまちBBSを主な対象にその語られ方を見て行こう。

第一部第一章で見たように、二〇〇〇年代初期から心霊スポットの情報は2ちゃんねる上で語られていた。書き込み数のさほどふるわないものも目立つが、山梨県に対象を限定したスレッドも立ち上げられる（表4参照）。以上のうち、はじめておむつ塚に言及したものは平成十三年（二〇〇一）の「山梨ってどこよ?の怖い話」(二〇〇一年五月二十四日~八月二十九日)であり、六八二レスに次の書き込みがある。なお、書き込みは紙幅の都合から改行の位置を変更している。

682: 90:〈2001/07/28(土)11:07〉
ああ。久しぶりのカキコ。えっと今日コンビニでホッ《マ》ドッ《マ》クプレス立ち読みしたら全国の怪奇スポットで山梨市が出ていておむつなんとか(詳細忘れた)っていう心霊スポット紹介してたけど山梨市の人詳細教えてください。

これに対し、六八九レスで次の応答があった。

689: あなたのうしろに名無しさんが・・・〈2001/07/29(日)01:02〉
>>682
聞いた事ある。けど忘れた…鬱　山梨市といえば、民話の笛吹きゴンザブロウのお話しって、結構オカルトですよね。

書き込みにある『Hot Dog Press』の記事とは平成十三年(二〇〇一)八月十三日号の「全国噂の心霊スポット徹底ガイド」であり、おむつ塚は「おむつの塚」と称されている。「好色な地頭が嫁入りするおむつを手込めにしようとするが、おむつは激しく抵抗　怒った地頭はおむつを裸にし、縛りつ

書き込み期間	スレッドタイトル	総レス数
2000年3月5日～6月26日	山梨の心霊スポット	46
2000年11月13日～11月21日	山梨県の心霊スポット	76
2000年12月24日～2001年2月26日	山梨の心霊スポットに2chのアドレスが	22
2001年5月24日～8月29日	山梨ってどこよ？の怖い話	880
2001年8月18日～12月4日	山梨ってどこよ？の怖い話　その2	252
2002年8月17日～2003年1月28日	【恐怖】山梨県の心霊スポット【驚愕】	661
2003年1月23日～2月28日	山梨で一番怖い心霊スポットは？	72
2006年2月20日～6月13日	山梨県の心霊スポット	1000
2006年6月12日～12月27日	山梨県の心霊スポット2	1000
2006年12月27日～2007年1月5日	山梨県の心霊スポット3	12
2006年12月28日～2007年2月26日	山梨県の心霊スポット3	157
2007年9月15日～2008年8月23日	【半黄泉の国】山梨の心霊スポット【甲斐の国】	1000
2008年8月20日～2009年2月17日	【半黄泉の国】山梨の心霊スポット2【甲斐の国】	464
2009年9月20日～2010年7月31日	【んー】オカルト板総合 in 山梨【にゃー】	277
2010年9月14日～2014年1月28日	【んー】オカルト板総合 in 山梨 Part2【にゃー】	758

表4　2ちゃんねるにおける山梨県の心霊スポットスレ一覧（各ログの検索により筆者作成）

けて牢に閉じ込めた挙げ句、生き埋めにしたとの言い伝えがある 今でも祟りがあるそう」と解説されている。ここでのおむつ塚の解説は、『一町田中拾遺集』および『日本全国おばけマップ』の記述と比較すると蛇責めの部分が抜けおち、むしろ『日本全国おばけマップ』に登場した各種の拷問が継承されている。

また、表4には示していないが、まちBBSの「山梨の心霊スポット!!」（二〇〇三年一月十四日～二〇〇七年一月二十七日）にも「おむつ塚」に関する書き込みがみられる。

111: じゅん〈2004/07/22(木)13:27:41 ID: 1atYVBkQ〉

「おむつ塚」の詳しい場所知って

る人いますか？？去年雑誌に載ってて、山梨で一番ヤバイくらいの事が書いてあったんですが…。山梨市の一丁田中にあることは分かってるんだけど、そこからが分かりません＊＊＊誰か教えてください☆

繰り返し雑誌で取り上げられていたようだが、知名度はいま一つという状況がうかがえる。この書き込み対し、ウェブサイトの情報提供があるが、「じゅん」なる人物はそれをみてもわからなかったと語る。やがて、「じゅん」氏は「おむつ塚」の位置を特定し、訪問を実現させたらしい。

120：じゅん〈2004/08/01（日）17:32:02 ID: 6Bzver96〉
おむつ塚の場所わかりました☆かなりヤバイとこでしたよ…。これで、県内のスポットは多分全部制覇しましたよ☆

のち、二年間は「山梨の心霊スポット!!」上に「おむつ塚」に関する書き込みはなく、再び場所に関する質問が書き込まれる。

244：探検隊〈2006/07/22（土）22:42:38 ID: YsmWxihU〉
お願いです！
誰かおむつ塚の詳しい場所教えて下さい。

川沿いから左折して、小屋の脇の細い道に入ってから先が全然分かりません。

これ以降、おむつに関する冗談が交わされたのち、「山梨の心霊スポット!!（Part2）」（二〇〇七年一月二十五日〜）では現在まで書き込みがない。

大衆的な雑誌でも取り上げられるようになったとはいえ、二〇〇〇年代前半にはおむつ塚の認知度はさほど高くはなかった模様である。または、掲示板上でしばしば話題にあがる、というものでもなかった。認知度に変化が生じたと思われるのは二〇〇〇年代後半からである。その過程をやや細かくたどってみよう。まず、平成十八年（二〇〇六）の2ちゃんねる「山梨県の心霊スポット２」（二〇〇六年六月十二日〜十二月二十七日）における書き込みを確認してみたい。

424: 本当にあった怖い名無し〈2006/08/23（水）23:22:45 ID: ooK8GCP70〉
質問なんだが、山梨市内で心霊スポットってあるの？

430: 本当にあった怖い名無し〈2006/08/24（木）13:32:34 ID: bsWDhs3KO〉
＞＞424　一町田中におむつ塚って所がありますが詳しい場所は不明です。

詳しい場所は不明であるとされ、これ以上の会話は継続しないが山梨市の心霊スポットとして名前があげられている。平成十九年（二〇〇七）の「【半黄泉の国】山梨の心霊スポット【甲斐の国】」（二〇〇七年九月十五日～二〇〇八年八月二十三日）では「おむつ塚」に関する会話が継続するが、やはり認知度は高いわけではなさそうである。

62: 本当にあった怖い名無し〈2007/10/03（水）23:18:19 ID: 8hngTmazO〉
山梨市　一丁目《ママ》田中　おむつ塚　ヤバいらしいけどどうなの？　写真はヤバそう。

これに対し、九〇レス目から一町田中周辺でラジオからお経が聞こえたという不思議な体験が語られる。これに対し、次のようにおむつ塚の名前があげられる。

94: 本当にあった怖い名無し〈2007/10/17（水）19:59:56 ID: rybdYvnG0〉
>>92　一丁田中は、あの角に、お地蔵さんが並んでるところですね。確かに夜通ると、ちょっと怖いです。おむつ塚も近くにあるみたいですね。

96: 本当にあった怖い名無し〈2007/10/18（木）04:56:53 ID: U+0iPbdeO〉
あの辺は道自体が狭くて暗いし、家の造りも全体的に古いものが多いから、そういった古いものに恐怖心を煽られるタイプだとキツイかもね。でも昼は交通量もあるし、活気というか人々の生活感のある場所だから俺は割とあの道は好きだったりするよ。逆に甲府市街のオリオン通りの寂れっぷりはオカルト　良かったらおむつ塚についてkwsk

しばらく間を空けて、「おむつ塚」の誤認に関する次の書き込みがあり、当該スレッドでのおむつ塚に関する発言は消える。

417: 本当にあった怖い名無し〈2008/02/23（土）01:17:54 ID: O6XMotqW0〉

お恥ずかしい話、つい昨日まで『おむつ塚』が使い古した『おむつ』を捨て場所《ママ》だと思ってた…

四一七レスの、下腹部に着用する「おむつ」との誤認は先述のまちBBSでも冗談として話題にあげられていた。

次に検討するのは「【んー】オカルト板総合 in 山梨【にゃー】」（二〇〇九年九月二十日～二〇一〇年七月三十一日）である。平成二十一年（二〇〇九）十一月三日の五〇レス目に「山梨市ならオムツ塚は恐いらしいね」という書き込みが行なわれたが、話題は継続しなかった。やがて、八九レス目から以下のような会話が続く。

89: 本当にあった怖い名無し〈2009/12/08（火）21:51:45 ID: ap1RNsplO〉

通ってた高校の近くにおつむ《ママ》塚?ってのがあるらしいんだが場所が全然わからなかったんだ。場所はいいんだがあそこはマズいの?

90: 本当にあった怖い名無し〈2009/12/08（火）22:04:47 ID: 7TNWwVuf0〉
＞＞89　おむつ塚でしょ?·行った事はないけど。

91: 本当にあった怖い名無し〈2009/12/09（水）11:57:04 ID: 1NYrHC5QO〉
＞＞89　聞いた話だけどおむつ塚はお墓やお地蔵さんが乱雑にまとめてあるから異様な場所らしい
周りに畑があって外からは見えにくいみたいだけど　近くの公民館で怪奇現象にあったおじいさんの話は聞いたことあるよ

認知度は二〇〇〇年代前半に比して変化している。平成二十二年（二〇一〇）から平成二十六年（二〇一四）まで継続した「【んー】オカルト板総合 in 山梨 Part2【にゃー】」では次のように言及される。

127: 本当にあった怖い名無し〈2011/01/31（月）20:23:43 ID: l/u5C7+v0〉
オムツ塚は場所的に手軽に行けて、結構怖い。

これまでは場所が不明であるという書き込みが目立ったが、手軽に行ける場所として言及されるようになる。各種ウェブサイトで地理的情報を得やすくなったことも関わっているだろう。事実、おむつ塚は山間部や鬱蒼たる森林の中にあるわけではなく、場所さえわかれば、訪問することは物理的には困難ではない。

総じて、ウェブ上の掲示板においては、他の心霊スポットに比べておむつ塚はさほど注目されているわけではない。したがって、性急にここから知名度の変化を考えるべきでもないが、二〇〇〇年代初頭にはさほど知られていなかったおむつ塚が、二〇〇〇年代後半以降に知名度を増していったものと判断できよう。『全国心霊マップ』の「おむつ塚」のコメント欄ではユーチューバーである「はじめしゃちょー」の動画を見たという者の書き込みが目立つ。二〇一〇年代にこうした動画投稿の影響でさらに認知度を高めて今日に至っているというところであろう。

さて、本節ではおむつ塚をめぐる言説のあり方を簡単に検討してきた。次節ではこのおむつ塚をめぐる物語が、事実であるよりは伝説として存在することを引き続き考えてみたい。塚はたしかに何者かの死を弔うものではあるかもしれない。しかし、それは拷問の末に殺されたおむつではないかもしれないのである。つまり、おむつの物語はお菊をはじめとする下女虐待説話の広がりの中にあるということを論じてみたい。

四　蛇責めのフォークロア

「阿嬢」および「おむつ」の話には菊という名も、濡れ衣を着せるパートも、什器の欠損という要素も見受けられない。だとすれば、お菊とも皿屋敷ともまったく別系統の説話であるかのようだが、話を構成するモチーフに注目するかぎり、「おむつ」の物語はそれらと類縁的である。粟ないし粟を撒く点の類縁性については前節で検討した。本節では、蛇責めのエピソードについて掘り下げてみたい。このエピソードに注目すると、おむつとお菊をつなぐような中間的な事例のいくつかが視野に含まれてくる。

まず、群馬県前橋市におけるお虎が淵の事例である。次に示すのは『前橋史話』掲載の事例で、いささか語り口が童話調ではあるが、全文を掲げておく〔丸山　一九七五　二八二～二八三〕。

いつの頃であろうかそれは――松平氏が城主になる前、酒井氏が藩主であった頃でもあろうか。城中にお虎という美女が、殿様のおそば近く仕えていた。それより前、ある秋晴れの一日、殿様は赤城山の裾野で鷹狩りを催した。この行楽の途すがら、殿様の目にとまり、賤の付屋から城中へ召し出されたのが、このお虎という美少女であった。そういういきさつもあって、殿様のご寵愛はお虎の一身にあつまった。嫉妬深いのは女の常、前から城中に仕えていた女中達は、ねたましさ、くやしさのあまり、どうかしてお虎をおとし入れようと、朝に夕に、お虎のたち居ふるまいに目をつけ、なにか難癖をつけようと見張った。ところが山家育ちのはずのお虎は、言葉も優に、たち居もやさしく、その上朋輩にはへり下るので、なんとも難癖のつけようが無い。よしこの上は、殿様に讒言をしてもと悪女中どもはよりより相談し合った。

いつものように朝食の膳に向い、ご飯茶碗の蓋をとった殿様は、ご飯の中に、小いさく光るもののあるのを見つけた。それはこまかく折った縫針が、御飯の中にまぜてあるのだ。御給仕役はお虎である。みるみる顔色のかわった殿様は、お虎にはげしい怒りをぶっつけた。お虎が殿様を殺そうとしたと、思いこんだのである。身に覚えのないお虎は、驚きのあまり身をふるわせ、泣いて謝ったが聞き入れられない。女中共のたくらみはあたった。哀れなお虎は、あらぬ濡衣をほせないまま、怒りに狂う殿様の命令で、蛇や百足をつめた木箱の中に入れられて、虎が淵へ生き乍ら沈められた。

無実の罪で殺される女の怨みに、報いがあるか無いか、思い知らせてくれましょうぞー、木箱の中で、お城の方を睨みながら、水底に沈んでいった虎女の怨みに、それからは毎年の秋、雨降りごとに利根川の水は洪水となって、お城の一角につきあたり、崖をくずして、ついには本丸さへ、川底へ沈めてしまった。お虎の哀しい運命は、前橋町の人々の涙をさそい、その霊をなぐさめるために、お虎明神として祀られたのである。

お虎の伝説にも「蛇責め」のモチーフがある。そして、またしても「飯椀のなかの針」というモチーフが登場するが、これはお虎の落ち度ではなく、同僚たちから妬まれたものである。皿を割ったわけでも失くしたわけではないものの、濡れ衣をきせられるお虎の姿は、播州の花野やお菊と重なる。また、お虎の祟り方は壮大である。実際、前橋城は利根川の浸食に耐えかね、明和四年（一七六七）に廃城となり、再建は慶応三年（一八六七）のことである。このような城の危機を過去の因縁と関連付けて語る際に参照される存在がお虎であった、ということになるだろうか。なお、御虎明神は以前は教徳寺という寺院の境内に堂宇を備えていたが、現在はない〔丸山　一九七五　二八二〕。そのかわり、境内に供養塔が残されている。これはもとは大蓮寺という寺にあったものらしい〔中島　一九三二　四二八〕。また、現在は利根川沿いに虎姫観音が昭和四十三年（一九四八）に建立されている（写真14）。

以前は虎玉稲荷と刻された石碑があったといい、呼吸をしないでこの碑のまわりを三度めぐり、「お虎さん」と呼びかけるとお虎の返事が聞こえるともいわれていた〔中島　一九三二　四二八〕。

なお、お虎の伝説にもまたいくつかの異説のあったことが『伝説の上州』で確認できる〔中島　一九三二〕。すでに引用したものに加え、家老がお虎に横恋慕し、逆恨みしてありもしないことを主君に讒言したために殺されたというもの〔中島　一九三二　四二二〜四二四〕、恋い慕う男との密会が主君に知られて殺されたというものがみえる〔中島　一九三二　四二四〜四二六〕。前者はやはり播州皿屋敷を想起させる。

写真14　前橋市の虎姫観音（2019年撮影）

お虎の伝説は「嫉妬によって無実の罪を着せられた女性の伝説」としてお菊伝説と重なる一方、皿屋敷伝説とは縁がなさそうである。そして、これもまた孤立した事例ではなく、似たような事例が同じ群馬県内にある。安中市のお八重が淵の伝説である〔安中市市史刊行委員会　一九九八　六二九〕。

安中の城に、お八重という美しい娘が殿様にお仕えしていた。気立てのよいお八重は、特に殿様のお気に入りだったので、大勢の女たちの中には憎んでいる者もいた。

いつものように、ご典医が調べて渡された御膳を捧げて殿様に差し上げた。一箸、二箸と食べていた殿様が、突然、箸を止めて怒った。「この縫い針は何だ。」と差し出されたお茶碗の中には、キラリと光る縫い針が入っていた。ご典医が呼ばれ、調べられたが、お八重のしわざとされ、何の調べもなく座敷牢に入れられ、さらに何百匹とも知れない蛇の入った大きな瓶に入れられ、お城の下の九十九川の淵へ投げ込まれた。この淵を誰いうとなく、「お八重が淵」というようになった。しかし、その後の何度もの大水で浅くなり、今は淵などみられない。

　けれども、お八重の恨みからご典医の家では医師が二代と続かないという噂が流れ、お八重の供養をするための碑が建てられた。


右の『安中市史』の事例では祟りが典医にのみむかっているが、これ以降、「若い女の悲痛なうめき声を聞いたとか、あるいは岸辺に立っている髪もみだれ血まみれになった女のものすごい姿を見たとかいう、うわさがたった」ともいう〔五十嵐　一九一三　四三九、一九五六　二二五〕。この伝説と関わって「八重が淵の碑」が昭和二十五年（一九五〇）に建立されている。これはお八重の祟りが典医の家ばかりでなく、より広く祟ったためであるらしい。歴代の医師に祟りをなしたといい、これが近代以降も続いたと認識されていた。町の医者で二代と続いたものがなかったのだという。このため、碓氷軍医師会所属の医師の主催で昭和十年（一九三五）に妙光院という市内の寺院で法要を行ない、また同碑の建立に至ったのだという〔中沢　一九七八　一四〕。

　医師に祟るという点はユニークだが、伝説のかたちそれ自体は甘楽町のお菊や前橋市のお虎の事例と重なる。ここにきて、地理的な近しさも気にかかってくる。また、下女虐待の説話は、必ずしも「お菊」の伝説とは見なせないかもしれない。別様の事例を取り上げてみよう。今度は遠く隔たった徳島県の日和佐町の伝説である〔日和佐町史編纂委員会　一九八四　一三四〇〕。

日和佐城主の屋形跡を「お屋敷」という。昔、お屋敷にお蝶という料理を作るのがなかなか上手な女中がいた。殿様は、お蝶をたいそう寵愛して奥方の作った料理など口にしなかった。嫉妬した奥方はお蝶の様子を夜昼となくうかがっていた。お蝶は夕方になるとだれにも気づかれないように、裏口からそおっと抜け出してし《ママ》近くの桧鼻の松林の中に消えていった。そこにはぐちな（蛇）がたくさんおって、お蝶はいつもそれを捕りにいっていた。捕ったぐちなを、袋に入れてもち帰り鍋で炊きだした。鍋の蓋には小穴があけてあり、熱くなるとぐちなはその穴から、かま首をつき出す。それを指先でつまんで引き出すと、骨だけが、すうっと抜けて皮と肉が鍋の中にのこる。このようにして作っただし汁を料理に使っていたのである。このことを奥方から聞いた殿様は火のように怒り、お蝶を捕えて桶に入れ、お蝶がいつも蛇を捕えていた桧鼻に埋め、桶の蓋に小穴をあけて、その穴から蛇をいっぱいおし込み、おまけに大きな蓋石をのせて蛇責めにして殺したという。それからはお蝶の怨霊が火の玉となり、夜になると桧鼻からお屋敷の方へ飛んで行くようになった。そこでお屋敷の近くに祠を造り、お蝶をお祀りしてあるのが若宮さんだという。蛇責に使った蓋石は日和佐駅前広場の片隅に今も保存されている。

正妻の嫉妬によって蛇責めにされて殺されたお蝶という女性の伝説であるが、こちらの事例ではお蝶という女性自身が奇妙な行動をとっている。もともと別様の伝説だったもののうえに、本章で取り上げているような伝説が後から覆いかぶさった可能性も捨てきれない。

さて、お虎たちは女性達の嫉妬によって濡れ衣をきせられていたが、「おむつ」は権力をもつ男性からの誘いを拒んだために「蛇責め」にされていた。そのような事例はほかに存在するのだろうか。実は存在するのである。

『山口市史』三（各説篇）には『「山口男に萩女』の話」として、山口に美女が生まれないことの理由として語られている次の伝説が紹介されている〔山口市史編纂委員会　一九七一　四五九〕。

むかしむかし山口の城下に、世にも稀な美女がいた。ところである日、山口を治める殿様がこの美女を見染めて、早速、館へお召しになり、意に従うようにと命じられたのであるが、美女には他に意中の人があったので、なんとしても殿様の意には従わなかった。いまはもう「可愛さあまってにくさ百倍」の殿様は、美女に縄をうたせて姫山に送り、頂上にある古井戸に投げ込み、その中へあまたの蛇を投げ入れて、いうところの〝蛇責め〟にしたものである。美女はその苦しみのなかで「この身がかりそめの美しさに生まれたばかりにうけるこの苦しみを、二度と後の世の女性にはさせないためにも、この山から見えるかぎりの土地には、これから後は美しい人を生まれさせはせぬ」と叫びながら死んだという。それから後というものは、この美女の呪詛の言葉がほんとうになったのか、絶えて山口には美人が生まれぬことになったという。

細部はもちろん、この伝説を通して説明しようとする対象の相違はあるが、女性が殺害されるに至る経緯と殺害方法は基本的に「おむつ」の伝説と同型であるといえる。なお、不幸な運命に遭遇した女性が、自身と同じような思いをさせないために、故郷に美女が生まれないように祈って死んだという説話はこのほかにも存在する。山口の姫山伝説は、そのような伝説の広がりの中で、蛇責めのモチーフが混ざり込んだもの、といえるかもしれない。

さて、蛇責めという殺害方法はじつは伝説のみならず昔話の中にも見出すことができる。『日本昔話大成』をみるに、先述の継子いじめの手法に蛇責めが用いられているものを栃木に二件、福島、群馬、長野、京都に各一件の計六件見出すことができる。次の事例は栃木県芳賀郡のものである〔関一九七八　二九〇〜二九二〕。

継母が、十ぐらいの子供だけんと、憎らしいてしゃぁねえ、何とがして殺すべと思ってよ。ちょいと殺せねえんでよ。そんで蛇を取ってきてぇ、座敷をかだめで、子供を入れどいで、蛇を取ってきて入れだんだって。そうすっと、

「おっかねえ、おっかねえ」

ほれ、子供が泣いでんだって。

そごへお巡りさんが来て、どうして子供が泣いでんだがと思って、どこが開ぐがと思って、表にうろうろしているうぢに、そのおっかさんが、まだ蛇をとって持ってきたんだって。そんで、戸ぼ開げで、

「子供がおっかねえちのは、どういうわげだ」

ちたら、

「寝ぼげで泣ぐんだよ」

てそのおっかさんがいったって。

「寝ぼげで泣ぐんだが何だが、そごの座敷で泣いでんだが見せろ」

ちて、子供が隅っこへ行って、

「おっかねえよ、おっかねえよ」

て泣いでっとこへ、蛇がこうぬるぬると子供の手にからまってだって。

そんで、そのお巡りさんに助けられだっちはなし聞いだごどあんな。


蛇のいる密室に閉じ込めて子供を虐待するという話なわけだが、他の五例はここまで見てきた甕や箱、桶の類に押し込めるという内容になっている。下女虐待説話の蛇責めと継子の蛇責めの関係については いくつかの可能性を検討することができるが、力のあるものが女中や子供を虐待する手段をめぐる説話的な想像力として、蛇をけしかけるというものがあったということであろう。もっとも、これは必ずしもおとぎ話とも言い切れない。歴史史料の中にも蛇責めはみられる。千利休は豊臣秀吉に切腹を命じられるが、その妻は石田三成によって蛇責めにされたというのである。吉田神社の神官吉田兼見の日記である『兼見卿記』の天正十九年(一五九一)三月八日の項には次の記載がある〔吉田二〇一五 一四三〕。

今日宗易女・同息女、於石田治部少輔強問、蛇責仕之由其沙汰也、母當座ニ絶死、次息女同前云〻、但不慥

「但不慥」、すなわち「たしかなことではない」と記されてはいるが、女性が蛇責めで殺されたという噂が近世以前に語られていたことは興味深い。また、歴史的な出来事と蛇責めの関係として見落とせないのは加賀騒動である。加賀騒動は前田家のお家騒動であるが、藩主毒殺の実行犯と目された女中・浅尾がこの蛇責めによって殺されたというエピソードが有名である。もっとも、これは後世の創作である。青山克弥によれば、加賀騒動における蛇責めは『見語大鵬撰』という文献で編み出された虚構であるといい、以後、歌舞伎の見せ場となり、また、泉鏡花などの作品にも取り込まれていく〔青山　一九八一　一四〕。他方、加賀藩では元和九年（一六二三）に天徳院の御局が蛇責めにされたという複数の記録が『加賀藩史料』に収められている〔前田家編輯部　一九三〇　四九七～五〇二〕。ただし、これも実際に行なわれたのではなく、風説でしかなかったらしいことが『微妙公御夜話』で確認できる〔前田家編輯部　一九三〇　四九九〕。天徳院の御局の一件はさておき、加賀騒動は演劇・文学として楽しまれ、一般にひろく知られていた。この種の文芸が各地の説話に影響を及ぼした可能性は捨てきれない。影響力のつよい物語は、その印象の強烈さによって、各地の伝承にも各種の作用を及ぼすものだからである。例えば、大島廣志はラフカディオ・ハーンの『怪談』が雪女の伝承におよぼした影響を明らかにしている〔大島　二〇〇七〕。また、瀬戸内海一帯の和霊信仰は宇和島藩の怨霊・山家公

頼を祀るものだが、その分布には村芝居などのかたちで山家公頼を主人公とする物語が演じられていたことが関わっている〔石崎　一九七〇〕。

各地の伝説、そして昔話や風説の中にまで見出せる蛇責めというモチーフはおそらく事実ではない。惨たらしい責めを受けたということを表現するために選び取られたものであっただろうと思われる。蛇責めのモチーフのオリジナルがどこに由来するのかを見極めることは困難である。しかし、このモチーフが影響力のあるメディアに採用されていったことは注意をひく。全国各地の不幸な女性の死と祟りを語る「言葉」から、演劇や文学がモチーフを吸い上げていった可能性もないではないだろうが、むしろ、そのメディアの発信力と創作における蛇責めの強烈な印象が、各地の趣向に覆いかぶさっていったとみるのが妥当であろう。そうしてみると、「阿嬢」とおむつの相違は示唆的である。それは影響力のある物語が、どのような伝説をどのように塗り替えてしまうのかを示している可能性もあるのである。

＊　＊　＊

「おむつ」という女性はいたのだろうか。「阿嬢」の物語は近世から、「おむつ」の伝説は近代の口碑にその姿をあらわす。おむつ塚が闕金平正之の妻「阿嬢」の墓と見なし得るか否かにも留保が必要ではあるが、不幸な死を遂げた女性の塚に、その他の不幸な死を遂げた女性の物語が覆いかぶさった結果が、今日の「おむつ塚」の物語であろうと本章では考えた。

ここで前章までの作業を想起してみたい。なんらかの空間に、想像し得るかぎりでの人の不幸の物語を読み込み、怪異出現の場として再創造することは、現代の様々な心霊スポットにおいて行なわれる語りと重なる。そのような不幸の物語は、実際の事件・事故と地続きのものではありつつ、きわめて類型的なモチーフで構成され、また、マスメディアの影響のもとで変容したり成型されるようなものであった。

そうしてみると、本章で描き出してきたおむつの物語の広がりも、現代の私たちが空間をめぐって行なう言説実践と重なり合うものである。そして、私たちが心霊スポットなどと称していろいろな場所を恐ろしがるしぐさは、過去において人びとが行なってきた怪異の場をめぐる語りと大差ないかのようでもある。結局のところ、空間と場所をめぐって行なわれる言説実践の世相史の中で、私たちは心霊スポットを恐れているだけなのかもしれない。

注

（1）「竹叟夜話」については八木哲浩校訂『播陽萬寶智恵袋』（下）収録の翻刻〔天川　一九八八〕、および広坂朋信の現代語訳も存在する〔広坂　二〇一五〕。

終章——誰がための心霊スポット

人は空間に物語を夢想する一方、そのような物語の痕跡に触れ、追体験しようという欲求をもつもののようである。本書では心霊スポットを事例に、そのような人の営みのあり方を明らかにしてきた。終章では本書の議論をふりかえりながら、心霊スポットを訪れるということについて分析する。

一　心霊スポットを訪れるということ

ある空間が心霊スポットと称される中では、いわれの創造や改変、成形／成型、各種の体験談の集積が行なわれる。本書はいくつかの事例において、心霊スポットをめぐる語りが変容していくプロセスを記述し、またそこにレイヤーのように覆いかぶさる話のパターンを明らかにしてきた。また、心霊スポットにおける体験は、同時代の出来事である。したがって、現代社会だから可能となるような不思議な出来事が語られている。心霊スポットを訪れるという行為そのものも、そこで起きる可能性のある出来事も、私たちの物質生活に見合ったかたちをとっているわけである。その意味で、きわめて「歴史的なもの」として心霊スポットは存在している。この場合の「歴史的」とは「過去のこと」

を意味しない。過去からの経過や時代的文脈を刻印されつつ現にあることを意味している。過去からの脈絡と同時代社会からの規定によって現出するものとして現象を把握すること（変遷を把握すること）は、民俗学の基本姿勢である。そのような立場から心霊スポットを分析することを本書では試みてきた。

本書では、序章で認識の前提を確認したうえで、第一部「心霊スポット考」では、ある空間が「心霊スポット」と称されることを歴史化するために三つの章を通して考察した。ここでの議論は、一部の事例を除いて、個別の事例を掘り下げることよりも、様々な事例に適合する事実の析出を試みた。また、遠い過去の出来事ではなく、直近の過去の出来事に由来する心霊スポットを取り上げるよう意識した。第一章「心霊スポットとは何か」では心霊スポットという言葉の成り立ち、この言葉が指示するもの、この言葉によってある空間が指示されるということの性質を考えた。第二章「真相としての仮構」では、心霊スポットをめぐって、そこで起きた陰惨な出来事の真相として語られる物語を、フォークロアとして分析した。心霊スポットに覆いかぶさる言葉は、類型的であり、また時間の経過とともに変容する。他の事例の情報や同時代の印象的事件が影響を及ぼすことも確認できた。第三章「モノと感覚」では、心霊スポットにおいて「物語」が生成される様態への関心のもとで、その物質的前提について論じた。その際に霊感がどのように動員されるかにも留意した。心霊スポットという現代的な言葉にも歴史があり、また、心霊スポットをめぐる現代人の各種の営みも、歴史の流れの中にあることを描こうとしたのが第一部であった。総じて、「現在の歴史性」を考えようとしている。

第二部「心霊スポットの諸相」では個別の事例について掘り下げた。遠い過去の出来事に由来する心霊スポットを取り扱うことが多かったように思う。これらの事例は、一見すると、遠い昔から連綿と怪異を為してきた場所のようでもある。しかし、どれほど歴史的な装いをしていたとしても、それが過去から連綿と継続してきた事実ではないことを明らかにするのが第二部のねらいであった。すなわち、伝統らしく装うものの移ろい動くあり方や、歴史的なるものの現在性に注意をむけてきた。第一章「将門塚のこと――将門はどう祟るのか」では、心霊スポットとしてしばしば語られる東京都千代田区大手町の将門塚を将門伝説の全体の中に位置付け、かつ、近代以降の祟り言説に検討を加えた。現代の将門の祟り言説は、それを鎮めようとする契機が人びとの側に存在しないため、いわゆる日本の怨霊信仰の観点からみると異質であることを確認した。第二章「八王子城跡のこと――怪異の変容」では、東京都八王子市の八王子城跡を事例に、近世以来連綿と継続しているかのようである同城跡における怪異が、実は視覚優位の時代の現代怪談の様相を呈していることを確認した。八王子城跡の「眼に見える幽霊」は、きわめて現代的な文化であるといえる。第三章「おむつ塚のこと――或いはたくさんのお菊」では、山梨県山梨市のおむつ塚をめぐって語られる陰惨な伝説が、各地のお菊伝説の広がりの中にあることを明らかにし、そのような物語がどのような物語を塗り替えてしまい得たかを検討した。

総じて、本書はある空間が心霊スポットとして名指されるという出来事のあり方を問題にしようとしてきたといえる。心霊スポットは心霊スポットとして「ある」よりは、特定の目的のもとで心霊スポットに「なる」。したがって、ある空間が心霊スポットという場所として編成される過程、編成されてある様態、そのように編成する仕組みを問うてきた。繰り返すが、現在の私たちの生活も過去からの規定性の中にあるという意味で歴史的な現象であり、他方で、大昔から変わらずにありそうなものも絶えず変化してきた結果いま現在のようにあるという認識のもとで以上の作業を行なってきたわけである。

以上をふまえて、終章で考えてみたいことは、なにゆえに人びとは心霊スポットを訪れるのか、ということである。心霊スポットを訪れることは、名所を訪れることである。それは、恐ろしい過去の物語と恐ろしい現在の体験談によって意味付けられた、幽霊との遭遇を人びとに期待させる名所である。したがって、心霊スポットを訪れることはなんらかの物語をめぐって行なわれる観光行為であるということもできる。すでに紹介したように、広坂朋信は心霊スポット探訪と、歴史探訪、怪談文学散歩を対比しているが、考えてみれば、近年耳目を集めているアニメ聖地巡礼も、物語の舞台をめぐろうとする観光行為であり、史跡を巡る行為もまた史実と虚構のない交ぜになった物語の痕跡に触れようとする行為である。また、悲惨な事件・事故などの大量の死を伴う過去の物語、悲しみの記憶や人類の負の遺産をたどる旅をダークツーリズムと称する。井出明はダークツーリズムの根幹は「悼み」と「地域の悲しみの承継」とし、これを「悼む旅」と評する〔井出　二〇一三　一四五〕。またそこに「教育的価値」を見出す立場もある〔カロリン　二〇〇八〕。

心霊スポットについて考えてきた私たちが、ここで注目せねばならない点は、「記憶」の「悲しさ」は研究者の目からどのように捉え得て、それをどのように評価できるのかという問題であろう。例えば、第二次世界大戦の痕跡と、戦国期の古戦場、そして最近の事件や事故の現場は区別し得るのか否か。それは出来事の社会性、現在への影響の程度、体験者や関係者が存命か否か、つまりその「過去」

を「歴史」として共有する範囲や、現在からの遠さの問題と関わるかもしれない。しかし、例えば、長篠古戦場で行なわれる慰霊祭には、そこで歴史的敗北を喫した武田家家臣末裔者らが例年参列している一方〔及川　二〇一七〕、そのような「想起の立場性」とはまったく無縁の、一般の観衆が参加している。戦国時代の武士の死は、現代の私たちにとってどの程度悲劇で、それはどの程度切実で切迫したものなのだろうか。そこで想われる「悲しさ」は誰のものであるのだろうか。あるいは、そこが「悲しみの記憶」を伝える場所である一方、そのような悲しさへの想像力をまったく欠いた人びとが集う面があることにも注意が必要であるかもしれない。他方、「死」や「喪失」の痕跡を巡る体験への願望は、美しいモチベーションだけでは説明できないことを心霊スポットは教えてくれる。誤解を恐れずに言えば、死の悲劇に触れようとする人間の行動には、その動機が誠実なものであろうとなかろうと、その死や喪失を冒瀆するような類のものも含まれるであろう。そこに訪れる人びとの動機が多様であるとすれば、ダークツーリズムは「悼み」という言葉だけでは説明できない。人びとは誰かの「死」や誰かの「喪失」に触れにきたのである。ダークツーリズムという語に分析的意味があるとすれば、それは死や不幸を資源化し、学びなり物見遊山なりの消費対象にすることのできる人間の姿を記述し得る点にあるだろう。そこには人が人の死にどう向き合うのか、または向き合い得ないのかという問題が関わってくる。

誰かの「死」や誰かの「喪失」を巡る旅に美しいモチベーションを想定せねばならないのは、それを社会教育や観光業の文脈で公的に位置付け、そのような価値を社会的に共有しようとする力が作用するためである。いうなれば、死の社会化を前提としてもいよう。そのように考えたとき、心霊スポットを訪れることには、いわゆる観光行為の中には回収しきれない部分がある。例えば、すでに簡単にふれたように、聖地巡礼や史跡めぐりは物語の痕跡に触れようとする行為であり、心霊スポットを訪れることと関わり合うが、相違を見出すこともできる。そこで、観光と心霊スポットを訪れる行為を対比してみよう。

心霊スポットを訪れることがアニメ聖地巡礼や史跡訪問と相違する第一の点は、それが少なからず「試練」との接点をもつ点にある。心霊スポットは「肝試し」の文脈で訪問される。必ずしもすべての心霊スポット訪問行為に、勇気を試すという動機があるわけではないが、同地を訪れることは、ある種の勇敢さの有無が、訪問者にとっての高いハードルとなる。なんらかのイニシエーションと見なし得るケースもあるだろう。かつての社会における旅にはイニシエーションとしての意味を伴うものがあったことは、民俗学の諸成果が教えてくれる。ただし、心霊スポットでの度胸試しは、地域社会での属性移行にともなうイニシエーションであるよりは、もっと私的な仲間内での勇気試しであるといえる。後述することになるが、心霊スポットは制度化された場所ではない。心霊スポットという場を、地域社会は受け入れてはいない。したがって、遊園地のバンジージャンプなどのアトラクションとは相違する。また、そこで度胸試しをすることは、多くの場合、歓迎されない行動ということになる。

もっとも、誰もが肝試しの目的で、怪異が起こるという場所を訪れるわけでもない。そこには怖さを求めつつ楽しさを求める、危険や危機と隣り合わせでありながら究極的には安全性を期待するという、矛盾するような志向性が同居している。門田岳久は、商業化され、バスなどを利用しつつ手軽に経験される現代風の巡礼（巡礼ツーリズム）が、現代人の「それなりの宗教的経験」への志向に支えられていることを指摘する〔門田　二〇一三　一二三〕。バスツアーで聖地を巡る旅は、巡礼の苦行性を回避するものであるが、しかしそれを通して何らかの宗教的価値に触れ、「精神的充足」を得ることへの期待があるという。門田の議論を念頭にいえば、心霊スポット訪問行為は一部の例外を除いて商業化はしていないが、「それなりの危険」や「それなりの恐怖」を楽しもうとするものであるといえる。心霊スポットに、現実的な死に直面するために訪問する者はいないだろう。かといって、まったく安全で恐れるに足らないとあっては、そこは心霊スポットではない。むしろ、自身に危害を加えるかもしれない霊との、多くの場合は実現することのない遭遇可能性が、心霊スポットの娯楽性を支えている。

すこし事例を検討してみよう。昭和六十年（一九八五）生まれのT氏（男性、東京都内出身）は、夏場には、例年一回は必ず心霊スポットに出かけるという。友人と遊んだ流れで出かけるというよりは、心霊スポットに行くことそれ自体を目的として出掛けている。三、四人程度の友人で連れだって赴くのだという。彼がしばしば出向く先は第二部第二章で取りあげた八王子城跡であり、幾度となく足を運んでいるリピーターである。同地は東京周辺の心霊スポットとして最も著名な場所の一つであるとT氏は認識している。ちなみに、彼は自身に霊感はないという。心霊スポットに赴く動機は、「冒険心」を満たし、「神秘的雰囲気」を体験したいためである。そして、そのような場所の選択はインターネットの情報に依拠している。

T氏は心霊スポットをどのように体験しているであろうか。彼は心霊スポットへの訪問によって、相応に「語るに足る」体験をしている。また、それによって満足を得ているらしい。T氏は「午前二時」はもっとも危険な時間帯であるとして、それを避けたいという意識がある。「草木も眠る丑三つ時っていうでしょ、霊が一番やばい時間らしいんすよ」というのである。八王子城跡に出向く際も、午前零時頃に到着できるように出向くのだという。あるとき、午前二時を避けて八王子城跡に向かったところ、カーナビが故障し、同じところをぐるぐると回らされた。ようやくたどり着いた時、時間はちょうど午前二時だったというのである。また、同様に深夜の八王子城跡で散策を楽しんだ後、来た道を引き返そうということになったが、どういうわけか行き止まりになってしまった。そこで懐中電灯を前方に向けたところ、墓石がびっしり並んでおり、震え上がったことがあった。時間はやはり午前二時であった。T氏の体験も、出来事としては、何も起きてはいない。道に迷ったということ、ないわけである。しかし、それがちょうどT氏の避けたい午前二時であったということ、ちょうど墓石らしきものに行き当たってしまったということから、訪問が意味付けられている。

また、「心霊スポット」は同じような目的の若者たちと遭遇する可能性が高い。T氏らもしばしば八王子城跡で若者たちと出会うが、ちょっとした交流がそこで生まれることがあるという。例えば、あるグループから「こんなの撮れたんですよ」とデジタルカメラを見せられた。それは、女の顔らしいものが写り込んだ心霊写真だったという。この一件を筆者に語った上で、T氏は「やっぱやばいんすね」と強調した。

心霊スポットの訪問によって満足を得るためには、巷間に語られているような血まみれの侍や四つん這いの女に追いかけまわされる必要はない。大袈裟な霊現象が生じる必要はなく、ちょっとした予想外の展開や機械が不調をきたす程度のことであっても、それを霊的なものと関連付ける手がかりさえあれば、肝が冷え、また冒険心が満たされ、しかし、生命の危機に直面することもなく帰還することができる。第一部第三章でおさえたように、そこに出来事を積極的に意味付ける「霊感」の持ち主が同行していれば、訪問者の満足度はさらに高まるわけである。

この点は、心霊スポットにおける体験が自己完結的であることも示唆する。そこでの体験にはガイド的情報は提供されているが、体験それ自体はホストによって提供されたものではない。したがって、学びや悼みという社会的価値とも多くの場合は無縁である。死者に対する敬意や関係者への配慮の気持ちをどの程度持つのかは、訪問者それぞれに委ねられている。心霊スポットの訪問が仮に観光行動であるとすれば、その空間における体験の意味の生成、解釈権が訪問者に委ねられている点、または占有されてる点も、いわゆる観光地への旅とは相違するといえる。次節では、この点とも関わって、心霊スポットの制度化されていない場所としての側面を考察してみたい。

二　迷惑行為としての心霊スポット探訪

心霊スポットへの訪問は、多くの場合、観光行為として制度化されていない。観光客が観光地を訪れることが問題とならないのは、ゲストとホストの間で予期や了解が相応に成り立っているからである。観光地においては、外来者の訪問を予期し、地域内の見るべきもの／見るに値するものが地域の側から打ち出され、また、訪問者への対応を生計のうちに含む人びとがいる。そうでないとしても、観光客という人間類型が自明化されている。つまり、自地域の何かを楽しむためによその地域からの来訪者があるということ、そのような他郷の人が地域内に滞在していることを、受け入れている。しかし、心霊スポットにはそれがない。多くの場合、心霊スポットへの訪問は、訪問を想定されていない場所へ、またはその場所の管理者らが許容していないかたちで、または望まないかたちで、訪問者が自ら企画し、自ら方法を模索し、訪れることになる。

例外もある。神奈川県横浜市に本社をおく三和交通が心霊スポットツアーを企画したり、文化人類学者のデ・アントーニ・アンドレアが調査した「京都怪談夜バス」など〔デ・アントーニ 二〇一三〕、対価を支払い、サービスを享受するかたちで心霊スポットを訪問することも出現してはいる。しかし、地域の側では同地を幽霊の現れる名所としては自認していなかったり、認識していたとしても、周囲にそのように認知されることを拒んでいる場合が大半である。訪問することに期待をもつ人がいる一方、訪問されることへの期待をもつ人がいない点で、心霊スポットは観光地と相違する。したがって、心霊スポットを訪れるということは名所探訪行為ではあるが、多くの場合、非対称的な名所化の力学の中で、みる／みられる（消費する／消費される）関係が生じていることになる。この点は、ゴーストバスツアーが各地で実施され、幽霊の出るホテルが人気になるなど、幽霊の出現を観光資源化する欧米とは異質な点であるということもできる。日本においては、一部遊園地の「おばけ屋敷」で「本物が出る」ということが呼び物になる程度であろう。

心霊スポットは不謹慎な空間認識であるのみならず、迷惑施設である。つまり、地域に不利益をもたらす空間である。所有者や地域住民にとって、ある場所が「心霊スポット」になるということは、「治安」の悪化を意味する。心霊スポットには非行傾向にある少年少女が集まることもあり、立ち入り禁止区域にまで入り込んで真夜中まで大騒ぎをし、各種の犯罪が発生する。愛知県足助町の伊勢賀美トンネルでの事件を報じる『中日新聞』平成十二年（二〇〇〇）一月九日の記事「足助の〝幽霊トンネル〟本当に怖いのは犯罪の方」を参考までに引いてみよう。同トンネルは「昭和四十年代から『幽霊が出る』とのうわさが独り歩きし、名古屋市などから夜中に車で、〝肝試し〟に来る若者らが後を絶たない。トンネル内部に何度か照明を取り付けたこともあるが、いたずらで壊されるなどした」といい、平成十一年（一九九九）には十月に「鉄パイプを持った十九歳の少年ら六人が肝試しに来ていたという男女四人からブランド品のバッグや現金などを奪う強盗傷害事件」が発生し、平成十年（一九九八）には「専門学校生ら四人が名古屋市内の女子高生（当時）を肝試しに誘い、現金入り手提げかばんを盗んでいるという。トンネル付近で犯罪が相次いだため、足助署は「事件の犯人は全員逮捕しました」という看板をトンネルに設置している。この手の新聞記事は枚挙にいとまがない。心霊スポット訪問者を狙った強盗や恐喝などがいたるところの心霊スポットで横行したわけである。筆者の調査においても、心霊スポットには行ったことがないし行きたくないというある話者は「ヤンキーがたまっているからいやだ」と述べている。また、明確な実害としてはそれら訪問者の火の不始末や放火による火災の発生もあげられるだろう。『中日新聞』平成十九年（二〇〇七）一月二十八日記事「若者のたまり場閉館ホテル全焼　幡豆、過去に不審火」では、同二十七日に三ヶ根山の「三州園ホテル」が全焼したことを報じつつ、付近の保養所の管理人の発言として「インターネットなどで、このホテルがミステリースポットとして紹介され、若者のたまり場になっている。ガラスを割って侵入し放火して回る連中がいるようだ。警察にも見回りをお願いしているが、できれば取り壊してほしい」との声を掲載している。

そもそも、心霊スポット訪問行為それ自体が各種の事故を引き起こす。昭和三十六年（一九六一）八月二十八日の『朝日新聞』（夕刊）は「幽霊見物の九人ケガ」なる記事を掲載している。人名と住所を伏せて引用しておく。

二十七日夜十時半ごろ、東京都練馬区□□□□□会社員□□□□（二一）の放送宣伝車が千葉県船橋市宮本町二丁目の国道わきの京成電車線路に乗り上げて電柱にぶつかり、乗っていた九人がそれぞれ一週間から一カ月のけがをした。船橋署の調べだと□□らは京葉有料道路に最近ユウレイが出るといううわさを聞いて見物に来たが、スピードを出しすぎて前から来たオート三輪をさけきれず、線路にのりあげた。このため京成電車は下り線が約三十分遅れた。宣伝車は定員六人に九人乗っていた（後略）。

幽霊見物の一行が死亡事故を引き起こすケースもある。昭和五十一年（一九七六）八月三十一日の同新聞記事「〝お化け〟見にいき転落死」は次のように報じる。同様に人名・住所を伏せる。

三十日午後八時ごろ、神奈川県足柄下分箱根町須賀川の箱根旧街道の左カーブで同県秦野市□□、会社員□□□□さん（二四）運転の乗用車が二十㍍下の須賀川に転落、車は水深約六十センチの川にあお向けになった。この事故で□□さんが逃げられず水死、助手席の秦野市□□□□、会社員□□□□さん（二六）は、はい出したが頭や胸を打って二週間のけが。

小田原署の調べでは、□□さんらは会社を終えたあと、同僚四人と二台の車に分乗、「箱根にお化けが出る」とのうわさを確かめようと現地に向かった。お化けの出そうな箱根町湯本茶屋の無人小屋でカップ入りの酒五本とビール一本を飲んで待ったが異常がないため、今度は「火の玉が出る」とうわさのある同町元箱根のお玉ヶ池に向かう途中、□□さんの車がハンドルを切りそこねて転落したらしい。

この手の事故は近年も珍しくはない。平成二十九年（二〇一七）に埼玉県秩父市浦山で心霊スポットに出かける予定だった若者が事故死している。筆者も直前の時期に調査で付近を訪れており、報道をよく覚えている。

以上のように問題行動や危険行為の温床となるため、心霊スポットには各地自治体や所有者・近隣住民がなんらかの対策を実施する必要が生じる。まずは施設そのものを解体してしまうのが一番の解決策といえる。心霊スポットを構成するモノを除去し、物語の再生産を不可能にすることで、空間に意味付ける眼差しを消失させること、そして忘却や新たな意味付けに委ねるわけである。平成二十二年（二〇一〇）の『読売新聞』東京版五月一日号は、神奈川県厚木市が住民の要望をいれて心霊スポット視されていた「旧厚木恵心病院」を買い上げたことを報じている。厚木恵心病院は平成九年（一九九七）に操業を休止し、管理人が不在になって以降、テレビや雑誌で心霊スポットとして書きたてられたため、不法侵入が相次ぎ、敷地内で落書きや不法投棄、ボヤ騒ぎ、傷害事件などが発生していた。平成二十二年（二〇一〇）十一月にはじまった解体工事は翌年十一月に終了している（『タウンニュース』厚木版、二〇一一年十二月十六日号）。

解体にまで至っていないとしても、心霊スポットは所有者や行政などによって、しばしば訪問可能性を制限される。立ち入り禁止を告知し、バリケードが設置されるケースも少なくない。しかし、バリケードを乗り越えてでも心霊スポットに侵入しようとする者も後を絶たない。毎年、夏場のニュースで大学生などが書類送検されたことが報じられている。現在、心霊スポットを紹介するウェブサイトの多くで、不法侵入等への注意喚起を行なっているのはこうした状況をふまえたものである。名所として紹介されつつ、法やモラルに抵触する可能性に言及しなければならない点こそ、心霊スポットという場所の社会的性格の不安定性を示しているだろう。こうした不安定性は、侵入の違法性やモラルに反するということが問題化することで、むしろより明示的になったともいえる。かつてはマスメディアがきわめて無造作に心霊スポットを取り上げており、それへの批判が繰り返されてきた。『読売新聞』平成十三年（二〇〇一）八月十八日号記事「ＴＢＳ、とんだ〝肝試し〟網走刑務所の受刑者墓地、無断で撮影し謝罪」によれば、ＴＢＳのバラエティ番組『超オフレコ』が心霊スポットを番組で取り上げるにあたり、不法侵入に及んだという。すなわち、次の記事である。

網走市三眺の網走刑務所（千葉義雄所長）の敷地にある服役中に亡くなった受刑者を慰霊している墓地に、東京放送（ＴＢＳ）が制作・放送している情報バラエティー番組のスタッフが無断で侵入して撮影を行い、放送していたことが分かり、同刑務所は十七日、TBSに抗議して、謝罪を受けた。同刑務所などによると、問題となったのは、八日午後七時から二時間枠で放送された情報バラエティー番組「超オフレコ！」。サブタイトルが「特大版　助けて・幽霊に遭遇だ　背すじゾクゾクSP」で、一般の立ち入りが禁止されている同墓地を心霊スポットとして紹介。七月七日夜から翌日早朝にかけて、番組のスタッフが同墓地を探すという内容で、福島、秋田を除く都道府県で、道内では北海道放送（HBC）で放送された。放送を見ていた職員の指摘で、刑務所が調査したところ、撮影の申請書が法務省や同刑務所に提出されていなかったことが分かった。抗議は、「無断で刑務所の敷地に入って、撮影をして放送したことに対して、強く謝罪を求める」という内容で、電話で伝えられた。これに対して、TBSは「取材許可が必要なことを知らなかった。誠に申し訳ない」と謝罪したという。TBSの曽木健・広報部長の話「演出過剰な面もあったようだ。二度とこのような事態が起こらないように指導を徹底したい。週明けには、番組のプロデューサーや製作会社のスタッフを網走刑務所まで出向かせて、改めて謝罪させる」

以前はマスメディアの行き過ぎた取材や過度の演出が問題化していた。また今でもこうした倫理的問題は課題であるといってもいいかもしれない。ただし、マスメディアの心霊スポットの取り扱いは、近年は各段に慎重になりつつある。例えば、近年のマスメディアでは心霊スポットを取り上げる際に具体的な場所を伏せる場合が目立つ。平成二十七年（二〇一五）八月十七日に放送された『ビートたけしのTVタックル』は、幽霊の実在・非実在をめぐる特集を組み、幽霊肯定論者の某氏が都下の心霊スポットである某トンネルに出かけるVTRが流された。そこで奇怪な音声を録音したという内容であるが、そこがどこなのかは伏せられている。VTRでも、周辺の景観にはモザイクがかけられていた。ただし、そこがとある事件の現場とされている土地であることが明かされ、またVTRを見ればそこがトンネルであることがわかる。東京周辺の心霊スポットに関心のある者であれば、そこがどこかを知ることは容易である。ちなみに、そこが事件現場であるというのは事実ではない。そこにモザイクをかけたのは近隣住民への配慮以上のものではない。以上からは、今日の社会において、心霊スポットが公的には明示しづらいものとしてある様態が明らかである。つまり、公けには名所として明示し得ない、しかし訪問への欲求を喚起し続ける空間へと心霊スポットは変わったのである。その意味で、こうした状況は「死のポルノグラフィ」化〔ゴーラー 一九八六〕への社会的反応が、日本的なかたちで現れたものとも思われる。死は、性と同様に隠されつつも提示され続けているわけである。

心霊スポットが共有された物語に支えられた名所であるならば、そこには史跡や聖地と同様に、ガイド的情報が必要となることは再三述べてきた通りである。すなわち、ある場所が「名所」であるという知識、その場所が心霊を求めて訪問するに足る場であるというフレームが求められる。しかし、以上の検討からは、心霊スポットは観光地などと相違し、名所化されることを拒む意思、訪問を抑止・消滅させようとする諸力の作用によっても特徴付けられているといえるかもしれない。したがって、ガイド的情報は噂の報告と訪問者の体験記録の集積によって「非公式に」形成されていく。同地の所有者や地元観光協会や教育委員会が、その地を心霊スポットとして公的に認知し、発信することは現状ほとんどみられない。みられたとしても、それは不謹慎なものとして、即座に批判を受けることになる。『朝日新聞』平成七年（一九九五）七月二十九日記事「『おばけ大会』吉見町が中止　市民団体の抗議受け」では、吉見町の地下軍需工場跡で町が「おばけ大会」を企画したことに批判が寄せられ、中止に至ったことが報じられている。おばけ大会は一〇〇メートルほどの区間を歩く肝試しであったという。同工場跡は「吉見百穴」地下に朝鮮人の強制労働で掘られたとされており、県朝鮮人強制連行真相調査団長なども中止を求めた。こうしたケースでは、歴史認識の所在、または歴史への態度のあり方が問われることになる。歴史的自己像が棄損される機会となるわけである。心霊スポットというものが過去の取り扱いや空間への意味付けの競合や軋轢の中にあることをも示している。したがって、多くの場合、行政は心霊スポットの批判者となる。平成二十九年（二〇一七）六月二十二日の『日本海新聞』は「フジ系番組何を根拠に」と題し、『映っちゃった映像グランプリ』（フジテレビ）の同年四月二十一日放送回において鳥取城跡が心霊スポットとして放送されたことに地域から異議申し立てがあったことを報じている。地元の郷土史研究団体や博物館、市文化財課、公文書館市史編さん室の批判からは当該番組制作サイドの「過去」の取材が不十分であったらしいことがうかがえる。

矢ケ崎大洋と上原明は心霊スポットをゴーストツーリズムの資源として位置付けている〔矢ケ崎・上原　二〇一九　二七四〕。ツーリズムの資源として心霊スポットを捉える際、気にかかるのはそこで想起され、消費される「死」や「死者」は誰のものなのかということである。事故の犠牲者は、赤の他人には「無残に死んだとある死者」でしかないであろうが、それは誰かの家族や友人であり得る。そして、人は自分の家族や友人が死んだ場所で、肝を試そうとするだろうか。すでに亡い家族や友人が血まみれでフロントガラスに落ちてきたり、四つん這いで追いかけてきたりすることを望むだろうか。毎晩のように悲しさや怒りや未練を抱えながら、死没地周辺を徘徊していると考えるだろうか。心霊スポットにおいて出現し、私たちに「やばさ」を感じさせてくれる死者は、他者的である。ウラジーミル・ジャンケレヴィッチや鈴木岩弓のいう三人称的な死者の表象であるといえよう。もちろん、それが本当に実在した死者なのかという点にも留意が必要であるが、幻視される怨霊としての死者が、実在の三人称の死者として語られ得てしまう点に、問題の根幹があるということもできるだろう。

では、二人称の死者霊の語りは、どのようなかたちをとるだろうか。ある話者（北海道在住、Y氏）は、祖母の霊に出会ったのではないかという自身の体験を筆者に語ってくれた。祖母が亡くなって葬儀の済んだ晩、金縛りにあった。金縛りにはよくあうが、そのとき、頭をなでられ、手をにぎられた。祖母だと感じた。自身はそういう夢かと思っていたが、翌朝、家族から電話で祖母が会いに来なかったかと質問された。「なんでわかるの？」と驚いていたところ、家族全員が同じ夢をみていたという。「おばあさまが最後のお別れにいらしたんでしょうね」と筆者が感想を述べたところ、「そうかも知れませんね」とY氏は笑った。Y氏はその他の心霊体験をしたこともあったが、この時はまったく恐怖を感じなかったという。このことが示すのは、幽霊と化した死者との遭遇は、必ずしも恐怖の体験ではない、というあまりにも当たり前な事実である。このエピソードを語るY氏の心情には、祖母への愛情や惜別の思いが読み取れる。また、この物語は不可思議な体験を「美談」として構成する力学のもとにある。祖母への愛情こそ、この場合の力学といってもよいだろう。

類例は枚挙にいとまがない。この種の美談的に構成される幽霊体験談は、松谷美代子や民俗学の調査成果の中にも豊富に蓄積されている。立石憲利の『夢のなかの息子』（戦争の民話Ⅲ）には無数の「別れを告げにくる死者」の物語が収められている。一例を示してみよう〔立石　二〇〇五　二〇〜二一〕。

私の弟（古森忠志）は、このたびの戦争で中国中部へ行ったんですが、「満州」（中国東北部・旧満州国）まで歩いて帰りょうて病気になって、「満州」で病みついて死んだんです。戦病死ですなあ。せえで戦死いう知らせがあって、葬式がすんでのちに母（古森コギン）が話しとった。

「青い顔で立つ」

忠志が青え顔をしてからに来た。何ぅしぃ来たんか。なんのあてもないのに、寒そうな、青い顔してずうーっと立てっとった。

「まあ、そがあな寒げなふうをせずに、うちぃ入ってあたれえや」

いうても、黙って立てっとった。じっと立っとるばかりして、なんにも言わずに立っとる。どうしたんじゃろうか思うてしたら、目が覚めたいうて、ちょうど、その夢を見た日に戦死しとったいうて。あの時に魂が戻ってきたんじゃなあ思うたいうて話した。

戦地で、あるいは非常時下で「非業の死」をとげた死者は、遺族にとっては故郷や家族を懐かしみ、一目でも会うために、「帰って来るべき霊魂」であった。確認するまでもないことではある。あえて言えば、以上からは、たとえそれが非業の死であったとしても、心霊スポットで遭遇可能性が空想される死者の霊と、その遺族にとっての死者の霊との間には相違があることがわかる。戦死者として集合的にくくられる死者群、あるいは、生前になんら人間的交流をもったことのない、たんに非業の死者として印象付けられる死者と、かつて人生をともにした人にとっての死者は、表象のされ方にちがいが生じるということである(1)。

人々にとって幽霊との遭遇が必ずしも恐ろしいものではない、という自明の事実を確認した。死者を伴う事件・事故には遺族がいる。かけがえのないある故人が、化け物じみた怨霊として分節されることが、遺族にとって不快であることは想像に難くなく、死の冒瀆であり得る。心霊スポットへの訪問を、ほほえましい趣味としてのみ割り切れない理由がここにある。心霊スポットは、必ずしもすべての人にとって心霊スポットであるわけではない、ということも改めて確認しておきたい。そこは身近な死者の死没地であり、また、慰霊のための場所であるかもしれない。そこでの死に、なんの当事者性ももたない者にとっては、他人事の死の痕跡であり、現代社会の異物であるかもしれない。そのような想起される死の人称のズレが、空間を心霊スポットとして現出させるといえるだろう。

本節では、心霊スポットのネガティブな性格を検討してきた。少なくとも、このような空間認識やそこへの訪問は、常に倫理や道徳との緊張関係にあるということもできる。では、心霊スポットは撲滅すべき文化なのであろうか。ある文化の要不要を判断することは研究者の仕事ではない。答えは生活者自身で導くものだと思われる。また、心霊スポットはおそらく撲滅などできないし、この世から消滅することもない。メディアの力で名所化したことが心霊スポットの発生の要因の一つであることは本書で指摘してきた通りであるが、それらを差し止めたところで、オカルトブーム以前の、ローカルな認知度をもつ心霊スポットが発生しては消えていくのみだろう。人はつねにあらゆる死者に思いやりを抱くわけではない。自身との接点のない死者を恐れ、そのような怖さを楽しむ俗的な不謹慎さから、私たちは自由ではあり得ない。他方、非業の死者は日々無数に発生している。つまり、かなしむべき大量の死が、そして、その痕跡が日々生み出されている。その一方、私たちは、または社会は、それを二人称の死として忘れ得ない人を取り残しながら、三人称の死をゆるやかに忘れていく。忘れ去られた先で、各地の慰霊の場が心霊スポット化されること、つまり、終わらない悲しみを抱く遺族にとってのその死の現在性を、恐るべき過去として無責任に死を語る者が、消費的な態度によってふみにじることはこれからも続いていく。

私たちがどのように俗的で、不謹慎にものを考えてしまい得るかを明らかにすることは、こうした問題について民俗学が貢献できる道筋の一つかもしれない。そうすることで、迷惑行為に及ぶ人が立ち止まることもあるかもしれないし、心霊スポットというものを、またはそこへの探訪行為を、これまでとは異なる文化として創造しなおすこともできる。心霊スポットが霊能者などの専門家による支配の手を離れつつあること、誰もが情報の発信者であり得る現代の情報環境は、好都合なことかもしれない。そのような場所に興味を抱き、訪問してみたいと思う人の手に、文化創造のチャンスを委ねることができるからである。つまり、私たちは私たちの文化として、心霊スポットを考え直すことができる。ゴーストツーリズムなるものの日本における成熟は、そのような自省の過程を経てのみ、適切に構想されるようになると思うのである。

＊　＊　＊

空間を銘々のかたちで心霊スポットとして意味付けつつ恐れ、その怖さを消費する営みは宗教的感性によって支えられているが、宗教教団はおろか、近年は霊能者の手すらも離れている。人びとが、それぞれのかたちで宗教的なる感覚に依拠しながら、メディアの情報や伝聞の情報を動員しつつ構築する場であるということができる。それは、権威ある集団や公共の管理に属さない点で、きわめてヴァナキュラーな（俗的な）空間実践であるということもできるだろう〔島村 二〇二〇〕。

心霊スポットは怪しからぬものであり、しばしば公序良俗と抵触する。考えてみれば、民俗学の研究してきた民衆の俗なる文化は、価値観の変化に伴い、公序良俗と抵触することを理由に、規制や統制の対象とされることがしばしばあった。民俗学は、文化の俗的な側面、民衆的な力を評価する傾向にあるが、それでもいま眼前で侵犯されようとする「心」や「治安」をどのように考えるかは、実は学問の根本的な課題とも接続していくようである。

心霊スポットは社会に各種の問題を引き起こすような場所である。少なくとも、空間を心霊スポット化する実践は、人の死を消費対象にする娯楽である。俗なる生活を送る私たちの間で、その望ましい生活を相互に侵犯し合うものとしてある。この問題の解決は、ひとりひとりの心霊スポット愛好者が、時代の規範や道徳、死者への敬意、不確かな情報へのリテラシーを備えることでしか、実現できないのかもしれない。

民俗学は、人びとが学問を通して自ら知り、自己内部や眼前の社会に存在する諸課題を解決するための学問である。「心霊スポット」の民俗学は、したがって、心霊スポットを愛好する者こそが実践し、自らを知るための作業としても構想できる。心霊スポットを、人の死を踏みにじるフォークロアにするのは心霊スポット愛好者である。また一方で、心霊スポットを「それなりの恐怖」をめぐる私たちの豊かな文化として創造していくのも、心霊スポット愛好者の課題だと思われるのである。

注

（1）他方、死の美談化は政治的に動員され得ること〔伊藤　二〇一三〕、死者を怨霊化する語りは抵抗や批判の語りでもあることに注意が必要である。

おわりに

心霊スポットについて、いつか論文を書こうと思っていた。事例収集を続けつつ、いくつも構想を考えてはいたが、形にせずにいた。それらがようやく機を得て本書に結実したわけである。

本書は、民俗学の伝説研究を現代社会の現象にまで拡張する試みである。歴史的・社会的な出来事として心霊スポットを捉え、現代社会に流通するフォークロアとしてそれを相対化することを試みてきた。それは、拙著『偉人崇拝の民俗学』に引き続き、記憶の可塑性や想起の様態へのアプローチともなったし、偉人に注目したために拙著では扱い得なかった非業の死者の表象や語られ方を取り上げることができた。

同時に、心霊スポットについて考えるということは、事例それ自体は好事家的で恐ろし気なものであるかもしれないが、誰の身にも関わるような戦後の世相を考えるということであると思っている。これは非常に大きなことを考えようとしていたのだと、今更ながらに思う。気負って書き始めたわりに、十分に論じ尽くすことができなかった。ただ、それは心霊スポットというテーマの可能性でもあると認識している。これから民俗学の立場で心霊スポットについて考えようとする人が、同じような基礎的議論に力を割かずに済むなら、それで本書の役割は果たせたと思う。

心霊スポットは通俗的な文化である。間違いなく高尚な趣味ではない。他方、民俗学は人間の俗なる側面を、大真面目に取り扱う学問である。俗なる部分に、人間生活の人間らしい側面が立ち現れる。瑣末なもの、ありふれたもの、あたりまえなもの、取るに足らないもの、くだらないものに価値を見出すことに民俗学の特徴があるとするなら、本書は多少なりとも民俗学という学問の本分を全うしようとしたものだともいえるかもしれない。

他方で、心霊スポットが、瑣末なもの、ありふれたもの、あたりまえなもの、取るに足らないもの、くだらないものだからこそ、難しい面があったことも告白しておきたい。議論をまとめようと試みてすぐ直面したのは、各種の忘却である。「あたりまえ」なものが、筆者や人びとの中で、どれほど速やかに忘れられてしまうかが身に染みた。筆者が心霊スポットという言葉に、いつ、どのように触れたのかということも、もう思い出せなかった。瑣末なことほど速やかに忘れられ、くだらないものほど無造作に廃棄されていく。研究者としては当たり前のことなのだが、観ることのできないテレビ番組、読むことのできない文献が世の中には無数にあるのだということが痛感された。今後の資料探索やインテンシブな調査に委ねねばならない問題も多かった。筆者にはわからないことがたくさんあった。しかし、それはどこかの誰かには容易にわかることだと思う。本書は、同じような関心をもつ人びとへの願いの書でもある。

本書の刊行にあたっては、成城大学図書館に多大なご助力をいただいたことに御礼を申し上げたい。無計画かつ図々しい筆者の相談を切り捨てず、丁寧にご対応くださった高島みなみさんほかレファレンス担当の皆さまに心から感謝する。同図書館の林洋平さんにも有益な示唆とご助力をいただいた。

調査の過程では、古い友人である三瓶篤広さんの献身的なご協力に救われた。最大の協力者である妻・真里にも心から感謝している。そのほか、御礼を申し上げるべき方々は枚挙にいとまがない。とりわけ、筆者の怠慢によりアーツアンドクラフツの小島雄さんには多大な迷惑をおかけした。本書をかたちにすることができたのは小島さんの辛抱強いご助力のおかげである。

最後に、本書で言及したすべての故人のご冥福をお祈りします。

二〇二三年二月二十八日

及川祥平

参考文献

青山克弥　一九八一『加賀騒動――百万石をたばかる、大槻伝蔵の奸計』教育社

赤福すずか　一九九八a「今すぐ行ける噂の心霊スポット一〇〇」『現代怪奇解体新書』（別冊宝島四一五）宝島社

赤福すずか　一九九八b「三〇年間放置された廃墟新潟『ホワイトハウス』の謎」『現代怪奇解体新書』（別冊宝島四一五）宝島社

赤福すずか　二〇〇一「相模湖畔に存在した恐怖の村　ジェイソン村」『実話GON！ナックルズ』十二月十日号

阿部友紀　二〇〇九「霊験譚の語りと信者――『善宝寺龍王講だより』の事例より」『東北文化研究室紀要』五〇

天川友親　一九八八『播陽万宝智恵袋』下（八木哲浩・校訂）臨川書店

安中市市史刊行委員会　一九九八『安中市史』三（民俗編）安中市

飯倉義之　二〇〇六「〈霊〉は清かに見えねども――『中岡俊哉の心霊写真』という〈常識〉」『オカルトの帝国――一九七〇年代の日本を読む』青弓社

飯倉義之　二〇一五a「井戸と屋敷と女と霊と」『皿屋敷――幽霊お菊と皿と井戸』白澤社

飯倉義之　二〇一五b「妖怪のリアリティを生きる――複数のリアリティに〈憑かれる〉可能性」『現代民俗学研究』七

飯倉義之　二〇一六「怪談の文法を求めて――怪談実話／実話怪談の民話的構造の分析」一柳廣孝（監修）・飯倉義之（編）『怪異を魅せる』（怪異の時空　二）青弓社

五十嵐力　一九一三『趣味の伝説』二松堂書店

五十嵐力　一九五六『ふるさとの民話』第二書房

池田貴族　一九九八『関東近郊ミステリースポット紀行』ベストセラーズ

池田彌三郎　一九七四『日本の幽霊――身辺の民俗と文学』中央公論社

石崎正興　一九七〇「和霊信仰史試論」『民俗学評論』四

磯貝宗楽　一九二〇「各地の七不思議」（下）『郷土趣味』一八

井田安雄　一九八〇「群馬の伝説の代表例」『群馬県史』（資料編二七・民俗三）群馬県

一柳廣孝　二〇二〇「心霊としての『幽霊』――近代日本における『霊』言説の変容を廻って」『怪異の表象空間――メディア・オカルト・サブカルチャー』国書刊行会

五日市古文書研究会　二〇〇八『三ツ鱗翁物語』

井出明　二〇一三「ダークツーリズムから考える」東浩樹（編）『福島第一原発観光地化計画』（思想地図β　四―二）ゲンロン

伊藤篤　二〇〇二『日本の皿屋敷伝説』海鳥社

伊藤龍平　二〇〇八『ツチノコの民俗学』青弓社

伊藤龍平　二〇一三「震災美談「君が代少年」考――有事下の愛国心と説話」『口承文藝研究』三六

伊藤龍平　二〇一六『ネットロア――ウェブ時代の「ハナシ」の伝承』青弓社

伊藤龍平　二〇一八『何かが後をついてくる』青弓社

稲川淳二　一九九五『稲川淳二のすご～く恐い話　PARTⅡ』リイド社

稲川淳二　二〇〇二『稲川淳二の恐怖がたり～祟り～』竹書房

稲川淳二　二〇二二『稲川怪談――昭和・平成・令和 長編集』講談社

今井秀和　二〇一五a「皿屋敷とお菊の源流を追って」『皿屋敷――幽霊お菊と皿と井戸』白澤社

今井秀和　二〇一五b「播州皿屋舗細記」『皿屋敷――幽霊お菊と皿と井戸』白澤社

岩本通弥　一九九九「『死に場所』と覚悟」岩本通弥編『覚悟と生き方』（民俗学の冒険4）筑摩書房

上田長太郎　一九三三「大阪城の怪異譚」『郷土研究上方』三―三三

植田孟縉　一九六七『武蔵名勝図会』慶友社

内田忠賢　一九九八「経験と記憶――民俗学への問題提起」『身体と心性の民俗』（講座日本の民俗学二）雄山閣出版

及川祥平　二〇一七『偉人崇拝の民俗学』勉誠出版

及川祥平　二〇一八a「『下駄履きの町』の写真館――高橋荘介」『ライフヒストリー　ふちゅう』（新府中市史　民俗分野報告書一）府中市

及川祥平　二〇一八b「義経信仰をめぐる予備的考察――北海道平取町の義経神社を事例に」松崎憲三先生古稀記念論集編集委員会（編）『民俗的世界の位相――変容・生成・再編』慶友社

及川祥平　二〇一九「幽霊と私」『成城教育』一八四

大島廣志　二〇〇七「『雪おんな』伝承論」『民話――伝承の現実』三弥井書房

大塚英志　一九八九『少女民俗学』光文社

大道晴香　二〇一七『「イタコ」の誕生――マスメディアと宗教文化』弘文堂
大道晴香　二〇一九「一九六〇年代の〈イタコ〉と〈東北〉」（栗田英彦「テーマセッション一　戦後日本の政治とオカルト」）『宗教と社会』二五
大道晴香　二〇二一「雑誌『世界の秘境シリーズ』の中の「呪術」――〈オカルト〉ブーム前史としての〈秘境〉ブーム」『神道宗教』二六一
岡本和明・辻堂真理　二〇一七『コックリさんの父　中岡俊哉のオカルト人生』新潮社
岡本健　二〇一八『アニメ聖地巡礼の観光社会学』法律文化社
織田完之　一九〇七『平将門故蹟考』碑文協会
おばけ友の会（編）　一九九二『日本全国おばけマップ』大陸書房
怪奇現象特別調査隊　一九九六『ミステリーウォーカー　首都圏版　心霊不思議デートコース　スポットガイド』センチュリー
梶原正昭・矢代和夫　一九七五『将門伝説』新読書社
門田岳久　二〇一三『巡礼ツーリズムの民族誌』森話社
ガニング、トム　二〇〇三「幽霊のイメージと近代的顕現現象」（望月由紀訳）、長谷正人・中村秀之編訳『アンチ・スペクタクル』東京大学出版局
金子毅　二〇〇七「心霊スポットにみるトポス――霊的磁場に作用するまなざし」『霊はどこにいるのか』青弓社
神谷養勇軒　一九七四「新著聞集」『日本随筆大成』第二期五巻　吉川弘文館
カロリン、フンク　二〇〇八「『学ぶ観光』と地域における知識創造」『地理科学』六三―三
川島秀一　一九九九『ザシキワラシの見えるとき』三弥井書店
川奈まり子　二〇二一a「谷戸の女（続・八王子）」（前編）『オトキジ』（https://www.himalaya.com/article/720）二〇二三年一月三十一日アクセス
川奈まり子　二〇二一b「谷戸の女（続・八王子）」（後編）『オトキジ』（https://www.himalaya.com/article/722）二〇二三年一月三十一日アクセス
岸川雅範　二〇〇三「将門信仰と織田完之」『國學院大學大學院紀要――文学研究科』三四輯
喜多村信節　一九二九「嬉遊笑覧」日本随筆大成編輯部（編）『日本随筆大成』（第二期別巻下）日本随筆大成刊行会
椚国男　一九九一『戦国の終わりを告げた城』六興出版
警察庁　二〇二三『運転免許統計』令和四年版
小池喜孝　一九七七『常紋トンネル――北辺に斃れたタコ労働者の碑』朝日新聞社
小池淳一　一九九五「世間話と伝承」『境界とコミュニケーシ

ョン』弘前人文学部人文学科特定研究事務局
小池壮彦　一九九六『東京近郊怪奇スポット』長崎出版
小池壮彦　二〇〇〇『心霊写真』宝島社
小泉輝三朗　一九七九『桧原・歴史と伝説――炭焼村の生活史』武蔵野郷土史刊行会
小泉八雲　一九五四「幽霊滝の伝説」『小泉八雲全集』八　みすず書房
合田一道　一九八八『北海道こわいこわい物語』幻洋社
ゴーラー、ジェフェリー　一九八六『死と悲しみの社会学』（宇都宮輝夫訳）ヨルダン社
國學院大學民俗学研究会　一九七五『民俗採訪』昭和五十年度号
後藤丹治・釜田喜三郎（校注）一九六一『太平記』二（日本古典文学大系三五）岩波書店
五島勉　一九七三『ノストラダムスの大予言』祥伝社
小二田誠二　一九八七「実録体小説の原像――「皿屋舗辨疑録」をめぐって」『日本文学』三六―一二
小松和彦　一九九四『妖怪学新考――妖怪からみる日本人の心』小学館
小松和彦　二〇〇一『神になった人びと』淡交社
小松和彦　二〇〇六『妖怪文化入門』せりか書房
小松和彦　二〇〇八『神になった日本人』日本放送出版協会
五来重　一九八六「怨霊と鎮魂」丸山照雄（編）『命と鎮魂』（現代人の宗教・六）お茶の水書房
近藤雅樹　一九九七『霊感少女論』河出書房新社
近藤雅樹・高津美保子・常光徹・三原幸久・渡辺節子　一九九五『魔女の伝言板』白水社
酒井正利　一九九〇「武蔵野の絹の道」『エネルギーフォーラム』三六―五
佐々木高弘　二〇〇六「異界の風景――トンネルの向こうの『不思議の町』」小松和彦編『日本人の異界観――異界の想像力の根源を探る』せりか書房
佐藤有文　一九七八『にっぽん怪奇紀行――四次元ミステリーガイド』ＫＫベストセラーズ
佐藤有文　一九七九『怪奇現象を発見した～あなたも行って見ないか～』ＫＫベストセラーズ
佐藤有文　一九八三ａ『恐怖のミステリーゾーン～死神・亡霊にとりつかれた怪奇事件集～』かんき出版
佐藤有文　一九八三ｂ『日本恐怖ゾーンを見た！』永岡書店
佐藤孝太郎　一九七四『多摩歴史散歩』二（滝山・八王子城址、陣馬街道、日野市）有峰書店
佐藤孝太郎　一九七九『八王子物語』上　武蔵野郷土史刊行会
瑣末亭　二〇一六「八王子城（2）」『瑣事加減』（https://samatsutei.hatenablog.com/entry/20160306/1457265603）二〇二三年一

月三十一日アクセス
瑣末亭　二〇二三「道了堂」（一一五）『瑣事加減』（https://samatsutei.hatenablog.com/entry/20230110/1673349800）二〇二三年一月二十一日アクセス
塩野適斉　一九七三『桑都日記続編』（山本正夫訳、鈴木竜二編）鈴木竜二記念刊行会
滋賀県地方史研究家連絡会　一九七六『近江史料シリーズ』二（淡海温故録）
式水下流　二〇二一「平野威馬雄」伊藤慎吾・氷厘亭氷泉『列伝体　妖怪学前史』勉誠出版
史蹟将門塚保存会　一九六八『史蹟将門塚の記』
島村恭則　二〇二〇『みんなの民俗学——ヴァナキュラーってなんだ?』平凡社
ジャンケレヴィッチ、ウラジーミル　一九七四『死』（仲澤紀雄訳）みすず書房
新訂増補史籍集覧刊行会　一九六七『新訂増補　史籍集覧』第一五冊（武家部戦記編三）臨川書店
真保元　二〇二二「駅前広場の民俗学・試論——場所と迷惑という感情を視座に」『現在学研究』九
鈴木岩弓　二〇一八「二・五人称の死者——〝死者の記憶〟のメカニズム」『〈死者／生者〉論——傾聴・鎮魂・翻訳』ぺりかん社
鈴木由利子　二〇一七「水子供養にみる胎児観の変遷」『国立歴史民俗博物館研究報告』二〇五
鈴木龍二　一九六四「私の十九歳の城山紀行」『多摩文化』一四号（元八王子の研究）
諏訪春雄　一九八八『日本の幽霊』岩波書店
関敬吾　一九七八「継子の蛇責め」『日本昔話大成』五、角川書店
だーくプロ編　二〇〇〇『多摩の怪談ぞくぞくガイド』けやき出版
髙岡弘幸　二〇〇六a「ケータイする異界——怪異譚の現在」小松和彦（編）『日本人の異界観』せりか書房
髙岡弘幸　二〇〇六b「幽霊の変容・都市の変貌」『国立歴史民俗博物館研究報告』一三二
高沢寿民　一九八五『史話武州多摩郡川口』揺籃社
高田公理　一九八七『自動車と人間の百年史』新潮社
高田衛（編・校注）一九八九『江戸怪談集』下　岩波書店
立石憲利　二〇〇五『夢のなかの息子』（戦争の民話Ⅲ）吉備人出版
田中久夫　一九九〇「人形とその俗信」『神戸女子大学紀要』二四L（文学部篇）
千代延尚壽　一九三二「石見に残つた城跡伝説」『旅と伝説』五—七

デ・アントーニ、アンドレア　二〇一三「死者へ接続するツアー——現代京都におけるダークツーリズムの再考」『観光学評論』一—一
寺島裕　一九三七『行楽と史蹟の武蔵野』新生堂
東京新聞立川支局（編）一九八一「哀話と伝説の八王子城跡」『武蔵野史蹟ハイク』昭和図書出版
東京ミステリー捜索班　一九九七『真夏の恐怖夜話——霊からのポケベル…日常に潜む戦慄心霊体験』ベストセラーズ
栃木県町村会　一九五五『栃木県市町村誌』
戸塚ひろみ　二〇〇四「口承文化のなかの心霊写真」一柳廣孝（編）『心霊写真は語る』青弓社
鳥飼かおる　二〇一六「犬鳴村のうわさ考——「負」の自然を「仰ぎ見る行為」としての犬鳴村のうわさ」『異文化コミュニケーション論集』一四
内閣府　一九八九『国民生活白書　平成元年度』
内藤孝宏　一九九六『東京ゴーストスポット』WAVE出版
中岡俊哉　一九七二『心霊の四次元』大陸書房
中岡俊哉　一九七四『恐怖の心霊写真集』二見書房
中岡俊哉　一九七八『実写！　日本恐怖一〇〇名所』二見書房
中岡俊哉　一九七九『実証・恐怖の心霊写真集』二見書房
中岡俊哉　一九八〇『日本怪奇ゾーン』永岡書店
中岡俊哉　一九八三『日本全国恐怖の心霊地図帖』二見書房
中岡俊哉　一九九六『恐怖！　噂の新名所——今夜も出る!?戦慄のミステリー・スポット』二見書房
中岡俊哉　一九九七『出た！　恐怖の新名所——戦慄のミステリー・スポット・ガイド』二見書房
中岡俊哉　二〇〇〇『心霊大全』ミリオン出版
中沢多計治　一九七八「安中城と伝説〞八重が渕〞」『地図の友』二〇巻三号
中島吉太郎　一九三二『伝説の上州』中島吉太郎氏遺稿刊行会
永積安明・島田勇雄（校注）一九六一「古活字本平治物語」『日本古典文学大系』三一　岩波書店
長野晃子　一九九〇「世間話の定義の指標」（一）『世間話研究』二
長野晃子　一九九一「世間話の定義の指標」（二）『世間話研究』三
中山太郎　一九三一『日本民俗学　随筆篇』大岡山書店
中山太郎　一九三三『日本民俗学論考』一誠社
名和清隆　二〇一四「事故の「場」における記憶の継承」『淑徳短期大学研究紀要』五三
新倉イワオ　一九九五『日本列島　心霊怪奇スポット』河出書房新社
萩原進　一九五八『上州路 伝説編——中上州・西上州・南上州』高城書店出版部

萩原文庫　一九二〇『一町田中拾遺集』
橋迫瑞穂　二〇一九『占いをまとう少女たち』青弓社
長谷正人　二〇〇四「ヴァナキュラー・モダニズムとしての心霊写真」一柳廣孝編『心霊写真は語る』青弓社
八王子市史編纂委員会　一九六三『八王子市史』（上）八王子市
八王子市史編纂委員会　一九六七『八王子市史』（下）八王子市
八王子事典の会　一九九二『八王子事典』かたくら書店
馬場文耕　一九二九「皿屋敷弁疑録」河竹繁俊（編）『近世実録全書』一　早稲田大学出版部
平野威馬雄　一九七五『お化けの住所録』二見書房
平野威馬雄　一九七六『日本怪奇名所案内』二見書房
広坂朋信　二〇一五「鮑貝の盃――『竹叟夜話』より」『皿屋敷――幽霊お菊と皿と井戸』白澤社
広坂朋信　二〇一六「よみがえれ、心霊スポット」『怪異を歩く（怪異の時空一）』青弓社
廣田龍平　二〇一四「妖怪の、一つではない複数の存在論：妖怪研究における存在論的前提についての批判的検討」『現代民俗学研究』六
廣田龍平　二〇二二「杉沢村」ASIOS・廣田龍平『謎解き「都市伝説」』彩図社
日和佐町史編纂委員会　一九八四『日和佐町史』日和佐町
福西大輔　二〇一九「現代における橋の怪異と地域社会に関する一考察――人口流出にともなう「心霊スポット」の発生」『熊本大学社会文化研究』一七
福西大輔　二〇二二「石垣原合戦の亡霊伝承をめぐって――開発にともない創出される人神」『史学論叢』五二
ブルンヴァン、ジャン・ハロルド　一九八八『消えるヒッチハイカー――都市の想像力のアメリカ』（大月隆寛・菅谷裕子・重信幸彦訳）新宿書房
ブレードニヒ、ロルフ・ヴィルヘルム　二〇一四「ドイツ民俗学における語り研究の方法」（及川祥平、クリスチャン・ゲーラット訳）『世間話研究』二二
逸見敏刀　一九二七『多摩御陵附近史蹟』逸見新光堂出版部
辺見じゅん　一九七五『呪われたシルク・ロード』角川書店
辺見じゅん　一九八六「日本のシルクロード」『横浜　ポートタウン――きらめく今』（朝日旅の事典）朝日新聞社
本間朱音　二〇二一『現代怪異譚における身体――主として『新耳袋現代百物語』の分析から』（二〇二一年度卒業論文、成城大学、未刊行）
前田家編輯部　一九三〇『加賀藩史料』二
前田俊一郎　二〇一三「祀られるお菊」『民俗学研究所紀要』三七

幕張本郷猛　二〇二一a「佐藤有文」伊藤慎吾・氷厘亭氷泉『列伝体　妖怪学前史』勉誠出版
幕張本郷猛　二〇二一b「中岡俊哉」伊藤慎吾・氷厘亭氷泉『列伝体　妖怪学前史』勉誠出版
益田宗　一九六〇「將門純友東西軍記」『群書解題』一三　続群書類従完成会
松崎憲三　一九九五「塚をめぐるフォークロア」『日本常民文化紀要』一八
丸山清康　一九七五『前橋史話』大成堂書店
三木孝祐　一九九八『「幽霊見たい」名所ツアー――日本全国九九のミステリー・スポット』二見書房
宮城縣　一九七三『宮城縣史』（民俗三）財団法人宮城県史刊行会
宮田常蔵　一九六五『彦根史話』彦根史話刊行会
宮田登　一九九〇『妖怪の民俗学』岩波書店
宮原倫路　一九一八『八王子案内』八王子織物月報社
椋梨一雪　二〇〇〇「古今犬著聞集」（十二）朝倉治彦・大久保順子（編）『仮名草子修正』二八、東京堂出版
村上晶　二〇一七『巫者のいる日常』春風社
室井康成　二〇一五『首塚・胴塚・千人塚――日本人は敗者とどう向き合ってきたのか』洋泉社
森影依　一九九二『北海道怪異地図』幻洋社
森栗茂一　一九九四「水子供養の発生と現状」『国立歴史民俗博物館研究報告』五七
森下みさ子　一九九一「占い・おまじないと『わたし』物語」大塚英志編『少女雑誌論』東京書籍
森達也　二〇一二『オカルト』角川書店
矢ヶ崎太洋・上原明　二〇一九「「夜」に対する人間の恐怖と好奇心――日本における心霊スポットとゴーストツーリズムの事例」『地理空間』一二―三
安井眞奈美　二〇一四『怪異と身体の民俗学――異界から出産と子育てを問い直す』せりか書房
柳田國男（監修）一九五〇『日本伝説名彙』日本放送協会
柳田國男　一九九八a「伝説」『柳田國男全集』一一　筑摩書房
柳田國男　一九九八b「日本神話伝説集」『柳田國男全集』四　筑摩書房
柳田國男　一九九八c「明治大正史世相篇」『柳田國男全集』五　筑摩書房
柳田國男　一九九九a「石神問答」『柳田國男全集』一　筑摩書房
柳田國男　一九九九b「鉢叩きと其杖」『柳田國男全集』二四　筑摩書房
柳田國男　一九九九c「妖怪談義」『柳田國男全集』二〇　筑摩書房

柳田國男　二〇〇〇「唱門師の話」『柳田國男全集』二五　筑摩書房
柳田國男　二〇〇一「葬制の沿革について」『柳田國男全集』二八　筑摩書房
柳田國男　二〇〇四「現代科学といふこと」『柳田國男全集』三一　筑摩書房
柳瀬喜代志・矢代和夫・松林靖明・信太周・犬井善壽（校注・訳）二〇〇二「平治物語」『新編日本古典文学全集』四一　小学館
山口市史編纂委員会　一九七一『山口市史』三（各説篇）　山口市
山田厳子　一九九九「うわさ話と共同体」岩本通弥（編）『覚悟と生き方』（民俗学の冒険四）筑摩書房
山田真優　二〇二二『廃墟をめぐる語り――神奈川ジェイソン村を事例に』（二〇二二年度卒業論文、成城大学、未刊行）
山梨賢一　一九八五『ミステリースポットを訪ねる　不思議の旅ガイド――関東&東海その他ワクワク九二コース』実業之日本社
結城市史編さん準備室　一九七三『結城使行　全　附水野家略系譜』　茨城県結城市
幽霊体験隊　一九八九『関東近郊　幽霊デートコースマップ』リム・ユナイト
幽霊体験隊　一九九一『全国版　幽霊デートコースマップ』リム出版
吉田兼見　二〇一五『兼見卿記』第四（校訂・橋本政宣、金子拓、堀新）八木書店
吉田悠軌　二〇二一「最恐心霊スポット「吹上トンネル」を徹底取材」『週刊女性PRIME』(https://news.line.me/detail/oa-shujoprime/5s0ymjgakdv3) 二〇二三年一月三十一日アクセス
早稲田大学編輯部（編）　一九一四『通俗日本全史』二　早稲田大学出版部
和田生　一九〇五「大蔵省内の將門塚につきて」『考古界』五巻三号
渡辺恒夫・中村雅彦　一九九八『オカルト流行の深層社会心理――科学文明の中の生と死』ナカニシヤ書店

新聞資料
『朝日新聞』明治三十八年（一九〇五）九月二十七日号
『朝日新聞』明治四十年（一九〇七）五月三十一日号
『朝日新聞』昭和三年（一九二八）三月二十七日号
『朝日新聞』昭和三十六年（一九六一）八月二十八日号
『朝日新聞』昭和三十八年（一九六三）九月十一日号
『朝日新聞』昭和三十九年（一九六四）年五月二十七日号
『朝日新聞』昭和四十五年（一九七〇）七月十九日号

『朝日新聞』昭和四十六年（一九七一）五月六日号
『朝日新聞』昭和五十一年（一九七六）八月三十一日号
『朝日新聞』昭和六十二年（一九八七）五月十九日号
『朝日新聞』平成七年（一九九五）七月二十九日号
『タウンニュース』厚木版、二〇一一年十二月十六日号
『中日新聞』平成十二年（二〇〇〇）一月九日号
『中日新聞』平成十九年（二〇〇七）一月二十八日号
『日本海新聞』平成二十九年（二〇一七）六月二十二日号
『報知新聞』昭和三年（一九二八）三月十五日号
『都新聞』大正十五年（一九二六）十二月十二日号
『郵便報知新聞』明治七年（一八七四）九月十四日号
『読売新聞』平成十三年（二〇〇一）八月十八日号
『読売新聞』平成十三年（二〇〇一）八月二十四日号
『読売新聞』平成二十二年（二〇一〇）五月一日号

雑誌資料

『恐怖体験実話コミック』二号（サスペリア増刊）平成六年（一九九四）七月十五日号
『ＧＯＲＯ』昭和五十九年（一九八四）八月二十三日号
『ＧＯＲＯ』平成二年（一九九〇）八月九日号
『今夜も眠れない！恐怖体験』二十号（Lady's comic hime 増刊）平成八年（一九九六）三月号
『ザテレビジョン』（首都圏版）平成六年（一九九四）七号
『週刊サンケイ』昭和四十二年（一九六七）七月十七日号
『週刊少女フレンド』昭和五十二年（一九七七）一月五日号
『週刊女性』平成七年（一九九五）六月二日号
『週刊プレイボーイ』平成九年（一九九七）八月二十六日号
『週刊平凡』昭和六十年（一九八五）八月九日／十六日号
『週刊読売』昭和六十三年（一九八八）九月四日号
『週刊明星』昭和五十一年（一九七六）七月十八日号
『週刊明星』昭和五十一年（一九七六）八月二十二日号
『週刊明星』昭和六十二年（一九八七）九月二十四日号
『週刊明星』昭和六十三年（一九八八）六月三十日号
『週刊明星』平成元年（一九八九）七月二十七日号
『女性自身』平成元年（一九八九）八月十五日
『女性自身』平成六年（一九九四）八月九日
『女性セブン』平成七年（一九九五）八月三十一日号
『ＴＯＫＹＯ一週間』平成十年（一九九八）七月七日号
『ＴＯＫＹＯ一週間』平成十五年（二〇〇三）七月二十二日号
『ハロウィン』昭和六十一年（一九八六）九月号（一巻一〇号・一〇号）
『ハロウィン』昭和六十三年（一九八八）一月号（三巻一号・三〇号）
『ハロウィン』昭和六十三年（一九八八）二月号（三巻三号・

三二号）
『ハロウィン』昭和六十三年（一九八八）三月号（三巻四号・三三号）
『ハロウィン』昭和六十三年（一九八八）四月号（三巻五号・三四号）
『ハロウィン』昭和六十三年（一九八八）五月号（三巻六号・三五号）
『ハロウィン』昭和六十三年（一九八八）六月号（三巻七号・三六号）
『ハロウィン』平成元年（一九八九）一月号（四巻一号・四六号）
『ハロウィン』平成元年（一九八九）六月号（四巻八号・五三号）
『ハロウィン』平成元年（一九八九）七月号（四巻一〇号・五五号）
『ハロウィン』平成五年（一九九三）六月号（八巻九号・一三九号）
『FLASH』平成元年（一九八九）八月十五日号
『プレイボーイ』平成五年（一九九三）七月十三日号
『別冊週刊実話』平成十三年（二〇〇一）六月四日号
『Hot Dog Press』平成十三年（二〇〇一）八月十三日号

参考ウェブサイト

・『朱い塚』二〇二三年一月三十一日最終アクセス「七福神の家」（https://scary.jp/spirit-spot/okinawa-7fukujinnoie/）
・『大島てる』二〇二三年一月三十一日最終アクセス（https://www.oshimaland.co.jp/）
・『kinakina』二〇二三年一月三十一日最終アクセス「【二〇一九年版】福井の心霊スポット一〇選。肝試しはここ！」（https://kinakina-media.jp/fukui-sinreispot）
・『Kurashi-no』二〇二三年一月三十一日最終アクセス「全国の超危険な最恐心霊スポットランキング一〇！」（https://kurashi-no.jp/I0016143）
・『心霊スポット【畏怖】』二〇二三年一月三十一日最終アクセス
「赤倉トンネル」（https://haunted-place.info/10558.html）
「上尾ふるさと緑の景観地」（https://haunted-place.info/4534.html）
「天野病院」（https://haunted-place.info/10985.html）
「新井さん家」（https://haunted-place.info/4546.html）
「嵐山の廃屋」（https://haunted-place.info/4589.html）
「石川医院」（https://haunted-place.info/11151.html）
「一家銃殺の家」（https://haunted-place.info/7303.html）
「イノチャン山荘」（https://haunted-place.info/3802.html）
「岩井邸」（https://haunted-place.info/11378.html）
「内灘霊園」（https://haunted-place.info/3862.html）
「貝尾集落・坂元両集落」（https://haunted-place.info/4832.html）

「笠間城跡（佐白山）」（https://haunted-place.info/2448.html）
「伽椰子の家・田浦の廃村」（https://haunted-place.info/9873.html）
「観音隧道」（https://haunted-place.info/2623.html）
「旧三森トンネル（三森隧道）」（https://haunted-place.info/4746.html）
「臼津隧道（臼津トンネル）」（https://haunted-place.info/7227.html）
「旧山里国民学校防空壕」（https://haunted-place.info/12480.html）
「黒塗りの家」（https://haunted-place.info/5254.html）
「ケンちゃんハウス」（https://haunted-place.info/4830.html）
「己斐峠」（https://haunted-place.info/4068.html）
「佐波川トンネル・佐波川ダム」（https://haunted-place.info/3783.html）
「三角点展望台（和光展望台）」（https://haunted-place.info/7350.html）
「三境隧道（第三トンネル）」（https://haunted-place.info/5690.html）
「ジェイソン村」（https://haunted-place.info/4693.html）
「式見トンネル」（https://haunted-place.info/5764.html）
「自殺電波塔（ブラックハウス）」（https://haunted-place.info/2496.html）
「七福神の家」（https://haunted-place.info/4577.html）
「杉沢村」（https://haunted-place.info/5189.html）
「鈴鹿青少年の森」（https://haunted-place.info/12236.html）
「高田牧場（武家屋敷）」（https://haunted-place.info/4757.html）
「岳雲沢隧道（津久井トンネル）」（https://haunted-place.info/4790.html）
「田中家（田中邸）」（https://haunted-place.info/10023.html）
「砥鹿山隧道（砥鹿山トンネル）」（https://haunted-place.info/6983.html）
「豊田湖の名も無きトンネル」（https://haunted-place.info/11674.html）
「七つの家」（https://haunted-place.info/3773.html）
「野比病院」（https://haunted-place.info/11383.html）
「函館空港のお化けトンネル」（https://haunted-place.info/5305.html）
「榛名湖」（https://haunted-place.info/6245.html）
「久峰隧道（コッコツトンネル）」（https://haunted-place.info/5446.html）
「深山隧道（深山トンネル）」（https://haunted-place.info/7438.html）
「吹上峠の廃屋」（https://haunted-place.info/4243.html）
「二井山隧道」（https://haunted-place.info/6369.html）
「双神トンネル（荒川トンネル）」（https://haunted-place.info/11282.

html）
「二ツ池」（https://haunted-place.info/6500.html）
「富美の家」（https://haunted-place.info/11069.html）
「ホワイトハウス（赤城山の白い家）」（https://haunted-place.info/6247.html）
「ホワイトハウス（茨城）」（https://haunted-place.info/3873.html）
「ホワイトハウス（小和清水の惨殺屋敷）」（https://haunted-place.info/10653.html）
「ホワイトハウス（新潟県）」（https://haunted-place.info/3903.html）
「ホワイトハウス（若杉の白い家）」（https://haunted-place.info/10746.html）
「松尾隧道（旧松尾トンネル）」（https://haunted-place.info/5408.html）
「松風トンネル（松風洞）」（https://haunted-place.info/7775.html）
「松並木通り」（https://haunted-place.info/12659.html）
「マルイ病院」（https://haunted-place.info/10018.html）
「三瓶隧道」（https://haunted-place.info/4507.html）
「神子沢隧道（旧油戸トンネル）」（https://haunted-place.info/3753.html）
「皆殺しの館」（https://haunted-place.info/4861.html）
「山本家」（https://haunted-place.info/11856.html）
「山元隧道（山元トンネル）」（https://haunted-place.info/4529.html）
「ユーカリ惨殺屋敷・佐倉の幽霊屋敷」（https://haunted-place.info/2624.html）
「龍満池・龍桜公園」（https://haunted-place.info/12438.html）
・『全国心霊マップ』二〇二三年一月三十一日最終アクセス
「おむつ塚」（https://ghostmap.net/spotdetail.php?spotcd=482）
「ケンちゃんハウス」（https://ghostmap.net/spotdetail.php?spotcd=896）
「佐倉の幽霊屋敷（ユーカリ惨殺屋敷）」（https://ghostmap.net/spotdetail.php?spotcd=1232）
「坪野鉱泉」（https://ghostmap.net/spotdetail.php?spotcd=49）
「道了堂跡」（https://ghostmap.net/spotdetail.php?spotcd=54）
「ふるさとの緑の景観地」（https://ghostmap.net/spotdetail.php?spotcd=1310）
「水甫トンネル」（https://ghostmap.net/spotdetail.php?spotcd=850）
・『2ちゃんねる』二〇二三年一月三十一日最終アクセス
「【恐怖】山梨県の心霊スポット【驚愕】」（https://hobby2.5ch.net/test/read.cgi/occult/1029564777/）
「死ぬほど洒落にならない恐い話を集めてみない？・」（https://piza.5ch.net/test/read.cgi/occult/969033875/）
「死ぬ程洒落にならない話を集めてみない？・ Part16」（https://curry.5ch.net/test/read.cgi/occult/1028303782/）

「心霊スポット北海道」（https://hobby4.5ch.net/test/read.cgi/occult/1055743635/）
「多摩市、八王子方面でのミステリースポット」（https://piza.5ch.net/test/read.cgi/occult/959659428/）
「日本全国ミステリースポット」（https://piza.5ch.net/test/read.cgi/occult/937908452/）
「【半黄泉の国】山梨の心霊スポット【甲斐の国】」（https://hobby11.5ch.net/test/read.cgi/occult/1189832953/）
「【半黄泉の国】山梨の心霊スポット２【甲斐の国】」（https://anchorage.5ch.net/test/read.cgi/occult/1219241426/）
「北海道の危険地帯#２」（https://hobby2.5ch.net/test/read.cgi/occult/1034137123/）
「北海道の心霊スポット教えて!!」（https://piza.5ch.net/test/read.cgi/occult/980571163/）
「将門の首塚蹴ってきた」（https://takeshima.5ch.net/test/read.cgi/news4vip/1236957121/）
「山梨県の心霊スポット」（https://piza.5ch.net/test/read.cgi/occult/974089386/）
「山梨県の心霊スポット」（https://hobby7.5ch.net/test/read.cgi/occult/1140447521/）
「山梨県の心霊スポット２」（https://hobby9.5ch.net/test/read.cgi/occult/1150100486/）
「山梨県の心霊スポット３」（https://hobby9.5ch.net/test/read.cgi/occult/1167207714/）
「山梨県の心霊スポット３」（https://hobby9.5ch.net/test/read.cgi/occult/1167234997/）
「山梨ってどこよ?の怖い話」（https://piza.5ch.net/test/read.cgi/occult/990635922/）
「山梨ってどこよ?の怖い話その２」（https://piza2.5ch.net/test/read.cgi/occult/998094576/）
「山梨で一番怖い心霊スポットは?」（https://hobby2.5ch.net/test/read.cgi/occult/1043329958/）
「山梨の心霊スポット」（https://piza.5ch.net/test/read.cgi/occult/952257405/）
「山梨の心霊スポットに2chのアドレスが」（https://saki.5ch.net/test/read.cgi/lobby/977652739/）
「幽霊って本当に居るんですか?」（https://jbbs.5ch.net/test/read.cgi/qa/939589928/）
「【んー】オカルト板総合 in 山梨【にゃー】」（https://toki.5ch.net/test/read.cgi/occult/1253416202/）
「【んー】オカルト板総合 in 山梨 Part2【にゃー】」（https://maguro.5ch.net/test/read.cgi/occult/1284430890/）
・『廃墟検索地図』二〇二三年一月三十一日最終アクセス「宇士殺」（https://haikyo.info/s/12408.html）

「旧吹上隧道（旧々吹上トンネル）」（https://haikyo.info/s/666.html）
「箱根峠の廃屋」（https://haikyo.info/s/916.html）
「日向峠の青い屋根の家」（https://haikyo.info/s/12420.html）
・『廃墟写真ブログ-Ruin's Cat-』二〇二三年一月三十一日最終アクセス「小和清水の惨殺屋敷（千葉のホワイトハウス）」（https://ruins-cat.com/blog-entry-68.html）
・『まちＢＢＳ』二〇二三年一月三十一日最終アクセス「…怪奇…　心霊スポット 第一七章 …恐怖…」（https://machi.to/bbs/read.cgi/tama/1359090239/）
「札幌市白石区その35」（https://machi.to/bbs/read.cgi/hokkaidou/1276927508/）
「札幌市手稲区スレ No.76」（https://machi.to/bbs/read.cgi/hokkaidou/1461347381/）
「札幌市手稲区スレ part51」（https://machi.to/bbs/read.pl?IMODE=true&KEY=1350069474&BBS=hokkaidou）
「山梨の心霊スポット!!:」（http://kousinetu.machibbs.net/log/log2792.htm）
「山梨の心霊スポット!!:（Part2）」（https://machi.to/bbs/read.cgi/kousinetu/1169715409/）
・『みんなの怖い話　みん怖』二〇二三年一月三十一日最終アクセス
「伊予市大谷池！心霊スポットで車の「内側」からついた手形の恐怖」（https://kowacan.club/iyo-otaniike-201809/）

及川祥平（おいかわ・しょうへい）
1983年、北海道生まれ。成城大学文芸学部准教授。博士（文学）。専門は民俗学。
主な著作に『偉人崇拝の民俗学』（勉誠出版、2017年）、『民俗学の思考法』（共編著、慶應義塾大学出版会、2021年）、論文に「『害』という視座からの民俗学」（『現在学研究』9、2022年）、「害虫と生活変化」（『民俗学研究所紀要』45、2021年）、「『人生儀礼』考」（『成城文藝』254、2020年）ほか多数。

心霊《しんれい》スポット考《こう》
現代における怪異譚の実態

2023年6月15日　第1版第1刷発行
2023年8月15日　　　　第2刷発行
2023年9月30日　　　　第3刷発行
2024年7月1日　　　　第4刷発行

著者◆及川祥平《おいかわしようへい》
発行人◆小島　雄
発行所◆有限会社アーツアンドクラフツ
東京都千代田区神田神保町2-7-17
〒101-0051
TEL. 03-6272-5207　FAX. 03-6272-5208
http://www.webarts.co.jp/
印刷　シナノ書籍印刷株式会社

落丁・乱丁本はお取り替えいたします。
ISBN978-4-908028-85-4　C0039

昔話・伝説を知る事典

「吉四六話」「瓜子織姫」「一寸法師」「姥捨山」「愚か村話」「小野小町」「猿丸太夫」「弘法伝説」「鶴女房」「百物語」など有名・無名の昔話・伝説を、由来や分布も含め、約280項目を収録した〈読む〉事典。

- 概論「日本の昔話と　伝説」野村純一
- 附・日本全国の分布図「各地に伝わる昔話・伝説」
- 「日本おどけ者分布図」

四六判並製／2200円

野村純一
佐藤涼子
大島廣志
常光　徹 編

災害列島ニッポン、
われわれはどう対処してきたか

日本災い伝承譚

大島廣志 編

四六判並製／1800円

江戸期から現在まで、北海道から沖縄の列島各地に残る疫病、地震、津波、噴火、雷、洪水、飢饉の民俗譚88編。

疫病—蘇民将来　東京檜原村の疫病　疱瘡　埼玉のハシカ橋　コレラのこと 他

地震—要石　帰雲城　名立くずれ　島原の大地震　関東大震災と大蛇 他

津波—アイヌの津波　沖縄の津波　稲むらの火　瓜生島伝説　赤面地蔵 他

噴火—有珠岳の噴火　岩手三山　御嶽山の噴火　浅間山爆発！　死者二千名！ 他

雷—雷様の恩返し　くわばら、くわばら　桑の木さお雷様落づねわげ 他

洪水—白髭の水　川面土手の人柱　巡礼塚　頼太水　猿ケ渕の猿聟 他

飢饉—水かみの飢きん魔　へびのだいもじ　遠野の飢饉の話　奈古のお伊勢様 他

＊表示価格は、すべて税別価格です。